역사로 여는

과학문화유산 답사기 3

경주 편

역사로 여는
과학문화유산
답사기
3
이종호 글 · 사진
경주 편
비어 있기에 상상력을 주는 장소
신라의 영화와 몰락이 남아 있는 곳
국립경주박물관의 진수
우아한 미소에서 나오는 세련미
어느 석굴과도 비교할 수 없다
불교미술의 정수, 불상의 총집합체
여기가 불국토다, 여기가 이상세계다
불탑의 나라, 신라
북카라반
CARAVAN

들어가는 말

1972년 11월 유네스코 총회에서 문화유산의 파괴를 막고 보호하는 '세계 문화 및 자연유산 보호협약Convention Concerning the Protection of the World Cultural and Natural Heritage'을 만든 후 인류 문명과 자연사에서 중요한 문화유산을 유네스코 세계유산에 등록하기 시작했다.

지구가 생성된 이래 지구상에 존재하는 것은 모두 세계유산의 대상이 될 수 있으므로 유네스코는 이를 문화유산, 자연유산, 복합유산으로 구분해 선정한다. 큰 틀에서 인류가 태어난 이후, 즉 인간의 손길이 배어 있는 것을 문화유산으로 분류하고, 인간의 힘이 미치지 않는 것을 자연유산으로 분류하며, 이들이 연계되어 있는 것을 복합유산으로 분류한다.

자연유산은 무기적 또는 생물학적 생성물로 이루어진 자연의 형태이거나 그러한 생성물의 일군으로 이루어진 미적 또는 과학적 관점에서 탁월한 가치를 지닌 것, 과학적 보존의 관점에서 탁월한 가치를 지닌 지질학적 · 지문학地文學적 생성물, 멸종 위기에 처한 동식물 서식

지를 말한다. 문화유산은 유적(역사와 예술 · 과학적인 관점에서 세계적인 가치를 지닌 비명碑銘, 동굴 생활의 흔적, 고고학적 특징을 지닌 건축물, 조각, 그림이나 이들의 복합물), 건축물(건축술이나 그 동질성, 주변 경관으로 역사, 과학, 예술적 관점에서 세계적 가치를 지닌 독립적 건물이나 연속된 건축물), 장소(인간 작업의 소산물이나 인간과 자연의 공동 노력의 소산물, 역사적 · 심미적 · 민족학적 · 인류학적 관점에서 세계적 가치를 지닌 고고학적 장소를 포함한 지역)를 말한다. 복합유산은 문화유산과 자연유산의 특징을 동시에 충족하는 유산을 의미한다.

각국에서 총력을 기울여 자국의 유산을 세계유산으로 등재하고자 노력하는 것은 '유네스코 세계유산 등재'가 문화 올림픽으로 비유될 정도로 이점이 매우 많기 때문이다. 우선 국내외 관광객이 크게 증가하며 이에 따라 고용 기회와 수입이 늘어난다. 정부의 추가적인 관심과 지원으로 지역의 계획과 관리를 향상할 수도 있고, 지역과 국가의 자부심을 고취하고 보호에 대한 책임감을 형성할 수 있다.

할롱베이는 베트남의 경제 규모와 흐름을 바꾸어놓은 것으로 유명하다. 할롱베이는 유네스코 세계유산 등재 2년 뒤인 1996년 23만 명의 관광객이 방문했으며 2000년에는 85만 명, 2005년에는 150만 명, 2010년에는 250만 명이 다녀갔다. 우리나라도 2009년 조선 왕릉이 세계유산으로 등재되자 방문객이 거의 10배나 증가했다. 그러므로 등재를 둘러싼 외교전도 치열하고 등재 심사도 갈수록 까다로워지고 있다. 일본은 세계유산 등재를 위한 전 단계인 자국 내 지방자치단체 경쟁률만 해도 10대 1로 높다.

유네스코 세계유산에 등록되는 것이 간단하지 않은 까닭은 세계유산협약에 가입된 전 세계 188개 나라에 해마다 2점씩 유산을 신청

할 수 있는 자격이 주어지지만, 세계유산위원회가 검토하는 전체 유산의 수는 45점으로 제한되기 때문이다. 또한 특정한 유산이 유네스코 세계유산이 될 기회는 오직 한 번밖에 없다. 유네스코가 한 유산에 대한 세계유산 등재 심사를 2번 이상 하지 않기 때문이다.

하지만 유네스코 세계유산의 장점은 등록되었다 해도 소유권이나 통제에 영향을 주지 않는다는 점이다. 소유권은 지정 이전과 동일하게 유지되고 국내법도 여전히 적용된다. 더불어 세계유산으로 지정되면 세계유산기금World Heritage Fund에서 기술적 · 재정적 원조를 받을 수 있는 이점도 있다.

유네스코가 선정한 세계유산 가운데 하나인 경주는 다소 특이한 경력을 갖고 있다. 1995년 불국사(사적 제502호)와 석굴암 석굴(이하 석굴암, 국보 제24호)이 1차로 세계유산에 지정되었지만 2000년 더 큰 영역의 경주시 전체가 '경주역사유적지구'로 세계유산에 지정되었기 때문이다. 그러므로 불국사와 석굴암은 세계유산 속의 세계유산이라 볼 수 있다.

경주와 같은 예는 세계적으로도 흔치 않다. 우선 1,000년 역사를 자랑하는 나라는 세계사 전체에서도 서양의 로마제국과 동양의 신라가 있을 뿐인데, 경주는 그 '1,000년 왕국' 신라에서 '서울'이었다. 로마는 다소 특이해 1,000년을 넘긴 나라이기는 하나 동서로 분리되어 서로마는 476년에 멸망하고 동로마는 1453년에 멸망했다. 경주와 동일한 선상에서 로마를 비교할 수 없다는 것을 알 수 있다.

경주는 토함산과 남산, 선도산으로 삼면이 둘러싸여 분지 같은 지형이다. 5세기 중반에 이르러 경주는 점차 도시로서 면모를 갖추게

1995년 경주에 있는 불국사와 석굴암이 유네스코 세계유산으로 지정되었고, 2000년 경주시 전체가 '경주역사유적지구'로 지정되었다.

되는데, 중국의 시안西安을 본떠 방리제方里制라고 불리는 도시계획법을 도입하기 때문이다. 방리제란 시가지를 바둑판처럼 정연하게 '방'과 '리'로 나누어 구획한 것을 말한다. 최준식은 하나의 방리는 동서 160미터, 남북 140미터의 크기로 경주에 약 360개의 방이 있었을 것으로 추정된다고 했다.

경주는 방대한 지역에 산재한 유적이 다양할 뿐 아니라 유적이 만들어진 시대가 매우 길다는 점이 특징이다. 가령 박혁거세가 탄생했다는 나정(사적 제245호)이라는 신라 초기 유적 인근의 남산에는 신라 전성기 유적은 물론 신라 말기 유적까지 있다. 1,000년에 걸친 역사가 고스란히 세계유산으로 녹아들어가 있는 것이다.

경주는 불교 유적이 대다수를 차지하고 있지만 왕릉은 물론 왕성이나 산성도 있고 첨성대(국보 제31호)나 포석정지(사적 제1호) 등 과학 유산도 포함되어 있다. 그러므로 경주 지역의 유산을 개개로 등록한 것이 아니라 아예 5개의 지역으로 나누어 등재했다. 궁궐터인 월성지구, 불교미술이 대다수인 남산지구, 적석목곽분으로 대별되는 신라 초창기 왕들의 능이 모여 있는 대릉원지구, 신라 불교를 대표하는 황룡사지구, 고대 신라의 방위 시설이라 볼 수 있는 명활산성지구다.

문제는 신라 1,000년의 모든 유산이 '경주역사유적지구'라는 이름으로 세계유산에 지정된 것은 아니라는 점이다. 유네스코 지정 유산들만 감안한다면 경주 시내를 관통하는 형산강을 기준으로 오른쪽만 지정되고 왼쪽에 있는 많은 유산이 배제되었다. 형산강 왼쪽에 있는 단석산 신선사 마애불상군(국보 제199호), 무열왕릉(사적 제20호), 김유신묘(사적 제21호), 나원리 오층석탑(국보 제39호) 등 중요 유적지가 지정되지 않은 이유다. 또한 유네스코 세계유산에 등재되기에 충분하지만 단독이거나 위치나 접근로 등이 불리해 지정되지 않은 것도 많이 있다. 경주 일원을 답사할 때 유네스코 세계유산에만 국한하는 것이 아니라 지정되지 않은 것들도 함께 보아야 신라 1,000년 유산의 진수를 더욱 충실하게 맛볼 수 있다는 뜻이다. 그러므로 이 책은 유네스코 세계유산이든 아니든 경주 일원에 있는 유산은 거의 답사 여정에 넣어 신라 1,000년의 참맛을 느끼도록 하는 데 기본 목적을 둔다. ❖

들어가는 말 • 5

一步. 형산강, 소금강산 • 13
이곳은 왜 세계유산이 아닌가

二步. 대릉원지구 • 49
생자와 사자가 함께 숨 쉬는 곳
〈불상의 나라, 신라〉 • 69

三步. 남산지구 • 77
한 달도 부족한 '야외 박물관'

四步. 명활산성지구 • 155
김유신의 지혜가 서려 있다

五步. 불국사 • 190
여기가 불국토다, 여기가 이상세계다

六步. 석굴암 •232
어느 석굴과도 비교할 수 없다
〈불탑의 나라, 신라〉 •280

七步. 황룡사지구 •289
아홉 나라를 무릎 꿇린 구층목탑의 비밀

八步. 월성지구 •309
비어 있기에 상상력을 주는 장소
〈국립경주박물관의 진수〉 •338

주 •349

형산강, 소금강산

형산강, 소금강산

1. 형산강

형산강 왼쪽에 있는 금척리고분군(사적 제43호), 법흥왕릉(사적 제176호), 효현동 삼층석탑(보물 제67호), 서악동고분군(사적 제142호), 서악동 삼층석탑(보물 제65호), 서악동 마애여래삼존입상(보물 제62호), 진덕여왕릉(사적 제24호) 등은 유네스코 세계유산으로 지정되지 않았다. '경주역사유적지구' 안에 있었다면 동반 지정되었을 것이지만 위치나 접근성 등이 고려되어 제외된 것이다.

높이 729.5미터의 부산富山은 주사산, 오봉산, 오로봉산이라고도 불리며 부산성은 이 산을 근간으로 문무왕 3년(663)에 축성을 시작해 666년에 완성되었다. 경상북도 청도 방면에서 신라 왕경을 향해 들어오는 길목을 방비할 목적으로 쌓은 것이다. 성벽 길이는 7.5킬로미터이고 성 안의 면적은 330만 제곱미터 정도인 대규모 산성이다.

부산성의 바깥쪽은 경사가 심해 적의 공격을 막기 좋은 요새이며, 안쪽은 평탄한 땅과 수량이 풍부한 3개의 골짜기가 있으며 남문, 창고, 못 등의 터가 남아 있다. 농사짓기에 적당해 현재도 농사를 짓고 있다. 2시간 정도 산행을 하면 농사를 짓고 있는 북쪽의 부산성에 이른다. 신라 효소왕 때 화랑 득오得烏가 죽지랑竹旨郎과의 우정을 그리워하며 「모죽지랑가」를 지은 곳으로도 유명하다.[1]

부산성을 지나치지 않았다면 오른쪽에서 빠지지 말고 보아야 할 곳이 있다. 부산성 아래에 있으며 멀리서 바라본 모양이 여자의 음부 같다고 해서 이름이 붙은 여근곡女根谷이다. 이곳은 선덕여왕의 선견지명과 관련된 설화로 유명하다.

『삼국유사』에 의하면 선덕여왕이 나라를 다스린 16년 동안 예견한 일이 3개인데 첫 번째는 여왕이 되기 전 공주로 있을 때 당 태종이 보내온 모란 그림에 나비가 없는 것을 보고 향기 없는 꽃임을 알아맞힌 일이다. 두 번째는 여근곡에 대한 이야기이고 세 번째는 자신이 죽는 날을 알아맞힌 것이다. 그중 여근곡에 대한 이야기를 보자.

"영묘사靈廟寺 옥문지玉門池에서 겨울인데도 개구리들이 많이 모여들어 3~4일 동안 울었다. 이상하게 생각한 사람들이 선덕여왕에게 물으니 왕은 급히 각간* 알천, 필탄 등에게 명해 정병 2,000명을 뽑아 속히 서교西郊로 가

*** 각간(角干)**

신라 때에 둔, 십칠 관등 가운데 첫째 등급. 자색 관복을 입었다. 진골만이 오를 수 있었다.

서 여근곡을 찾아보면 적병이 있을 것이니 엄습해서 모두 죽이라고 했다. 두 각간이 명을 받고 각각 군사 1,000명을 거느리고 서교에 가보니 부산 아래의 여근곡에 백제 군사 500명이 와서 숨어 있었으므로 이들을 모두 죽였다. 또한 남쪽 고개 바위 위에 백제의 장군 우소도 활로 쏘아 죽였다. 또 뒤에 군사 1,200명이 따라오고 있었는데, 모두 쳐서 죽여 한 사람도 남기지 않았다."

신하가 적군의 침입을 어떻게 알았느냐고 묻자 선덕여왕은 다음과 같이 답했다.

"개구리가 성난 모양을 하는 것은 병사의 형상이요, 옥문玉門이란 곧 여자의 음부다. 여자는 음이고 그 빛은 흰데 흰빛은 서쪽을 뜻하므로 군사가 서쪽에 있다는 것을 알았다. 또 남근은 여근이 들어가면 죽는 법이니 그래서 잡기가 쉽다는 것을 알 수 있었다."

위의 내용을 보면 선덕여왕이 총명했다는 것을 알 수 있다. 그러나 세 가지 예견 중에서 모란에 관한 한 현대 과학은 선덕여왕의 슬기에 이의를 제기한다. 나비가 향기로 꽃을 찾는 것이 아니라 눈으로 찾는다는 연구 결과가 나왔기 때문이다.

미국 조지타운대 마사 바이스Martha Weiss 박사는 란타나Lantana라는 열대식물의 꽃이 처음에는 노란색이지만 시간이 지나면서 오렌지색을 거쳐 빨간색으로 변한다는 점에 주목했다. 꿀의 양은 노란색일 때 가장 많고 빨간색일 때는 거의 없다. 바이스는 여러 색의 꽃이 섞여 있는 숲에 남방 공작나비와 큰표범나비를 풀어놓고 관찰했다. 맨 처음

■
중국 뤄양에서 그려진 모란과 나비. 모란은 선덕여왕의 선견지명과 관련된 일화로 유명하다.

나비들은 색을 구분하지 않고 찾아다녔다. 하지만 며칠이 지나자 나비들은 빨간색 꽃은 거들떠보지도 않고 꿀이 풍부한 노란색 꽃만 찾아다녔다. 꽃은 신호등처럼 색깔을 바꾸어 언제 신선한 꿀이 충만한지 나비에 알린 셈이며, 나비는 꽃의 신호를 인지해 자신의 목적을 효율적으로 달성한 것이다. 더욱 놀라운 것은 나비들의 학습 능력이 한 가지 색을 배우고 끝나는 것이 아니라는 것이다. 나비들에 색을 바꾸어가며 꿀을 주는 실험을 했더니, 10회 이내의 시행착오 끝에 좋아하는 색을 바꾸는 능력이 나타났다. 이런 연구 결과는 〈화접도〉에서 나비는 향기가 아닌 색깔과 모양을 보고 꽃을 찾는다는 것을 말하고 있다. 결국 선덕여왕은 코로 모란의 비밀을 찾았지만 나비는 눈으로 꽃을 찾은 것이다.[2] 실제로 중국의 뤄양洛陽은 모란으로 유명하며, 이곳에서 그려진 모란 그림들에는 나비들이 그려져 있다.

부산성과 여근곡을 감상한 후 단석산 등정을 준비한다. 건천읍 산내면에 우뚝 솟은 단석산은 높이 827미터로 주변의 산 중에서 가장 높다. 옛 신라에서는 중악이라 불렀는데, 김유신이 15세에 화랑이 된 뒤 17세에 삼국 통일의 포부를 안고 입산해 난승이라는 도사로부터 체득한 신술로 큰 바위를 단칼에 자른 뒤부터 단석산이라는 이름이 붙여졌다고 한다. 신선사가 유명한 이유는 거대한 바위 절벽에 새겨졌으며 석굴암의 모태로 알려진 단석산 신석사 마애불상군이 있기 때문이다.

■
'ㄷ'자형 암벽 틈으로 들어가면 삼면에 불상이 새겨진 단석산 신선사 마애불상군을 만날 수 있다.

작은 암자인 신선사 바로 옆에 버티고 있는 마애불상군은 사람 키의 몇 배나 되는 거대한 바위가 절벽처럼 날카롭게 갈라진 한복판에 있다. 높이 8미터, 입구 폭 3미터, 깊이 10미터의 'ㄷ'자형 암벽 틈으로 들어가면 삼면에 불상이 새겨져 있다. 북쪽 바위 2개 중 구석 바위는 거대한 여래입상을 주존으로 했고 동쪽 바위는 보살상, 남쪽 바위는 보살상과 명문을 조각해 삼존 형식을 이루고 있다. 모두 합쳐 1구의 부처상과 9구의 보살상이 조각되어 있다.

서쪽으로 트인 곳이 입구이며 북쪽 바위 중앙에 새겨진 삼존불은 왼손으로 여래입상을 가리키고 있다. 맨 왼쪽의 불상은 약 60센티미터이며 오른쪽 2구는 각각 120센티미터와 90센티미터 정도다. 그 안쪽에 반가사유상이 바위에 얕은 돋을새김으로 새겨져 있다. 반가사유상 아래쪽에는 버선 같은 모자를 쓰고 공양을 바치는 자세의 공양자상 2구와 스님 한 분이 얕은 부조로 새겨져 있다. 높이는 90센티미터에서 120센티미터 정도이며 당대의 복식을 연구하는 데 귀중한 자료를 제공한다.

8미터 정도의 여래입상은 중후한 체구에 둥글고 동안인 얼굴이 돋보인다.
■

여기서 바위가 단절되어 쪽문처럼 트였고 다시 바위가 솟은 부분에 거대한 여래입상이 있다. 8미터 정도의 크기로 딱딱하고 서툰 솜씨로 조각되어 있지만 중후한 체구에 둥글고 동안인 얼굴이 돋보인다. 'U' 자 모양을 이루는 법의 안에 내의를 묶은 매듭이 보인다. 동쪽 바위 암벽에는 높이 6미터 정도의 보살상이 조각되어 있으나 마멸이 심해 알아보기 힘들다. 400자에 가까운 명문이 음각되었는데 그중 '신선사작미륵석상神仙寺作彌勒石像'이라는 내용이 발견되어 이 석굴사원이 신선사임이 밝혀졌다. 남쪽 바위에도 역시 모양과 크기가 비슷한 입상이 있으며,[3] 마애불상군이 새겨진 암벽 이름은 상인암上人巖이다. 7세기 전반기의 불상 양식을 보여주므로 신라 불교 미술 연구에 귀중한 자료이며 석굴암 건립 연대만 본다면 신라에서 가장 오래되었다.[4] 과거에는 상인암 상부를 기와지붕으로 덮었을 것으로 추정된다.

우리나라에는 이 외에도 잘 알려진 석굴이 2곳 있다. 석굴암과 군위 아미타여래삼존 석굴(국보 제109호)이다. 경상북도 군위군 부계면에 위치한 이 석굴은 1927년 11월 군위에 살고 있던 최두한에 의해 발견되었다. 그는 마을 앞 돌산 꼭대기에 틀림없이 부처가 있을 것이라고 여겨 밧줄을 매고 절벽을 내려갔다. 그리고 예상대로 수직으로 뻗은 절벽 50미터 아래, 지상에서 6~7미터 정도의 높이의 석굴 속에서 삼존불을 발견했다. 자연적으로 형성된 천연 동굴을 이용해 입구와 내부 벽면을 약간 확장 · 가공한 뒤 삼존불을 안치한 것이다. 석굴 중앙에는 아미타여래가, 왼쪽에는 감로병을 들고 보관에 화불이 있는 본존불이, 오른쪽으로는 보관에 수병水瓶이 있는 지장보살이 모셔져 있다. 이 셋을 합해 '아미타삼존'이라 한다. 석굴암보다 앞서 만들어진 석굴사원으로, 이후 전개되는 신라 석불과 석굴사원의 계보 연구에 중요한 맥을 이루고 있다.

신라 불상의 대표적인 특징 중 하나가 체구에 비해 머리를 크게 조각하는 것인데, 이 본존불도 그 특징이 그대로 반영되어 눈에 띄게 머리가 큰 반면 무릎 이하의 하체는 빈약하게 조각되었다. 얼굴에 비해 작은 입술은 양 끝이 쏙 들어가 미소를 머금고 있지만 굴 내부까지 햇빛이 들어오지 않아 잘 보이지 않는다. 법의는 양쪽 어깨를 모두 감싼 통견* 방식으로 착용했으나, 자세히 보면 오른쪽 어깨를 드러낸 편단우견**이고, 이로 인해 노출된 오른쪽 어깨를 다른 천으로 다시 감

*** 통견(通肩)**
통양견법(通兩肩法)의 약칭. 불교에 있어서 가사(袈裟) 즉 삼의(三衣)의 착법 중 한 방법으로, 양 어깨를 모두 덮는 방법. 편단우견(偏袒右肩)에 대치되는 말. 승려가 사찰 밖으로 외출하거나 속인의 집에 들어갈 때의 착의법. 불상의 경우는 대의를 이 방법으로 입고, 옷자락을 왼쪽 겨드랑이 밑으로 당겨서 왼손으로 잡는다.

**** 편단우견(偏袒右肩)**
상대편에게 공경의 뜻을 나타내는 예법의 하나. 왼쪽 어깨에 옷을 걸치고 오른쪽 어깨는 드러낸다.

싼 이중 착의 방식이다.

본존불의 수인手印은 아주 독특하다. 좌상은 통상적으로 오른손은 손바닥을 밖으로 향하고 가슴까지 올린 시무외인施無畏印, 왼손은 단전 위에 올려놓은 선정인禪定印을 하고 있는 데 반해, 군위의 본존불은 왼손은 활짝 편 채 왼쪽 무릎 위에 가볍게 올려놓은 여원인與願印, 오른손은 오른 무릎 위에 얹어놓은 독특한 수인을 하고 있다. 언뜻 보면 검지로 땅을 가리키는 항마인降魔印과 흡사하며, 한반도에서 쓰인 예는 이 석굴이 처음이다.

일반적으로 여래의 존명은 손 갖춤으로 판단한다. 그러나 군위의 본존불같이 손 갖춤이 불명확한 경우에는 판명이 불가능하다. 그러므로 좌우 협시*보살의 존명으로 본존상의 존명을 추정할 수 있는데, 좌우에 관음보살과 대세지보살을 협시로 둘 경우 본존은 아미타여래다. 석조 삼존 불상은 신라 말에서 통일신라 초기에 크게 유행하는 아미타 신앙을 바탕으로 만든 것이다.

* 협시(夾侍/脇侍)
좌우에서 가까이 모심. 또는 그런 사람.

석불들은 석굴과 재질이 다른 것으로 보아 각각 다른 곳에서 제작되어 안치된 것으로 보인다. 석굴이 소지왕 15년(493) 극달極達이 창건했다고 하나 학계에서는 대체로 신라 통일 후인 700년 전후에 조영되었다고 추정한다. 석굴암의 선례가 된다는 점에서 제2석굴암이라고도 부르지만 실제로는 불국사보다 앞선다. 그러므로 석굴암 연대만 본다면 첫째가 단석산 신선사 마애불상군, 둘째가 군위 아미타여래삼존 석굴, 셋째가 석굴암 석굴이다.[5]

단석산에서 하산해 통일신라 이전의 왕족과 귀족의 무덤인 대소 50여 기의 적석목곽분이 마을처럼 운집해 있는 금척리 고분군(사적 제

43호)을 만난다.

안내판에 의하면 박혁거세의 꿈에 신인神人이 나타나 금으로 된 자金尺를 주었는데, 그가 꿈에서 깨어나보니 손에 자가 쥐어져 있었다. 신인이 가르쳐준 대로 죽은 사람을 금자로 재자 살아났고, 병든 사람을 재자 병이 나았다. 소중하게 간직해 나라의 보물로 자자손손 물려오던 중, 당나라 황제가 사신을 보내 자를 보여달라고 요청했다. 당나라 황제의 말이기는 하지만 왕은 자를 감추기 위해 무덤을 만들어 숨겼다. 그 후 이 금척고분金尺古墳의 이름을 따서 마을을 '금척'이라 부르게 되었다고 한다. 금척이 묻힌 위치는 매장 당사자인 왕이 급사한 이래 비밀이 되었으므로 아직도 어느 무덤에 있는지 모른다.

고분군을 지나면 본격적으로 경주 고도의 향기를 느낄 수 있는 답사가 시작된다. 가장 먼저 법흥왕릉에 닿자 기품과 위엄이 있는 커다란 소나무들이 묘소 정면을 지키고 있다. 법흥왕은 514년에 즉위해 540년까지 26년 동안 신라를 다스렸다. 법흥왕은 처음으로 병부兵部(국방부)를 설치했고, 법령을 반포했고, 529년에는 살생 금지령을 내리기도 했다. 법흥왕이 살생 금지령을 내린 것은 이차돈이 순교한 뒤 불교를 처음으로 공인했기 때문으로 보인다. 또한 법흥왕은 최초로 독자적인 연호年號를 사용했다. 법흥왕 때 이루어진 병부 설치, 법령 반포, 불교 공인, 연호 사용 등으로 비로소 신라의 국가 체제가 정비되었다고 평가한다.

법흥왕의 업적은 대단하지만 묘소는 조촐해 지름 13미터, 높이 3미터에 불과하다. 『삼국유사』와 『삼국사기』에서는 애공사哀公寺 북쪽에 장사 지냈다고 하는데, 부근에 있는 효현동 삼층석탑 자리가 옛 애

금척리 고분군이라는 이름은
박혁거세의 꿈에서 신인이 준
금자에서 유래했다.

공사지라고 알려지면서 무덤의 주인을 밝히는 근거가 되었다. 그러나 법흥왕의 명성에 비추어볼 때 상석 외에는 별다른 표식이 없어 법흥왕릉이 아니라는 주장도 있다.

법흥왕릉에서 나와 오른쪽에 대천, 왼쪽에 선도산을 두고 왼쪽 마을길로 들어서면 효현동 삼층석탑이 나온다. 탑은 2단의 기단* 위에 3층의 탑신**을 세운 모습이다. 기단은 사방 네 면에 기둥 모양의 조각을 두었는데, 탑신에 비해 과중한 비율을 보여 무거운 느낌을 준다. 탑신은 각 층의 몸돌 모서리마다 기둥을 본뜬 조각을 두었고, 지붕돌은 하늘을 향해 네 귀퉁이가 살짝 들려 있어 경쾌한 곡선을 이룬다. 지붕돌의 밑면 받침은 4단으로 되어 있고 각 부분의 조각이 가늘고 약하게 나타나 있다.

* 기단(基壇)
건축물의 터를 반듯하게 다듬은 다음에 터보다 한 층 높게 쌓은 단.

** 탑신(塔身)
기단과 상륜(相輪) 사이의 탑의 몸.

석탑을 지나 왼쪽으로 얕은 고개 하나를 넘으면 무열왕릉이 나타난다. 건무문을 들어서면 교과서에서 보았을 태종무열왕릉비(국보 제25호)가 보인다. 신라 역사상 가장 위대한 정복 군주라 불리는 진흥왕에게는 2명의 아들이 있었는데 동륜과 사륜이다. 장자인 동륜이 태자가 되었으나 동륜이 갑자기 죽어 사륜이 진지왕이 되었다. 그러나 즉위 4년 만에 폐위되고 동륜의 아들 진평왕이 즉위했다. 이를 동륜계와 사륜계의 정치적 갈등과 대립의 영향으로 보기도 하는데 동륜계의 진평왕이 즉위했다 하더라도 사륜계가 몰락한 것은 아니다. 진지왕의 손자인 김춘추가 성골이 아닌 진골이지만 최초로 신라 왕이 된 것을 보아도 알 수 있다.[6] 진덕여왕에 이어 즉위한 무열왕 김춘추는 신라 중대를 열었다. 혁거세에서 진덕여왕까지 28왕을 성골이라 하며 무열왕부터 마지막 왕까지를 진골이라 해 무열왕이 진골왕 시대를 연 것

■
효현동 삼층석탑은 2단의 기단 위에 3층의 탑신을 제운 모습이다. 지붕돌 네 귀퉁이가 살짝 들려 있어 경쾌한 느낌을 준다.

■
태종무열왕릉비는 현존하는 가장 오래된 비다.

이다.

태종무열왕릉비는 현존하는 가장 오래된 비로 신라 조각의 정수로 꼽힌다. 안내판에는 "표현이 사실적이고 생동감이 있어 우리나라뿐만 아니라 동양권에서 가장 뛰어난 귀부龜趺와 이수螭首를 갖고 있는 걸작"이라고 적혀 있다. 귀부는 거북 모양의 받침돌을 말하고, 이수는 용을 새긴 머릿돌을 가리킨다. 양쪽에 3마리씩 6마리의 용이 얽혀 여의주를 받들고 있는 이수 한가운데에는 '태종무열대왕지비太宗武烈大王之碑'라는 여덟 글자가 2줄로 내리 새겨져 있다. 글씨는 무열왕의 차남인 김인문이 썼다고 전해진다. 거북이의 앞발가락은 다섯, 뒷발가락은 넷인데 이는 거북이가 힘차게 나갈 때 뒷발의 엄지발가락을 안으로 밀어넣고 힘을 주는 모습을 표현한 것이다. 또 거북이가 힘을 줄 때 턱밑이 붉어지는 것을 보여주기 위해 자연석의 붉은 부분을 턱으로 삼았다. 등에 표현된 구름무늬, 당초무늬, 보상화문*과 머리와 목의 주름, 입가의 입김과 콧김 등이 치밀하게 조각되어 신라시대 걸작으로 평가된다.[7]

* 보상화문(寶相華紋)
중국 당나라 때부터 흔히 사용된, 보상화를 주제로 한 장식적 덩굴무늬.

무열왕릉은 비각 바로 뒤편에 있다. 높이 약 12미터, 밑지름 약 100미터의 큰 봉분으로 능선이 유연한 곡선을 그려 아름답다. 둘레에 자연석으로 약 1미터의 석축을 쌓고 3미터 간격으로 호석(둘레돌)을 세웠으나 흙에 묻혀 좀처럼 눈에 보이지 않는다. 무열왕릉 이후로는 호석을 세우는 등 화려하고 장엄한 멋을 살린 통일신라시대의 능이 시작되므로, 별다른 장식이 없고 규모가 큰 삼국시대 초기의 능으로는 마지막에 속한다.

무열왕릉 뒤에 있는 서악동 고분군은 앞의 것부터 각각 160 · 186 · 122 · 100미터의 둘레를 자랑하는 대형이다. 무열왕릉과 같은 경내에 있고 더 높은 곳에 위치한 점으로 보아 무열왕의 선조들로 알려졌지만 법흥왕 · 진흥왕 · 진지왕 · 무열왕의 아버지인 문흥대왕의 무덤으로 보기도 한다. 석실분(돌방무덤)으로 경주 평지에 있는 수많은 고분이 적석목곽분(돌무지덧널무덤)인 것과 대조된다.

무열왕의 아들이자 문무왕의 동생인 김인문(629~694)의 묘, 무열왕의 9세손인 김양(808~857)의 묘가 무열왕릉 앞을 지나는 4번 도로 건너편에 있다. 김인문은 23세에 당나라에서 벼슬을 하다가 돌아온

이래 무열왕과 문무왕, 외삼촌 김유신을 도와 당나라에 일곱 차례나 왕래하며 나당연합군 구성에 큰 공헌을 하는 등 삼국 통일에 크게 이바지한 인물이다. 백제 패망 후에는 고구려와의 전쟁에서도 막후교섭을 지휘했다. 삼국이 통일되고 문무왕이 당나라군을 몰아내기 위한 항쟁에 들어가자 화가 난 당나라 고종은 문무왕의 왕직을 박탈하고 김인문을 신라 왕으로 봉하기도 했다. 김인문은 말년에 당나라에서 살다가 세상을 떠났다. 글씨에 뛰어나 태종무열왕릉 비문을 쓰기도 했다.

김인문묘 앞에는 서악동 귀부(보물 제70호)가 있다. 태종무열왕릉비에 비해서 전체적으로 형식화되고 약해 보이는데, 흥미로운 것은 거북이의 앞뒤 발가락이 모두 5개라는 점이다. 정지해 있을 때와 전진할 때의 차이라는데 이와 같이 구별한 뜻은 알 수 없다. 참고로 1931년 인근의 서악서원에서 김인문의 묘비가 발견되었으나 비신을 세웠던 홈과 맞출 수 없을 정도로 파손이 심해 귀부에 김인문의 묘비가 세워졌던 것인지는 확인되지 않았다. 김인문묘 옆에는 장보고와 힘을 합쳐 김우징을 신무왕에 오르게 한 김양묘가 있는데 두 묘의 건립 연대는 160년이나 차이가 난다. 이로 인해 선도산 자락 일대가 김춘추 일가의 가족 묘지로 사용되었다는 설명이 설득력을 얻는다.[8]

무열왕릉 오른쪽 마을 안길로 향하면 김유신과 연계되는 서악서원(지방문화재 제19호)이 있다. 서악서원은 조선 명종 16년(1561) 경주부윤 이정이 김유신 장군을 기리기 위해 세운 사당이다. 당시 경주 지역의 선비들이 설총과 최치원의 위폐도 함께 모실 것을 건의해 3인의 위폐가 봉안되어 있다. 퇴계 이황이 서악정사西岳精舍라 이름하고 손수

서악서원에는 김유신 · 설총 · 최치원의 위패가 모셔져 있다.

글씨를 써서 현판을 달았다고 한다. 원래 선도산 아래에 있었지만 임진왜란 때 소실되어 현재 위치로 옮겼으며 뒤에는 사당, 앞에는 강당인 시습당을 배치하고 맨 앞에 영귀루를 두어 전학후묘前學後墓의 전례에 따랐다. 특이하게 사당 앞에 투호*가 있으며 각 품계에 따른 배례석도 있다. 인조 원년(1623) 국가가 인정한 사액서원으로 이름을 받았으며 홍선대원군의 서원철폐령 때도 폐쇄되지 않고 살아남은 47개 서원 중 하나다.

서악서원을 지나 마을이 끝나는 지점, 즉 서악까지의 등산로가 시작되는 부분에 서악동 삼층석탑이 있다. 높이 5.1미터이며 통일신

* 투호(投壺)
두 사람이 일정한 거리에서 청홍색 화살을 던져 병 속에 많이 넣는 수효로 승부를 가르는 놀이. 또는 그런 병.

라시대 모전탑模塼塔 계열에 속한다. 모전탑은 전탑(벽돌로 쌓은 탑)을 모방한 것으로, 돌을 벽돌 모양으로 다듬어 쌓아올린 것을 말한다. 이형異形기단 위에 3층의 탑신을 세웠는데 상륜부는 모두 없어졌다. 기단은 주사위 모양의 커다란 돌덩이 8개를 2단으로 쌓은 독특한 형태로 이루어져 있다. 기단 윗면에 1층 몸돌을 받치기 위한 평평한 돌이 끼워져 있는데, 남산동 동 · 서 삼층석탑(보물 제124호)에 3단의 층급이 있는 것에 비하면 간략화된 것이다. 독특한 기단 형식으로 미루어 볼 때 남산동 동 · 서 삼층석탑을 모방한 것으로 추측되며, 통일신라 후기 작품으로 추측된다.

서악동 삼층석탑은 돌을 벽돌 모양으로 쌓아올린 모전탑 계열에 속한다.
■

왼쪽으로 선도산의 주 능선 말단부에 해당하는 위치에 신라 제24대 진흥왕(534~576), 제25대 진지왕(576~579), 제46대 문성왕(839~857), 제47대 헌안왕(857~861)의 무덤이 있다. 진흥왕은 540년부터 576년까지 36년 동안 왕위에 있었으므로 재위 기간은 길지만 7세에 즉위한 탓에 사망 당시 나이는 43세에 지나지 않았다. 진흥왕은 삼국통일의 기반을 쌓았다고 알려지는 등 한국의 왕으로서는 보기 드문 행운을 갖고 태어난 사람이다. 법흥왕이 불교를 공인한 뒤 창건 공사에 들어간 흥륜사를 완공했고, 일반인이 출가해 스님이 되는 것을 허락했다. 더구나 진흥왕의 신라군은 옥천 관산성 인근에서 백제 성왕을 사로잡아 참수했다. 당시 신라군의 지휘관은 김유신의 할아버지인 무력이었다.

이사부의 건의를 받아 『국사』를 편찬한 진흥왕은 비석에 '태왕'이라 썼는데 이전의 신라 왕은 누구도 그런 호칭을 사용하지 않았다. 진흥왕도 '광개토태왕'처럼 '진흥태왕'임을 자부했던 것이다. 만년에는 삭발을 하고 가사를 입은 채 생활했으며, 스스로 법운이라는 법명을 지어 불렀고, 왕비도 왕을 본받아 스님이 되어 영흥사에서 살았다고 알려진다. 안내판에는 추사 김정희가 『신라진흥왕고』에서 '서악동 고분 4기'를 진흥왕, 진지왕, 문성왕, 헌안왕의 무덤이라고 추정한 바 있다고 적혀 있다. 다른 왕릉에는 이런 표현이 없는 것을 볼 때 이 무덤이 진흥왕릉이 아닐 수도 있다는 뜻이다.[9]

진흥왕의 뒤를 이은 진지왕은 법흥왕의 둘째 아들로 거칠부를 상대등으로 삼았으며, 부왕의 뜻을 받들어 내리서성을 쌓고 백제군을 격퇴했다. 또한 중국 진나라에 사신을 보내 외교 관계를 맺었지만 재위 기간은 3년에 불과했다. 능은 밑 둘레 53미터, 높이 3미터의 봉분을 둥글게 쌓아 올린 보통 크기다.

두 왕릉과 함께 있는 문성왕릉은 이들보다 300년 후에 만들어진 것이다. 문성왕은 신무왕의 태자이며 신무왕은 원성왕 증손자들의 왕위 쟁탈전 때 최후 승자였던 우징이다. 역사적으로는 장보고의 권력이 막강했던 시기의 왕이며 초창기에는 아버지 우징을 도운 장보고와 원만한 관계를 유지했으나, 장보고의 딸과 혼인하는 문제가 신하들의 반대로 중단되면서 장보고의 반란을 겪는다. 공작지孔雀址에 있었다는 그의 능침은 위치를 알지 못했는데 헌안왕릉이 공작지에 있다는 기록이 발견되어 헌안왕릉 옆에 있는 능임이 알려졌다.

문성왕릉 바로 옆에 있는 왕릉이 헌안왕릉이다. 헌안왕은 신무왕의 이복동생으로 문성왕이 죽자 즉위했는데 즉위 초부터 극심한 흉년이 계속되었다. 설상가상으로 병까지 걸리자 왕위를 맏사위에게 물려주었는데 그가 바로 경문왕이다. 후고구려의 궁예는 헌안왕 또는 경문왕의 서자라 알려져 있다. 경문왕이 헌안왕의 사위임에도 신라 왕에 오른 내력은 매우 흥미로우므로 일화를 간략하게 설명한다.

"헌안왕 4년(860) 왕은 임해전에서 잔치를 열었다. 왕족 응렴도 15세의 나이로 이 자리에 참석했다. 응렴이 어린 나이치고는 견문이 넓다 해 헌안왕이 그에게 상당 기간 사방을 견학하면서 착한 사람을 본 일이 있느냐고 질문했다. 그는 지금까지 세 사람을 만났는데 첫째 사람은 높은 가문의 자제인데도 다른 사람과 교제함에 있어서 자신을 내세우지 않고 남의 아래에 처했으며, 둘째 사람은 재물이 많아 사치스러운 의복을 입을 만한데도 언제나 베옷을 입는 것으로 자족했으며, 마지막 사람은 세도와 영화를 누리면서 한 번도 남에게 세도를 부리지 않았다고 대답했다. 응렴의 대답에 왕은 왕비에게 귓속말로 응렴이야말로 자질이 있다며 사위로 삼고자 다음과 같이 말했다. 자신에게 두 딸이 있는데 장녀는 20세, 동생은 19세이며 마음에 드는 아이와 결혼해도 좋다. 응렴은 결정하지 못한 채 집으로 돌아갔는데 부모는 장녀가 박색이라고 하니 둘째에게 장가가라고 말했다. 부모의 말에 결정하지 못한 응렴이 흥륜사 스님을 찾아가자 그는 장녀에게 장가를 들면 세 가지 이익이 있지만 동생에게 장가를 들면 반대로 세 가지 손해를 볼 것이라고 했다. 이에 응렴은 자신이 감히 결정하지 못하겠으니 왕이 결정해달라고 했고 왕은 맏딸을 시집보냈다. 그러다 왕이 병으로 누워 위독해졌고 자신에게 아들이 없으니 사위 응렴이 왕위를 잇기를 원한다고 유언을 남겼다. 그가 경문왕이다. 헌안왕은 유언을 내리기 전에 신라에 선덕 · 진덕 두 여왕이 있었지만, 이는 암탉이 새벽을 알리는 것과 비슷한 일로 이를 본받을 수는 없으므로 사위를 추천한다고 했다. 왕위에 오른 경문왕은 왕비의 동생을 둘째 왕비로 삼았다. 이때 갑자기 흥륜사 스님이 생각나 그를 찾아가 결혼하기 전 자신에게 말했던 세 가지 이익이란 무엇이냐고 질문했다. 스님은 다음과 같이 말했다. 박색인 큰딸에게 장가를 가면 그것이 당시에 왕과 왕비의 뜻대로 되는 것이니 첫째 이익이고, 그로 인해 왕위에 올랐으니 둘째 이익이며, 결국은 처음부터 원하던 둘째 딸을 왕비로 맞이했으니 세 번째 이득이다."

문성왕릉과 헌안왕릉을 본 후 서악동 마애여래삼존입상를 답사하기 위해 선도산으로 향하는 본격적인 등산로를 이용해야 한다. 서악동 마애여래삼존입상은 정상 턱밑에 위치한 성모사聖母祀라는 사당 옆에 있다. 신라 사람들은 선도산을 영산靈山으로 섬겨 선도산에 사당을 차려놓고 제사를 지냈으며 현재의 건물은 새로 세워진 것이다.

마애여래삼존입상은 성모사 왼쪽에 있는 거대한 암벽의 높이 6.85미터에 달하는 본존불, (본존 방향에서) 왼쪽의 높이 4.55미터의 협시보살, 오른쪽의 높이 4.62미터의 협시보살을 의미한다. 본존불은 경주 주변의 석불로는 가장 큰 불상이지만 파손이 심해 조각의 세부는 물론 옷 무늬조차 판별할 수 없다. 특히 눈의 윗부분이 떨어져나갔

서악동 마애여래삼존입상은 거대한 암벽에 새겨진 높이 6.85미터에 달하는 본존불, 왼쪽 높이 4.55미터의 협시보살, 오른쪽의 높이 4.62미터의 협시보살을 의미한다.

고 몸의 정면에도 상하로 균열이 생겼다. 그러나 얼굴에 아직도 고졸古拙한 미소가 남아 있고, 어깨는 넓고 크나 움츠린 것 같아, 군위 아미타여래삼존 석굴 본존불과 같은 형태로 추정된다.

본존불 좌우에 있는 협시보살은 몇 개의 조각으로 파괴되어 방치되던 것을 복원한 것이다. 본존 왼쪽 협시보살은 머리에 삼신산* 보관을 쓰고 있으며 갸름한 얼굴에 윤곽선이 부드럽다. 왼손은 내려서 정병을 잡고 있으며 오른손은 가슴 부분까지 들고 손바닥을 보이고 있어 관음보살로 추정된다. 본존 오른쪽 협시보살은 5개 조각을 이어붙인 것으로 왼쪽 협시보살보다 훨씬 파괴가 심하다. 얼굴은 왼쪽 보살과 비슷하지만 얼굴이 직사각형에 가깝고 대세지보살**로 추정된다. 세 불상 모두 발아래에 복련 연화무늬 대좌가 있으며 통일신라시대 초기 작품으로 보인다.[10]

이곳은 김유신의 누이 문희의 자취가 서려 있는 유적지로도 유명하다. 언니 보희가 꿈속에서 서악에 올라가 오줌을 누자 서울이 오줌에 잠겼다. 보희는 경주 시내를 자신의 오줌으로 채운 것이 걱정스러워 동생 문희에게 꿈 이야기를 했는데 문희는 보희의 걱정과는 달리 대뜸 그 꿈을 비단 치마를 주고 샀다. 이것이 계기가 되었는지 문희는 무열왕 김춘추와 결혼해 문명왕후가 되며 그녀의 아들은 뒷날 삼국통일을 완수하는 문무왕이 된다.

김유신묘로 향한다. 신라가 삼국을 통일할 수 있었던 계기는 아무래도 김유신이다. 김부식은 『삼국사기』에서 온 나라 사람이 김유신을 칭송한다고 적었다. 그동안 고구려, 백제, 신라 삼국이 한 치 앞도 알 수 없을 정도로 혈투를 벌였는데 이를 종결했으니 그를 칭송하지

*** 삼신산(三神山)**
중국 전설에 나오는 봉래산, 방장산, 영주산을 통틀어 이르는 말. 진시황과 한무제가 불로불사약을 구하기 위해 동남동녀 수천 명을 보냈다고 한다. 이 이름을 본떠 우리나라의 금강산을 봉래산, 지리산을 방장산, 한라산을 영주산이라 이르기도 한다.

**** 대세지보살(大勢至菩薩)**
아미타불의 오른쪽에 있는 보살. 지혜문(智慧門)을 대표해 중생을 삼악도에서 건지는 무상(無上)한 힘이 있다. 그 형상은 정수리에 보병을 이고 천관을 썼으며, 왼손은 연꽃을 들고 있다.

않는다면 오히려 이상한 일이다. 삼국시대의 전쟁 횟수는 기록에 남아 있는 것만 보아도 약 460회이며 삼국 간의 직접 전쟁도 275회나 되니 1년에 한 번 정도로 전쟁을 한 셈이다. 전쟁 없는 세상을 얼마나 많은 사람이 기대했는지 가늠할 수 있을 것이다.

김유신의 조상은 금관가야의 김수로왕이다. 김유신의 할아버지 무력은 백제 성왕을 전사시키는 큰 공을 세우지만 금관가야는 법흥왕 19년(532) 멸망했다. 이런 배경을 업고 김유신은 정통 신라인이 아님에도 수많은 전쟁을 통해 삼국 통일의 주역이 된다.

충효동 송화산 자락 금산원에 있는 김유신묘는 흥무대왕릉으로 불리므로 정문에도 흥무문이라 적혀 있다. 신라 어느 왕의 무덤보다 잘 정비되어 있는데 흥덕왕이 김유신에게 흥무대왕이라는 칭호를 내렸기 때문이다. 크기와 높이는 무열왕릉과 비슷하지만 위치가 훨씬 높은데다 호석, 돌난간, 십이지신상 등 김춘추의 무덤에는 없는 것들이 웅장해 오히려 더 왕릉답다. 특히 십이지신상은 갑옷을 입지 않고 평복 차림에 무기를 들고 있다. 몸체는 정면을 보고 있으나 오른쪽으로 고개를 돌려 무언가를 주시하는 모습이 이색적이다.

일부 학자들은 김유신묘의 십이지신상이 잘 꾸며져 있는 것을 보고 상당히 후대에 만들어진 것으로 추정하기도 한다. 김유신묘에 십이지신상이 있는 이유를 그가 흥무대왕으로 봉해졌을 때 새로 꾸몄거나 혜공왕 15년(779)에 김유신의 혼령을 달래기 위해 새로 만들어 배치했기 때문으로 보는 것이다. 여하튼 신라에서 왕이 아닌데도 이런 대우를 받는 사람은 고금에 걸쳐 거의 없다고 해도 과언이 아니다. 문무대왕 13년(673) 김유신이 향년 79세로 사망하자 문무대왕은 애통해

하며 비단 1,000필, 벼 2,000석을 부의로 내리고 100명의 군악대를 보내 성대한 장례식을 거행하도록 했다.

진입로를 따라 올라가면 오른쪽으로 전각들이 보이는데 그중 가장 큰 건물이 숭무전으로 김유신의 위패를 모신 곳이다. 원래 김유신을 제향한 곳은 금산재金山齋이지만 숭무전이 세워진 후 기능을 상실했다.[11]

김유신묘에서 하천을 따라 조금 올라가면 경주의 선인들을 만나볼 수 있는 석장동암각화(경상북도 시도기념물 제98호) 있다. 경주 시가지의 북서쪽으로 서천과 북천이 합쳐져 형산강을 이루는 곳으로 '애기청소'라고 불린다. 물 좋은 곳에 바위 절벽이 있어 조선시대에는 금장대金丈臺라는 정자가 있었고 날아가던 기러기도 반드시 앉았다 간다 해서 붙은 이름이다. 이 절벽 중턱의 바위에 그림을 그렸는데 풍우에 시달려 동쪽 면의 그림은 거의 알아보기 힘들다. 하지만 남쪽 면에는 방패 모양이라고 불리는 검파형劍把形 이외에도 사람 얼굴 · 돌칼 · 돌화살촉 · 꽃무늬 · 사람 발자국 · 짐승 · 배 · 여성 성기 모양 등 30여 점의 그림이 등장한다. 청동기시대 풍요와 다산을 기원하던 신앙 의례의 장소로 보이며 세계를 놀라게 한 울주 대곡리 반구대 암각화(국보 제285호)와 울주 천전리 각석(국보 제147호)도 인근에 있다.[12]

애기청소는 수많은 전설과 사건이 깃들어 있는 곳이다. 김동리의 단편소설 『무녀도』의 무대가 된 장소로 과거에는 1년에 1명씩은 빠져 죽은 곳으로도 유명하다. 한 여인을 쫓아다니던 청년이 술에 취해 우물에 빠져 살아나오지 못하자, 다른 남자와 약혼 중이었던 여인이 다음 날 냇가에서 숨진 채로 발견되었다고 한다. 또한 계모에게 꾸중들은 어린 남매가 외삼촌 집에 가려고 서천을 건너다가 한 명이 죽었다는 애환이 서린 곳이기도 하다.

조금 더 직진하면 제28대 진덕여왕의 진덕여왕릉(사적 제24호)이 나타난다. 선덕여왕이 재위하던 647년에 비담毗曇이 반란을 일으켜 김춘추와 김유신이 진압했으나, 그 와중에 선덕여왕이 사망하자 뒤를 이어 진덕여왕이 즉위해 한국 왕실에서 유일하게 여성 왕이 연이어 나타났다. 진덕여왕은 즉위한 뒤 고구려와 백제가 계속 도발하자 김유신을 중심으로 국내 문제를 해결하도록 했고, 대외적으로는 진덕여왕 2년(648) 김춘추를 당나라에 보내 원군을 요청하면서 나당 동맹을 맺었다. 또한 당나라를 본떠 복제服制를 개편했고, 당나라 연호인 영휘永徽를 쓰기 시작하는 등 당나라와 친교를 돈독하게 해 삼국 통일의 기틀을 다졌다.

진덕여왕은 키가 2미터를 넘을 정도로 컸고 상당한 미인이었다고 알려졌는데 무덤은 키에 비해서 큰 편은 아니다. 원형 봉토분으로 지름 14.4미터, 높이 4미터이며 진덕여왕이 사망하기 2년 전인 재위 중에 축조한 것이다. 봉토 밑에 판석으로 병풍 모양의 호석을 돌리고 판석과 판석 사이의 탱석撑石에는 방향에 따라 십이지신상을 조각했다. 판석과 둘레돌 위에는 장대석으로 된 갑석甲石이 덮여 있지만 원래의 돌이 아닌 것도 있다. 둘레돌에 일정한 간격으로 박석(얇고 넓적한 돌)을 깔고 난간을 세웠지만 현재는 사라진 부재가 상당수다. 무덤 앞에 별다른 석물이 없으며 후대에 만든 통로와 축대가 있다. 일부 학자들은 무덤 조성에 대한 기록이 현 위치와 다르고, 십이지신상의 조각 수법이 경주에 남아 있는 8기의 능묘 가운데 가장 빈약하고, 십이지신

진덕여왕릉. 선덕여왕 뒤를 이어 즉위했으며 나당 동맹을 맺어 삼국 통일의 기틀을 다진 왕이다.

상의 평면적 양식이 9세기 후반의 능묘 양식과 일치하므로 진덕여왕의 능묘가 아니라는 주장을 편다.

1997년에는 왕릉 동북쪽 윗부분이 훼손된 채 발견되었고, 전문 도굴꾼들에 의해 도굴된 것으로 추정되어 세상을 놀라게 했다. 그러나 문화재관리국이 조사 작업을 벌인 결과 유물은 도난되지 않은 것으로 확인되었다. 도굴꾼들이 왕릉의 석실 벽 동쪽의 돌 일부를 드러내고 4.5미터 정도 파고 들어가 석실에 닿았으나, 석실 안에 있던 흙을 파낼 엄두를 못 내 도굴을 중단한 것이다.

진덕여왕릉에서 나와 높이 9.76미터의 나원리 오층석탑으로 향한다. 1,000년의 세월이 흐른 지금까지도 순백의 빛깔을 간직하고 있으며, 이로 인해 '나원 백탑'이라 불리기도 한다. 경주 8괴에 들어가는 이유다.

경주 8괴란 8개의 괴이한 경치를 뜻한다. 1괴는 '남산부석南山浮石'으로 경주 남산의 허공에 떠 있는 바위를 말하며 2괴인 '문천도사蚊川倒沙'는 남천을 흐르는 물이 아래로 흘러가는데 모래는 위로 거슬러 올라가는 것을 말한다. 3괴인 '계림황엽鷄林黃葉'은 계림의 나무가 여름에도 단풍처럼 누렇게 변하는 현상을 말하고, 4괴인 '금장낙안金丈落雁'은 왕이 놀던 금장대에 기러기가 반드시 쉬어가는 것을 말한다. 5괴인 '백률송순栢栗松筍'은 소나무를 베면 순이 생기지 않는데 백률사 소나무는 가지를 베면 순이 자란다는 것이고, 6괴인 '압지부평鴨池浮萍'은 안압지에 뿌리를 내리지 않고 자라는 풀이 있다는 것이다. 7괴인 '불국영지佛國影池'는 불국사의 탑이 영지에 비친다는 것이며 8괴인 '나원백탑羅原白塔'은 탑에 이끼가 끼지 않아 영원히 하얗다는 것이다.

나원리 오층석탑은 탑에 이끼가 끼지 않아 영원히 하얗다는 이유로 경주 8괴에 속한다.

나원리 오층석탑은 2층 기단 위

에 5층의 탑신을 건립하고 정상에 상륜부를 형성한 신라 석탑의 전형적 양식으로, 경주 지역에서는 감은사지 동·서 삼층석탑(국보 제112호), 고선사지 삼층석탑(국보 제38호) 다음가는 큰 석탑이다. 기단과 1층 탑신의 몸돌, 1~2층의 지붕돌을 제외한 나머지가 하나의 돌로 이루어져 있다. 여러 개의 장대석으로 구축된 지대 위에 기단부가 형성되었고, 하층 기단 면석은 4석으로 짜였고, 각 면에는 양쪽 우주隅柱(귀기둥)와 3주의 탱주撑柱(버팀기둥)가 정연히 조각되어 있다. 갑석은 4매의 판석으로 결구해 덮었는데, 상면에는 원과 각형의 2단 굄대를 마련해 그 위에 상층 기단을 받고 있다.

탑신부는 각 층 몸돌의 모서리에 기둥 모양의 조각이 새겨져 있다. 지붕돌은 경사면의 네 모서리가 예리하고 네 귀퉁이가 살짝 들려 있어 경쾌함을 실었고, 밑면에는 5단씩 받침을 두었다. 꼭대기에는 부서진 노반*과 잘려나간 찰주**가 남아 있다. 짜임새 있는 구조와 아름다운 비례를 보여주고 있어 통일신라시대인 8세기경에 세웠을 것으로 추정된다. 경주 부근에서는 보기 드문 오층석탑으로 순백의 화강암과 높은 산골짜기에 우뚝 솟은 거대한 모습으로 주위를 압도하고 있는 걸작이다.

이 탑이 소속되었던 사찰 이름은 알 수 없으나 인근에서 통일신라시대의 기와 등이 출토되는 것으로 보아 대형 사찰이 있었을 것으로 추측되며, 학자들은 금당 자리 뒤쪽에 세워진 것으로 보고 있다. 현재는 탑과 연접해 새로 만든 작은 사찰인 나원사가 세워져 있다.[13]

*** 노반(露盤)**
탑의 꼭대기 층에 있는 네모난 지붕 모양의 장식.

**** 찰주(擦柱)**
불탑 꼭대기에 세운 장식의 중심을 뚫고 세운 기둥.

2. 소금강산

형산강 왼쪽에서 오른쪽으로 건너면 1,000년 고도 경주의 일곽이다. 유네스코 세계유산으로 지정되지는 않았지만 경주역사유적지구의 본향인 소금강산(북악)을 지나칠 수 없다. 소금강산이라는 이름 때문에 산세가 험하지는 않을까 걱정할 필요는 없다. 높이가 280여 미터에 지나지 않기 때문이다. 소금강산은 신라 5악 중 하나로 이차돈의 순교 이후 붙여진 이름이다. 이차돈이 불교를 전파하기 위해 순교할 때 잘라진 머리가 하늘 높이 솟았다가 떨어진 곳이 북악이다. 그 자리에 세워진 사찰이 자추사刺楸寺이며 후에 백률사栢栗寺로 바뀐다.

굴불사지 석조사면불상(보물 제 121호)은 '동서남북 사방에 부처가 있다'는 뜻에서 조성된 것으로 남산 칠불암 마애불상군과 함께 신라의 사방불 신앙을 알려준다. 굴불사에는 다음과 같은 창건 설화가 있다.

"신라 35대 경덕왕이 백률사에 나들이하는데 땅속에서 어느 스님의 경 읽는 소리가 들렸다. 이상하게 생각한 왕이 신하에게 명해 그곳을 파보게 했더니 사면에 불상이 새겨진 바위가 나왔다. 경덕왕은 이곳에 굴불사라는 사찰을 지었다."

굴불사란 석불을 파냈다는 뜻으로 명명한 것이다. 사방불 사면에 어떤 부처를 모시는가에 대해서는 여러 견해가 있지만 신라에서는 대체로 서쪽에 서방 극락정토를 주석하는 아미타불, 동쪽에 동방 유리광 세계를 주재하는 약사여래, 남쪽에 현세의 사람으로 태어나 부처

■
굴불사지 석조사면불상. 서쪽에 아미타불과 협시보살이 조각되었고 동쪽에 약사여래가 있다.

가 된 석가모니불, 북쪽에 56억 7,000만 년 후에 나타나 세상을 구제한다는 미륵불을 모셨다. 사면석불도 이와 같은 배치를 따르고 있다. 서쪽이 정면인데 아미타불과 협시보살로 관세음보살과 대세지보살이 조각되었으며 동쪽에 약합을 들고 있는 약사여래가 있다. 동·서쪽에 조각된 부처는 확실하지만 남·북쪽의 부처는 마모가 심해 분간이 어렵다.

서쪽의 아미타불은 높이 3.9미터로 다른 불상들보다 크다. 머리는 별개의 돌로 둥글게 조각되었으며 오른손은 사라졌다. 양쪽의 협시보살은 높이 1.95미터로 모두 독립된 돌로 조각되었다. (본존 방향에서) 오른쪽 대세지보살의 머리 부분은 파괴되었고 왼쪽 관세음보살은 반대쪽 다리에 무게중심을 잡은 삼굴三屈 자세다. 삼굴 자세는 삼국시대 말기부터 나타나 통일신라시대에 유행한다. 동쪽의 약사여래상은 결가부좌*했고 왼손에 약합(약그릇)을 들었다.

* 결가부좌(結跏趺坐)
부처의 좌법으로 좌선할 때 앉는 방법의 하나. 왼쪽 발을 오른쪽 넓적다리 위에 놓고 오른쪽 발을 왼쪽 넓적다리 위에 놓고 앉는 것을 길상좌라고 하고 그 반대를 항마좌라고 한다. 손은 왼손바닥을 오른손바닥 위에 겹쳐 배꼽 밑에 편안히 놓는다.

남쪽의 두 보살상과 불상은 몸체의 굴곡이 돋을새김으로 조각되어 있고 옷 주름의 균형이 잘 잡혀 있다. 불상의 광배는 1.6미터 정도 되는 주형舟形 신광이다. 두광에는 연꽃무늬, 빗살무늬, 당초무늬가 차례로 새겨져 있으며 주위에 불꽃무늬가 둘러져 있다.

돋을새김으로 조각된 북쪽의 보살 입상은 높이 틀어 올린 머리에 보관을 쓰고 있다. 손을 든 자세나 천의를 두른 모습이 남쪽의 보살과 비슷하나 보존 상태는 좋지 않다. 왼쪽에 선각으로 된 보살상은 6개의 손에 11면의 얼굴을 가진 관음보살이다. 이와 같은 관음상은 중생을 제도하기 위해 다방면의 신통력을 보여주는 주술적인 성격을 띠고 있다. 사면불상에 12면의 관음보살상이 표현되어 있는 것은 8세기 통일신라시대에 신앙된 불상 중에 밀교적 성격을 띠는 불상이 섞여 있음을 보여주는 귀중한 예다.

사면불상 위로 다소 가파른 돌계단이 있는데 백률사로 오르는 것이다. 현재 건물로 대웅전과 요사채밖에 없지만 순교한 이차돈이나 신라 화랑 무례랑을 구출한 대비천에 얽힌 이야기 등이 전해지는 곳이다. 이런 전설 등을 볼 때 매우 큰 사찰이었을 것으로 추정되나 임진왜란으로 큰 피해를 입었다. 현재의 백률사는 재건한 것인데 대웅전 기단부에서 일부 신라시대 양식이 발견되었다. 자추사와 백률사는 발음이 완전히 다르지만 같은 뜻이다. '자刺'는 잣이니 '백栢'과 같고 '추楸'는 밤이니 '율栗'과 같다. 이곳에서 발굴된 금동약사여래입상(국보 제28호)과 이차돈순교비는 국립경주박물관에 있다.

백률사에서 내려오면 곧바로 탈해왕릉(사적 제174호)과 숭신전(경상북도 문화재자료 제255호)이 나타난다. 신라 최초의 석씨 왕인 탈해왕 이야기는 『삼국사기』에 적혀 있다. 왜국 동북 390킬로미터 지점에 있는 다파나국의 왕비가 알을 낳았는데 불길하다 여겨 보물과 함께 궤짝에 넣어 바다에 띄워보냈다. 알은 금관국(김해)에 닿았지만 사람들이 이상하게 여겨 아무도 거두지 않아 진한의 아진포에 닿았고 한 노파가 거두어 키웠다. 궤짝이 떠오를 때 까치 한 마리가 따라다니며 울었다고 해서 까치 작鵲에서 조鳥를 뗀 석昔으로 성을 삼았고, 아이가 궤를 풀고 나왔다 해서 이름을 탈해脫解라 지었다.

탈해왕은 제3대 유리왕의 유언으로 왕위에 오르게 되어 62세에 왕이 되었다. 왕비는 아효부인이다. 서기 57년에 왕이 되어 80년에 승하했으며 재위 23년간 왜구와는 친교하고, 백제와는 자주 다투었다.

계림鷄林을 국호로 했으며 가야와 싸워 크게 이겼다.

경주 북쪽 양정구壤井丘의 언덕에 장사했다는 기록에 따라 경주 시가지의 동북방에 해당하는 이곳을 탈해왕릉으로 보고 있다. 높이 4.5미터, 지름 14.3미터의 흙을 쌓아올린 원형 봉토분으로 아무런 시설과 표식물이 없는 가장 단순한 형태다. 봉토 밑에 둘레석을 설치했던 흔적도 외견상으로는 찾을 수 없으며 내부는 굴식 돌방무덤으로 추측된다. 능 앞에 마련된 잘 다듬은 혼유석은 후대에 설치한 것이다.

탈해왕릉 오른쪽에 있는 숭신전은 조선시대 말기 현재의 능을 탈해왕릉으로 정한 뒤 월성 안에 세웠으나 월성 정비 작업의 일환으로 1980년 지금의 위치로 이동했다. 홍살문, 영녕문, 경엄문을 지나면 앞

표암은 알평이 하늘에서 내려와 경주 이씨의 조상이 되었다는 이야기가 깃들어 있는 곳이다.
■

면 3칸, 측면 2칸의 겹처마 맞배지붕의 숭신전이 나온다. 홍살문과 영녕문 사이에는 1921년 세운 '신라석탈해왕비명新羅昔脫解王碑銘'이라는 신도비와 비각이 있다.

숭신전 옆에는 표암(경상북도 시도기념물 제54호)이 있다. '박바위' 또는 '밝은 바위'를 뜻하는데 신라 6부 가운데 급량부였던 알천 양산촌의 시조 이알평공이 하늘에서 내려온 곳이라고 한다. 알평이 하늘에서 표암봉으로 내려와 급량부 이씨 즉 경주 이씨의 조상이 되었다는 것이다. 신라 화백회의의 연원이 된 곳으로 추정되는 등 신라 건국의 산실로 중요한 역사적 가치를 갖고 있다. ◈

대릉원지구

대릉원지구

1. 들어가기

1,000년 고도 경주를 외국인과 함께 답사해보면 한마디로 놀랍다며 입을 다물지 못하는데 그중에서도 가장 인상적인 것을 꼽으라면 시내 곳곳에 동산만 한 무덤들이 있다는 것이다. 생자生子와 사자死者가 함께 있는 도시는 많지만 경주같이 평지에 있는 곳은 세계적으로 유례가 없다.

대릉원지구의 고분들은 경주 시내의 서남부 반월성의 북쪽부터 노서동에 이르는 동서 약 1킬로미터, 남북 약 1.5킬로미터 지역에 밀

대릉원지구의 고분들은 경주 시내의 서남부 반월성의 북쪽부터 노서동에 이르는 동서 약 1킬로미터, 남북 약 1.5킬로미터 지역에 밀집되어 있다.

집되어 있다. '대릉'이란 이름은 『삼국사기』중 "미추왕이 죽은 뒤 대릉에서 장사 지냈다"라는 구절에서 연유한다. 엄밀한 의미에서 이 지구에 등록된 고분은 경주 전체의 고분에 비해 그렇게 많은 숫자는 아니다. 또한 대릉원지구라 해서 현재 대릉원이라 불리는 공원에 있는 고분만 일컫는 것은 아니다. 이 지역에는 미추왕릉(사적 제175호), 황남리고분군(사적 제40호), 노동리고분군(사적 제38호), 노서리고분군(사적 제39호), 동부 사적지대(사적 제161호), 오릉(사적 제172호), 재매정(사적 제246호)등이 포함된다.

신라의 왕릉 가운데 현재 약 56기가 지금까지 전해져 내려오는데 이 중 왕의 이름이 확인된 능은 38기뿐이다. 이 가운데에서도 유네스코가 지정한 것은 고분이 거대해진 시기 이후의 것들로 대체로 신라 왕의 호칭이 이사금에서 마립간으로 바뀔 무렵과 일치한다. 국왕의 호칭이 가장 연장자를 뜻하는 이사금에서 흉노의 왕들을 의미하는 마립간으로 바뀌었다는 것은 이들이 북방 기마민족의 후손으로 왕위를 인계받았다는 것을 뜻한다.

신라는 『삼국사기』에 의하면 기원전 57년에 건국되어 935년에 멸망할 때까지 무려 1,000년을 이어온 한국 역사상 최장수 왕국이다. 그러므로 신라 지역은 고분의 형태도 다양하다.

청동기시대로부터 내려오는 토착적인 토광묘(널무덤)와 석곽묘(돌덧널무덤)가 발견되며, 기원전 1세기에 박혁거세에 의해 건국된 이래 약 300년 동안 이어진 적석목곽분에 선행하는 고분도 발견된다. 이들 고분에서는 신라 고분의 트레이드마크라 할 수 있는 경질 고배*, 장경호長頸壺(목 항아리) 등 토기는 발견되지 않았지만 그 대신 전대에 성행한 와질 토기와 고대의 철제품들이 부장되어 있었다.[1] 5세기부터는 횡혈식(굴식) 석실분이 출현하는데 그중에서 가장 주목받는 것은 적석목곽분이다. 적석목곽분은 경주 분지를 중심으로 분포하고 있으며 창령, 삼척, 경산 등지에서도 약간씩 발견된다.[2]

적석목곽분은 평지에 조성되는 것이 대부분인데 중국(동이족의 터전 제외)이나 일본에는 없는 무덤이다. 또한 4~6세기 6대에 걸친 마립간 시대(내물-실성-눌지-자비-소비-지증)에만 나타나는데 이를 만든 신라 김씨 왕족의 뿌리가 대초원 지대의 기마민족이라는 기록을 증빙한다. 적석목곽분이란 땅을 판 뒤 안에 나무로 통나무집을 만들고(지하로 6~7미터의 땅을 파고 그 안에 대형 목곽을 설치한 쿠르간도 있음) 시체와 부장품들을 안치한 뒤 위에 상당히 많은 돌로 둘레를 쌓고(호석) 흙으로 커다란 봉분을 만드는 것을 말한다.

원래 북방 초원(스텝) 지역에서는 유력자가 죽으면 그가 생전에

* 고배(高杯)
굽다리접시. 접시에 높은 굽을 붙인 고대 식기의 하나. 동남아시아에서는 이른 시기부터 사용되었으며, 우리나라에서는 김해 · 경주 등지에서 많이 발굴된다.

살던 통나무집을 돌과 흙으로 그대로 덮어버린다. 그래서 그 지역의 적석목곽분을 파보면 난방시설의 흔적도 남아 있고 심지어 창문도 발견된다. 신라에서는 신라 김씨들이 등장하면서 갑자기 나타났으며 북방 기마민족의 전통에 따라 지상에 시신을 넣을 집을 만들고 위에 냇돌을 쌓은 다음 흙으로 반구형半球形 봉분을 했다.

그러므로 적석목곽분은 세월이 지나면 목곽 부분이 썩어 주저앉기 때문에 적석 중앙 부분이 함몰되어 낙타 등(쌍봉)처럼 된다. 봉토는 대부분 원형이며, 적석 시설이 상당히 큰 규모이고 그것을 둘러싼 봉토 또한 대규모다. 신라 고분은 고구려나 백제의 고분에 비해 상당히 큰 데다 구조상 도굴하는 것이 간단하지 않아 부장품들이 매장 당시 그대로 출토되는 것으로도 유명하다. 대릉원에 있는 대형 고분의 경우 한 고분에서만 1만 점에서 2만 수천 점에 이르는 어마어마한 유물이 발견된다.

노동리고분군에는 4기의 고분이 남아 있는데 봉황대, 금령총, 식리총 등 3기는 발굴 · 조사되었고 1기는 아직 발굴되지 않았다. 봉황대는 밑 둘레 250미터, 직경 82미터, 높이 22미터로 노서동의 서봉황대와 함께 경주에 있는 고분 중 황남대총(제 98호분) 다음으로 크다. 봉황대가 남다른 것은 덩치도 크지만 고분 위에 커다란 느티나무들이 자라고 있어 무덤처럼 여겨지지 않고 동산처럼 보인다는 것이다.

봉황대에는 기이한 이야기가 깃들어 있다. 고려를 세운 왕건은 풍수지리에 심취해 있었는데 도선으로부터 신라를 빨리 망하게 만드는 비법을 들었다. 도선은 경주 땅이 풍수지리상 매우 좋은 배 모양이니 그것을 이용하라고 했다. 왕건의 조종을 받은 풍수가들은 신라 조

■
봉황대는 고분 위에 커다란 느티나무들이 자라고 있어 무덤이 아닌 동산처럼 보인다.

정에 경주는 봉황 모양의 땅인데 지금 봉황이 날아가려 하니, 알을 만들어 봉황이 날아갈 마음을 먹지 못하게 해야 신라가 망하지 않는다는 말을 퍼뜨렸다. 그러자 신라 조정에서는 커다란 알을 만들어 경주 가운데에 놓았다. 무거운 흙덩어리를 실었으니 배가 빨리 가라앉는 형국이 된 것이다. 신라가 멸망한 뒤 봉황의 알이 봉황대라는 소문이 퍼져 봉황대의 이름은 그야말로 유명해졌다.[3]

봉황대 남쪽에 있는 금령총은 금방울이 장식된 금관이 출토되었기 때문에 붙여진 이름이다. 적석목곽분의 구조를 처음으로 밝힌 발굴로 의의가 크며 분구 직경 18미터, 높이 4.5미터로 그다지 크지 않은 고분이다. 그림을 그려넣은 자작나무로 만든 관모, 금팔찌, 배 모양 토기, 로마 유리 등이 함께 출토되었으며 한국을 대표하는 말을 타고 있는 도기 기마인물형 명기(국보 제91호)가 출토되어 남다른 명성을 얻었다. 이 무덤에서 출토된 금관과 장신구들은 모두 성인용으로 보기에는 크기가 작아 무덤의 주인이 어린 나이에 죽은 왕자일 것으로 추정된다. 금령총과 동서로 마주한 곳에 금동으로 화려하게 장식된 신발이 출토되어 이름 붙여진 식리총飾履塚이 있다. 금령총과 식리총은 1924년 일제강점기 때 마구잡이로 발굴되어 유적이 크게 훼손되었다.

금관총에서 발견된 금관. 신라 금관의 백미로 평가받고 있다.

노서리고분군에는 표형분瓢形墳(쌍무덤) 1기를 포함해 14기의 고분이 있다. 그중 봉황대 · 금관총 · 서봉총 · 호우총과 부부 합장묘로 추정되는 쌍상총, 말뼈가 발견된 마총 등 8기가 발굴 · 조사되었다.

금관총은 1921년 집을 증축하던 중 우연히 유물이 발견된 곳으로 원래 분구 직경 약 46미터, 높이 12미터로 추정되는 큰 고분이다. 이때 금관총 금관 및 금제 장식(국보 제87호)이 처음 발견되어 경주 고분의 등록 상표처럼 된 금관총이라는 이름이 붙여졌다. 그 외에도 금제 허리띠 장식 등 금제품이 무려 7.5킬로그램에 달하며 수만 개의 구슬과 토기 등 엄청난 유물이 나와 동양의 투탕카멘 묘라고도 불렀다. 또한 철정이라 불리는 덩이쇠도 300~400개나 출토되었고 고구려 또는 중국제로 생각되는 청동 항아리, 로마 유리 등도 발견되어 당시의 활발한 국제적 문화 교류를 보여주었다.

서봉총은 표주박 모양의 쌍봉 고분으로 1926년에 발굴되었는데 마침 신혼여행차 일본을 방문 중이던 스웨덴의 황태자이자 고고학자 구스타프 아돌프Gustav Adolf가 참관한 것을 기념해 스웨덴瑞典의 '서瑞'와 금관에 있는 봉황 장식의 '봉鳳'을 따서 서봉총이라 했다. 서봉총에서 발견된 금관은 2개의 좁은 띠를 안쪽 머리 위의 중앙에서 직교해 내관* 모양으로 만들고, 꼭대기에는 금판을 오려 만든 봉황 장식을 붙인 특이한 모양이다. 특히 서봉총 금관의 꼭대기에는 나무에 다소곳이 앉은 3마리의 새가 있다. 금관에 새가 표현된 것은 흉노 유적에서도 볼 수 있다. 신라인들이 금관에 새를 표현한 것은 단순한 장식적 의미를 넘어 새를 이승과 저승, 하늘과 땅을 연결 짓는 매개물로 여겼기 때문으로 추정된다.[4] 은 뚜껑이 있는 그릇에서는 '연수원년신묘삼월延壽元年辛卯三月'라는 명문이 나왔는데 연수는 고구려의 연호이므로 고구려에서 만들어진 것으로 추정된다. 분구 지름 35미터, 높이 10여 미터로 목곽 밑에 산화된 붉은 철가루가 뿌려져 있는 것으로 보아 무덤 주인공의 영생을 빈 고대인들의 의식을 엿볼 수 있다. 신묘라는 간지에 의거해 무덤의 연대는 391년 또는 451년 등으로 추정되며, 출토된 유물로 미루어 주인은 여자로 본다.[5]

* 내관(內冠)
쇠붙이나 자작나무로 만든 모자. 밑이 넓고 위가 좁은 반달 모양 또는 사다리꼴이다.

호우총에서는 415년 고구려에서 만든 호우가 발견되어 이런 이름이 붙었다.

호우총은 1946년 5월 우리 손에 의해 최초로 학술 발굴·조사된 신라 왕족의 무덤이다. 지름 16미터, 높이 5미터로 같이 붙어 있는 은령총이라는 고분과 표형분을 이루고 있다. 금동제 관, 신발, 금제 허리띠 장식 등이 출토되었는데 광개토대왕 때 고구려에서 만든 명문이 있는 호우(일종의 그릇)가 발견되어 호우총이라고 불린다. 호우 밑바닥에 써 있는 '을묘년乙卯年'이라는 간지는 항아리의 제작 연대가 415년임을 알려주는데 명문의 뜻으로 보아 광개토대왕을 제사지낼 목적으로 만들어진 물건으로 추정된다. 호우총에서는 잡귀를 쫓기 위해 만들어진 방상씨方相氏의 탈이 나온 것으로 알려졌지만 최근 유물 보존 처리 결과 도깨비 모양의 화살 통 장식으로 밝혀졌다.[6]

신라 무덤에서 고구려 물건이 나오는 까닭은 고구려가 4세기 후반부터 5세기 중엽까지 신라에 강한 정치적 영향력을 행사했기 때문이다. 내물왕 44년(399) 백제와 결탁한 왜군의 공격을 받은 신라가 도움을 청하자 고구려의 광개토대왕은 400년에 5만 명의 보병과 기병을 보내 신라를 구원했다. '광개토대왕릉비'는 고구려가 신라를 구원해준 직후 신라의 내물왕이 고구려에 직접 조공했다고 기록하고 있다.

480년 전후에 만들어진 것으로 추정하는 중원고구려비에 의하면 고구려 왕이 신라 왕과 신하들에게 의복을 하사한 사실이 나타난다. 고구려는 신라의 종주국 행세를 했고 고구려군이 신라 왕경에 주둔한 적도 있다. 실제로 신라가 고구려의 영향에서 벗어난 것은 5세기 후반 이후다. 따라서 그 이전에 만들어진 신라 무덤에서 광개토대왕의 호우를 비롯한 고구려 물건이 나오는 것은 당연한 일이다. 경주 월성로 고분에서도 고구려 토기들이 발견되었다.[7]

참고로 총塚이라 불리는 무덤은 발굴 작업이 완료된 왕릉 또는 지배층의 능을 말한다. 앞에서 설명한 서봉총, 금령총, 식리총, 호우총 등이 그 예다. 발굴 작업을 마무리했기 때문에 봉분이 남아 있지 않고 봉분 흔적만 남아 있는 경우가 많다. 반면 천마도가 발견된 천마총은 봉분 형태를 그대로 놔둔 채 내부를 관람할 수 있도록 만들었다.[8]

동부 사적지대 일대는 동서로 안압지에서 교동, 남북으로 월성 남쪽 남천에서 현재 고분공원 앞 첨성로에 이르는 광대한 사적 지대다. 신라 왕경의 중심부였기 때문에 중요한 사적이 많을 뿐만 아니라 내물왕릉(사적 제188호)을 비롯한 수십 기의 신라 고분이 완전한 형태로 밀집되어 있는 곳이다. 또한 지하에도 봉토가 없어진 고분이 많이 있을 것이라 예상된다.

2. 대릉원

대릉원지구의 대표 유적으로 황남리고분군을 꼽지 않을 수 없다. 대릉원에는 미추왕릉, 천마총, 황남대총 등 많은 고분이 있는데 야간에도 개장해 어느 곳보다도 친근하게 다가오는 곳이다. 우선 미추왕릉은 여러 모로 황남대총이나 천마총과 다르다. 무덤의 주인이 누군지 확인되었고, 무덤 둘레에 담장이 둘러져 있다. 묘역 출입을 통제하는 문이 세워져 있으며, 무덤 앞쪽에 제사를 모시는 사당인 숭혜전도 건립되어 있다. 미추왕이 이토록 사후에 큰 대우를 받는 까닭은 그가 흉노 휴저왕의 황태자 김일제의 후손으로 김씨 최초의 신라 왕이 되었기 때문이다.

경상북도 청도에 있는 이서국이 금성(경주)을 공격해왔는데 신라가 이기지 못했다. 이때 갑자기 대나무 잎을 귀에 꽂은 무수한 병사가 나타나 적들을 물리쳤다. 적이 물러가자 죽엽군竹葉軍들도 모두 사라졌고 미추왕릉 앞에 수만 개의 댓잎이 쌓여 있었다. 백성들은 돌아가신 미추왕이 군사를 보내 적을 물리쳤다고 생각해 미추왕릉을 죽현릉竹現陵, 죽장릉竹長陵이라고 불렀다.

또한 죽은 김유신의 영혼이 미추왕을 찾아가 자손의 억울한 죽음을 호소하며 신라를 떠나겠다고 하자 미추왕이 달랬다는 이야기도 있다. 미추왕은 김유신과 함께 신라인에게 영원한 호국 영령으로 상징화되었고 이로 인해 신라인들이 그 덕을 생각해 삼신산과 함께 제사지내고 서열을 혁거세의 능인 오릉보다 위에 두어 대묘大墓로 불렀다고 한다.[9]

대릉원에서 놀라운 것은 중앙아시아 대초원지대의 기마 유목민족들이 즐겨 사용했던 각종 제품이 무더기로 쏟아져 나왔다는 점이다. 금관과 장신구, 금으로 만든 허리띠, 띠 고리, 각배(뿔잔), 보검, 유리제품 등도 북방 기마민족들이 즐겨 사용한 것과 비슷하거나 동일한 제품들이다.

이들은 고구려 · 백제 고분의 출토품과 비교하면 품목과 내용이 근본적으로 다르다. 또한 동시대 중국에서 출토된 것과 비교해보아도 차이가 크거나 전혀 달라 두 문화의 공통점을 거의 인정할 수 없을 정도다. 신라는 왜 중국 문화의 수용을 거부하고 독자적인 문화를 견지했을까 하는 질문이 있는데, 신라가 독자적인 문화를 영위할 만한 배경이 있었기 때문이다. 즉 중국과 전혀 다른 풍습과 문화를 가진 북방 기마민족이 신라로 동천했다는 것을 단적으로 증명해주는 것이다.

황남동에 있는 고분 중에서 대표적인 적석목곽분은 황남대총이다. 대릉원에서 가장 큰 황남대총은 적석목곽분의 대표적인 무덤으로 형태상 쌍분, 즉 부부 묘로 표형분이라고도 불리는데 남분(남자)을 먼저 축조하고 북분(여자)을 잇대어 만든 것이다. 황남대총 발굴은 1973년 7월에서 1975년 10월까지 2년 4개월이 소요되었는데 이는 국내 고분 발굴

황남대총 목곽 배치도. 부부 묘로 남분(남자)을 먼저 축조하고 북분(여자)을 잇대어 만들었다.

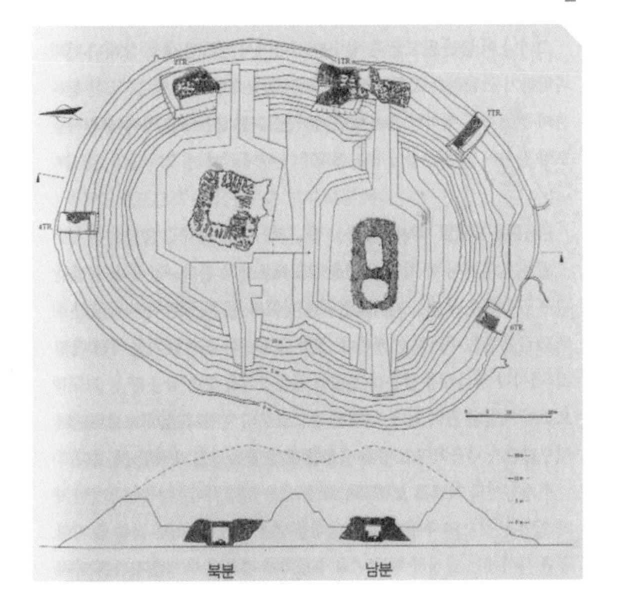

사상 단일 무덤으로서는 최장 조사 기간이다. 발굴에 동원된 인원만 총 3만 3,000여 명이었으며 사람들을 놀라게 한 것은 무덤의 규모답게 순금 금관, 비단벌레 장식의 안장틀과 발걸이, 말띠드리개, 유리병 등 유물이 무려 7만여 점이나 출토되었다는 점이다.

신라 최대의 이 고분에는 당연히 신라에서 최고 권력을 자랑하던 왕과 왕비가 매장되었다고 추정된다. 그런데 여자 무덤인 북분에서는 금관이 출토되었고 남자 무덤인 남분에서는 금관 대신 왕관 형식상 유례가 없는 은관 1점, 은관과 같은 형식의 금동관 1점 외에 동제 금도금의 금동제 수목관 5점이 출토되었다.[10]

권삼윤은 여자의 금관이 더 화려한 이유를 신라 금관의 주인공이 정치 권력자가 아니라 샤먼일 가능성이 높기 때문이라고 설명했다. 유명한 스키타이Scythai의 고분에서 출토된 '수하의 기사'에는 7개의 가지를 가진 우주목에 말이 매여 있다. 기마민족이 사는 땅은 나무가 귀한 초원이 대부분이므로 나무가 있는 곳은 성스러운 땅이다.

알타이족은 샤먼이 우주목을 타고 오르면서 환자들을 치료한다고 믿었다. 샤먼은 하늘과 교응하는 영혼의 소유자이므로 병마 때문에 고생하는 자, 불행에 빠져 고통 받는 자를 치유하는 능력을 가졌다고 인식되었다. 당시 제정祭政이 분리되지 않은 상태였다면 샤먼의 중요도는 누구보다도 높았다고 볼 수 있다. 여자의 무덤에서 더 화려하고 우수한 부장품이 나왔다는 것이 결코 이상한 일이 아니라는 뜻이다. 이런 설명을 따르면 황남대총에서 발견된 허리띠도 남자는 7줄인데 여자는 13줄이라는 것도 쉽게 이해할 수 있다.[11]

신라와 가야의 왕릉급 무덤에서 출토된 금관은 모두 7점(가야 1점)

이다. 이 중에서 교동 금관을 제외한 황남대총 북분 · 금관총 · 서봉총 · 금령총 · 천마총 금관은 발굴 조사에서 출토된 것이다. 학자들은 경주 일원에만 150여 기의 큰 무덤이 있는데 그중 발굴된 것은 약 30여 기에 불과하므로 앞으로 발굴 여하에 따라 훨씬 많은 금관이 쏟아져 나올 것으로 추정한다.

금관은 고고학자들에게 큰 고민을 준 것으로도 유명하다. 국내에서 출토된 금관 중 천마총 금관의 직경이 20센티미터, 금관총 금관이 19센티미터, 서봉총 금관이 18.4센티미터, 황남대총 금관이 17센티미터, 금령총 금관이 16.4센티미터, 호암미술관에서 소장하고 있는 금동관이 16.1센티미터, 복천동 금관이 15.9센티미터로 중간 값은 황남대총 금관이고 둘레는 53.4센티미터다. 이 크기는 12살짜리 남자 어린아이의 머리 둘레에 해당한다.

금관의 크기가 작은 이유로 금관을 어린아이일 때 사용하고 장성해서는 다른 관을 사용했다는 추정도 가능하지만 신라의 금관처럼 정교하고 호화로운 금관을 어린아이용 소위 장난감으로 만든다는 것은 상식적으로 이해가 안 되는 일이다. 다른 이유로는 금관을 사용하던 왕이 어린 나이에 사망했을 경우를 추측할 수 있는데 5~6세기의 신라왕 가운데 10세 전후에 사망한 왕은 없다. 특히 황남대총은 남성의 무덤인 남분이 아니라 여성의 무덤인 북분에서 금관이 출토되었으므로 왕만 금관을 사용하지 않았음이 분명하다.

금관이 너무 작은 데다 실제 머리에 쓰고 활동하기에는 부적합한 것도 사실이다. 화려한 외양과는 달리 버팀력이 약하고 지나치게 장식이 많아 어른이 사용할 수 없다는 지적도 있다. 그러므로 금관은 생존 시 사용하기 위해 제작된 것이 아니라 사망자의 무덤에 넣기 위한 부장품, 즉 죽은 자를 위한 일종의 데스마스크death mask로 특별히 제작한 것이라는 해석도 제기되었다. 다시 말해 이집트 무덤에서 나온 황금 마스크와 비슷한 용도라는 것이다. 특히 피장자의 발치에 묻혀 있는 금동신발의 바닥에 스파이크spike 같은 장식이 있어 실용성이 없으며 또 다른 부장품인 금제 허리띠도 무게가 4킬로그램이나 되는 것을 볼 때 금관도 장례용 부장품일 가능성이 크다는 것이다.

이런 논란은 금관의 착용자가 인공 변형된 두개골인 '편두扁頭'라면 쉽게 해결된다. 편두란 외압에 의해서 두개골이 변형된 것으로 추정하며 편두에 관한 기록은 『삼국지』에도 있다.

"아이가 태어나면 긴 돌로 머리를 눌러두어 납작하게 했다. 그래서 진한辰韓 사람들의 머리는 모두 편두다."

기록 속의 진한은 3세기 중엽의 진한과 변한, 즉 김해 지역의 가야인이 여기에 포함된다. 편두 풍습은 일반적으로 유목민(코카서스 북부, 터키 등)에게 많이 나타난다. 고조선 지역에서도 일찍부터 편두 풍속이 있었다.[12]

편두는 워낙 많은 민족이 차용했으므로 만드는 방법이 여러 가지다. 당연히 방법에 따라 머리 모양도 변형된다. 첫째 유형은 식물을 꼬아 만든 새끼줄이나 가죽 끈으로 이마, 관자놀이, 침골* 부위를 돌려 묶는 것이다. 이렇게 하면 머리 모양이 전체적으로 길고 좁아지며 뒤통수도 비교적 직선에 가까워진다. 둘째 유형은 딱딱한 판자를 머

*** 침골(枕骨)**
머리뼈의 뒤쪽 하부를 이룬 뼈. 바로 누울 때에 베개에 닿는 부분이다.

리 앞뒤에 대고 끈으로 묶어두는 것이다. 이렇게 하면 이마와 뒤통수가 편평해지고 머리가 길어져서 옆에서 보면 이마뼈가 편평한 나무판처럼 정수리 쪽으로 기울어져 보인다. 셋째 유형은 중국 산둥 다원커우大汶口 유적지에서 발견된 편두로 바닥에 딱딱한 물건을 깔고 유아기의 아이를 장시간 눕혀두는 것으로 머리 뒤쪽이 편평하게 된다. 이를 첨형 편두라고 하며 왼쪽 뒤통수가 더 기울게 된다. 지금도 산둥성과 장쑤성 북부에서는 아이 머리 밑에 책 같은 딱딱한 물건을 받쳐놓아 뒤통수를 납작하게 한다. 이들은 이렇게 해서 머리 모양이 사방형이 되면 아이가 똑똑해 보인다고 생각한다.[13]

헌강왕 11년(885), 왕은 최치원에게 882년에 입적한 지증대사탑비 건립을 위해 비문을 짓게 했다. 지증대사는 824년에 출생해 9세인 832년에 부석사에서 출가했고 경문왕이 제자의 예를 갖추고 초청했으나 거절할 정도로 교화 활동에 힘썼다. 문경 봉암사 지증대사탑비는 현재 경상북도 문경군 가은읍 원북리 봉암사 경내에 있으며 귀부와 이수 및 비좌* 조각이 뛰어나 2010년 1월 보물 제138호에서 국보 제315호로 재지정되었다. 비문 서두에서는 신라 왕의 두상에 대해 설명하고 있다. 원문을 번역하면 다음과 같다.

> "성姓마다 석가의 종족에 참여해 편두인 국왕 같은 분이 삭발하기도 했으며, 언어가 범어梵語를 답습해 혀를 굴리면 불경의 글자가 되었다."

이는 신라 법흥왕이 만년에 출가해 스님이 되었다는 것을 설명하면서 나온 말이다. 거매금, 거서간, 마립간, 이사금은 신라의 지배자를

* 비좌(碑座)
비신을 세우는 대좌. 또는 비신을 꽂아 세우기 위해 홈을 판 자리.

천마총 장니 천마도. 삼국시대 전체를 통틀어 벽화를 제외하면 가장 오래된 그림이며 신라 회화 작품으로 유일하다.

의미하므로 최치원이 적은 편두란 존귀한 신라 왕이 편두였음을 뜻한다.[14]

황남대총과 함께 반드시 방문해야 할 곳은 천마총이다. 관람객이 무덤 내부 안으로 들어가 내부의 모습을 볼 수 있도록 한 무덤으로 심야에도 개봉한다. 이곳에서는 찬란한 신라 금관은 물론 금제의 호화로운 허리띠와 장식, 목에 거는 장식, 장니 천마도 등 무려 1만 1,526점에 달하는 엄청난 유물이 출토되었다.

그중 천마총 장니 천마도의 크기는 가로 75센티미터, 세로 56센티미터, 두께 0.6센티미터로 용도는 '말다래'다. '장니'라고도 불리는 말다래는 말안장에서 늘어뜨려 진흙이 사람에게 튀는 것을 막는 장식이다. 말 안장의 좌우에 매달던 것이므로 처음 발굴될 때는 2장이 겹쳐 있었다. 1장은 심하게 훼손되어 있었으나 같은 그림인 나머지 1장은 무사해 국보 제207호가 되었다.[15]

천마도는 신라뿐 아니라 삼국시대 전체를 통틀어 벽화를 제외하면 가장 오래된 그림이며 신라 회화 작품으로 유일하다. 천마는 흰 말이 갈기와 꼬리털을 날카롭게 세우고 하늘을 달리는 모습이다. 고구려 고분벽화와 비교해 날카로운 묘사력이나 힘찬 생동감은 떨어지지만 천마도가 공예품의 장식화임을 감안하면 뛰어난 자질을 갖고 있는 공예가가 그린 것으로 추정된다. 그림은 화려하지는 않지만 붉은색, 흰색, 검은색을 이용해 단아한 느낌을 준다. 색깔을 내는 칠감의 원료는 흰색이 호분胡粉(돌가루)이며 검은색은 먹, 붉은색은 주사朱砂와 광명단(사산화상납)이라는 일종의 납 화합물이다.

1997년 적외선 사진 촬영 결과 천마의 정수리 부분에 불룩한 막대기 같은 것이 솟아 있음이 확인되었다. 머리에서 솟아난 뿔이 하나인 일각수一角獸다. 말하자면 유니콘인 셈이다. 또한 입에서 신기神氣를 내뿜고 있으며 뒷다리에서 뻗쳐 나온 갈기는 기린이나 용 등의 신수神獸에서 나타나는 공통된 표현이다.[16]

기린은 성인聖人이 세상에 나올 징조로 나타난다고 하는 상상의 짐승을 말하며 몸은 사슴과 같고, 꼬리는 소와 같고, 발굽과 갈기는 말과 같으며 빛깔은 5색이라고 알려져 있다. 전체 윤곽이 말이나 소를 닮았다고 하며 가장 큰 신체적 특징으로는 외뿔이 있다. 고대 중국에서 기린은 우주 운행 질서의 가장 중심이 되는 신으로 사후세계의 수호자이며 1,000년을 살고 살생을 미워하며 해를 끼치지 않는 덕의 화

신으로 여겨졌다.[17]

천마도는 당시 흔히 쓰이는 천이나 비단, 가죽이 아니라 나무껍질을 이용했다는 점에서 학계의 큰 주목을 받았다. 중앙임업연구원은 목판의 재질은 백화수피白樺樹皮라고 발표했다. 백화수피의 백화는 흰자작나무를 뜻하므로 그림은 흰자작나무 껍질 위에 그린 것이다.

자작나무 껍질 세공은 오늘날에도 시베리아에서 남러시아 지방까지 민간 도구·민속공예품 제작에 사용되는 일반적인 소재이자 전통 기술이다. 그러므로 천마를 그린 캔버스로 한반도 남쪽에서 잘 자라지 않는 흰자작나무를 사용했다는 것은 이 무덤의 주인공이 북방 기마민족 계열임을 보여주는 증거로 자주 제시되었다. 남러시아 스텝 루트의 민족들은 자작나무의 물리적 성질과 유연성을 살린 수피 세공을 주로 만든다. 따라서 이러한 자작나무 껍질이 관모 외에 천마도를 그린 말다래나 도넛 모양의 화판(모두 천마총 출토) 등의 중요한 용구로 이용되었다는 것은 북방 기마민족과 유대 관계가 강했음을 알려준다.[18]

그러나 적외선이 쏘아낸 천마는 유감스럽게도 불굴 기백과는 영 거리가 멀다. 오히려 입을 턱 하니 벌린 채 이빨을 다 드러내놓고 웃는 듯한 모습은 해학적이기까지 하다. 물론 정수리 부분의 막대기가 뿔이 아니라 불꽃(일종의 신기)이라는 견해도 제기되었다.[19]

국립경주박물관은 금령총에서 출토된 도기 기마인물형 명기처럼 뿔이 아니라 갈기를 묶은 매듭이라고 발표했다. 고구려 덕흥리 고분벽화에 '천마지상天馬之像'이라고 쓰인 천마 그림이 영향을 주었을 것이라는 입장이다.

한편 천마총 출토품 중 대나무로 만든 말다래에서 새로운 천마도 1점이 40여 년 만에 확인되었다. 이 말다래는 얇은 대나무살을 엮어 바탕판을 만들고, 그 위에 마직 천을 덧댄 뒤 천마 무늬가 담긴 금동판 10개를 조합해 금동 못을 붙여 장식했다. 이로써 천마총에서 확인된 천마도는 백화수피에 그린 그림 2점 외에 새로 확인된 1점까지 총 3점으로 늘어났다.[20]

천마총에서 발굴된 금관도 유명한데 엑스선형광분석기XRF로 분석한 결과 평균 97.5퍼센트 정도의 순금이 포함되어 있었다. 황금의 비율을 K(캐럿)로 바꾸면 23.4K로 거의 순금으로 만들어져 있음을 알 수 있다. 나머지 성분은 은이다.

대릉원에는 금관총 정도의 왕릉급으로 보이는 고분만도 20여 기에 달하므로 모두 최고 지배자의 무덤이 아닌 것은 사실이다. 이들 적석목곽분이 건설될 당시의 마립간은 내물왕(356~402), 실성왕(402~417), 눌지왕(417~458), 자비왕(458~479), 소지왕(479~500), 지증왕(500~514) 등에 지나지 않기 때문이다. 학자들은 이들 대형 무덤은 마립간 시대의 정치 · 사회적 특성상 갈문왕(신라 때 왕의 친척에게 주던 직위로 왕과 비라는 호칭을 사용했고 따로 신하를 거느렸음)이나 신라 6부 중 당시에 특히 영향력이 컸던 대표적 귀족들의 것이라 추정한다.[21]

대릉원에만 한정한다면 황남대총과 천마총 이외에 발굴 조사된 제109호분과 제110호분도 적석목곽분이다. 제110호분은 으뜸 덧널과 딸린덧널*을 가진 한 사람의 무덤이지만 제109호분은 하나의 봉토 안에 시차를 두고 축조한 여러 개의 무덤으로 구성된 여러 사람의 것이다. 제109호의 무덤 가운데 가장 일찍 축조된 것은 현재까지 알려진

* 딸린덧널
으뜸 덧널에 딸려 있어 대개 껴묻거리를 넣어두는 곳.

적석목곽분 가운데 가장 이른 시기에 축조된 것으로도 알려져 있다.

제151호분은 매우 특이한 축조법을 사용했다. 하나의 봉토 안인데도 남북 방향의 적석목곽분과 동서 방향의 장방형 석실이 함께 들어 있어 신라 묘제의 변천 과정을 잘 보여준다. 일제강점기에 조사된 제83호분은 외덧널식의 적석목곽분, 제82호분은 동총과 서총으로 구성된 고분이다.

그 밖에도 1973년 고분공원 조성 당시 담장 부지를 발굴할 때 지상에는 흔적도 없던 고분이 지하에서 수백 기나 조사되었다. 주변에 봉분이 없거나, 너무 작아 멸실된 소형 고분이 수도 없이 분포하고 있어 이곳 전체가 무덤 지역이라고 해도 과언이 아니다. 소형의 고분들은 대부분 적석목곽분이었으나 수혈식(구덩식) 석곽묘와 옹관묘甕棺墓(독무덤)도 혼재하고 있어 조성 시대를 파악할 수 있게 해준다. ❖

불상의 나라, 신라

❊ 최초의 불상은 완전한 의미의 붓다가 아니라 아직 깨달음에 이르지 못한(보리수 밑에 있는 것으로 보아 깨달음 직전에 있는) 보살을 나타낸 것이라고 설명된다. 이는 불상이 없던 시대 뒤에 곧바로 불상 조성에 이르지 못하고 보살상 조성이라는 과도적 단계를 거쳤으리라는 점을 시사한다. 초기의 조각가들은 붓다를 나타내는 상을 창안하는 것보다는 세속의 세계와 인연을 맺고 있는 보살을 표현하는 것이 여러 면에서 부담이 덜했을 것이다.

기원후 1세기 중엽 통례적인 불상 형식이 나타났다. 간다라에서 창안된 완전한 의미의 불상은 커다란 천을 몸에 감싸 두르고 아무런 장신구도 걸치지 않은 차림이다. 이는 당시 간다라를 포함한 인도에서 유행하던 불교 승려의 복장에 기초한 것이다. 커다란 천은 승려들이 입는 세 가지 옷三衣 가운데 가장 격식을 갖추어 입는 대의大衣를 나

간다라 불상. 커다란 천을 몸에 감싸 두르고 아무런 장신구도 걸치지 않은 차림이다.

타낸 것이다. 반면에 머리는 승려처럼 삭발하지 않고 긴 머리카락을 위로 올려서 상투를 틀었다. 붓다의 머리 모양이 이처럼 불교의 출가 수행자에게 어울리지 않는 형상을 갖게 된 까닭은 인도에서 전통적으로 내려오는 대인상大人相(뛰어난 인간의 신체적 특징)을 따르고 있기 때문이다.[1]

불상이 중국에 전해진 것은 1세기경인데, 처음에는 인도 양식으로 조성되다가 점차 중국인의 모습으로 변해갔다. 신라 불상은 처음에는 중국 남북조시대 불상과 비슷한 모습으로 얼굴이 갸름하고 몸이 날씬했다. 그러다 삼국 통일을 전후한 시기에 체형, 얼굴, 복식 등이 변화하고 재료도 다양하게 사용하게 되었다. 불상을 설명할 때 자주 나오는 명칭에 대한 강우방의 설명을 보자.

① **광배光背**

부처의 몸에서 나는 '진리의 빛' 을 형상화한 것으로 빛을 시각화한 불꽃무늬와 화불化佛 및 갖가지 식물무늬로 장식된다. 머리 광배頭光와 몸 광배身光, 그리고 이 둘을 포함하는 거신광擧身光이 있다.

② **육계肉髻**

부처의 정수리에 혹처럼 살이나 뼈가 솟아난 것으로 크고 높은 지혜를 상징하며, 과거 인도 성인들이 머리카락을 올려 묶던 상투 형태에서 유래된 것으로 보인다.

③ **나발螺髮**

소라 모양으로 말린 부처의 머리카락을 말하며 보통 사람과 달리 청유리색이고 오른쪽으로 말려 있다고 하지만 실제 불상에서는 머리를 군청색으로 채색하고 머리카락을 소라 모양의 돌기, 곧 나발로 표현하는 경우가 많다.

④ **백호白毫**

부처의 눈썹 사이에 난 희고 부드러운 털을 뜻한다. 이 터럭은 오른쪽으로 말려 있고 빛을 발해 무량세계에 비친다고 하며 부처뿐 아니라 보살에서도 보인다. 불상에서는 둥근 돌기로 새기거나 보석을 끼워 표현한다.

⑤ **삼도三道**

불상의 목에 가로로 새긴 3개의 주름을 말한다. 원만하고 광대한 부처의 몸을 상징한다. 생사를 윤회하는 인과因果를 나타내며, 혹도惑道 또는 번뇌도煩惱道·업도業道·고도苦道를 의미한다. 여래상뿐 아니라 보살상에도 표현된다.

⑥ **법의法衣**

부처가 입는 출가의出家衣를 통칭하는 말로 승려가 입는 가사를 가리키며, 내의와 상의, 겉옷인 대의大衣로 이루어진다.

⑦ **수인手印**

불과 보살이 자신이 스스로 깨달은 바를 밖으로 표현하기 위해서 짓는 손의 모양으로, 불상의 존명을 확인하는 데 가장 중요하게 다룬다. 부처는 물론 보살과 승려들도 지을 수 있다.

⑧ **대좌臺座**

불상을 안치하기 위한 대로 석가가 성도할 때 보리수 아래에 앉았던 금강보좌金剛寶座에서 유래하며, 창조와 생명을 상징하는 연화대

좌가 보편적이다.[2]

한국 초기 불상은 포괄적인 면에서 본다면 고구려 불상에 대한 연구로 볼 수 있다. 고구려가 삼국 중에서 가장 빨리 중국 문화를 받아들일 수 있는 지리적인 위치에 있었고 실제로 불교도 제일 먼저 도입했기 때문이다. 삼국시대 불상은 대체로 동이나 청동으로 만든 불상에 금을 입힌 금동불金銅佛로, 부처의 광명을 상징하는 광배에 부처와 보살을 함께 모신 '일광삼존一光三尊' 형식으로 만들어졌다.

시간이 지나면서 이들은 한국 지역에 맞는 불상으로 바뀌기 시작했으며, 6세기 중반 신라보다 먼저 불교를 받아들인 백제 불상 양식이 신라에 전파되면서 점차 풍만한 모습으로 바뀐다. 불상의 머리 모습은 꼬불꼬불한 머리카락보다 머리카락을 틀어 올린 상투 모양(육계)이 훨씬 많아졌고, 눈꺼풀이 두툼해지고 볼에 살이 붙으면서 입술 주변이 들어가 미소 짓는 모습을 띠게 되었다. 통일신라시대에 들어서면 육계가 작아지고 눈썹과 코를 잇는 선이 뚜렷해지며 입가에 미소가 점차 사라진다. 불상의 얼굴 또한 깊은 사색에 빠진 근엄한 표정으로 변하는데 이는 신라 불교의 철학과 사상이 심오하게 발전해가는 시대상의 반영이라 볼 수 있다.

복식의 변화도 옷의 두께와 주름에서 나타난다. 삼국시대 불상은 양 어깨에 가사를 걸치고(통견) 있어 옷 속의 신체를 표현하지 못했는

■
통일신라시대에 만들어진 금동약사여래입상.

데 통일신라 불상은 왼쪽 어깨에만 옷을 걸쳐 오른쪽 어깨가 드러나면서(우견편단), 가슴과 어깨의 윤곽이 선명하게 표현되었다. 우견편단은 이후 불상의 일반적 복식 양식으로 자리 잡는다. 옷 주름도 왼쪽에서 오른쪽으로 흐르므로 좌우대칭의 형태가 사라지며 옷 길이가 짧아져 연꽃무늬 대좌에 놓인 발이 그대로 드러난다. 옷 속 신체까지 표현한 것은 인간적인 부처의 모습을 그리려 한 것으로 볼 수 있다.

8세기에 불상과 보살상은 삼국 통일 이후와는 또 다른 모습으로 나타난다. 신체 표현이 퇴화하고 관능미가 퇴색된다. 머리와 손은 신체에 비해 상당히 커지고 눈, 코, 입 등은 길거나 짧아져 인간 체형을 제대로 묘사하지 않고 가슴과 팔뚝에 늘어진 옷 주름도 생략되었다. 이러한 경향은 신라 말 불상의 권위를 초월하며 깨달음을 얻으려는 선종이 나타나면서 더욱 가속된다. 이후 고려시대로 넘어가면 불상과 보살상은 지역의 토착적 문화 정서를 그대로 반영해 만들어진다. 신체는 물론 얼굴과 복식도 지역민의 일상적인 모습을 그렸다. 부처의 정신적 신비성이나 근엄한 모습은 사라지고 인간을 직접 대하는 형태로 조성된다.[3]

재료 면에서도 변화가 나타난다. 경주에서 가장 많이 보이는 것은 화강암으로 만든 석불이다. 화강암이 단단해서이기도 하지만 바위에 새긴 마애불이나 석굴사원에 안치된 석불을 이전하기 어렵기 때문으로 볼 수 있다. 실제로 유네스코 세계유산으로 지정된 남산지구의 불상 37점 중 21점이 석불이다. 불상에는 석불과 청동불뿐만 아니라 금으로 주조한 금불, 금동불은 물론 철불도 있다. 소조*불도 상당히 많이 만들어졌다고 하지만 재료의 취약성 때문에 남아 있는 것이 거의 없다. 안성 청룡사 소조석가여래삼존상(보물 제 1789호)은 17세기 초의 작품이며 홍국사의 16나한상이 나이테를 통한 '연륜측정법'을 사용해 중종 33년(1538)에 만들어졌음이 밝혀졌다. 홍국사 나한상은 나무를 심으로 삼고 겉에 진흙을 발라 만든 소조불이다.[4] 나무로 만든 불상인 목조불도 있는데 2005년 5월 해인사에 있는 쌍둥이 불상에 금칠을 하던 과정에서 833년에 제작되었다는 기록이 발견되었다. 이 목조비로자나불좌상이 현재 국내 최고의 목조불상이며 2012년 보물 제1777호로 지정되었다. ◈

*** 소조(塑造)**

찰흙, 석고 따위를 빚거나 덧붙여서 만드는 조형 미술.

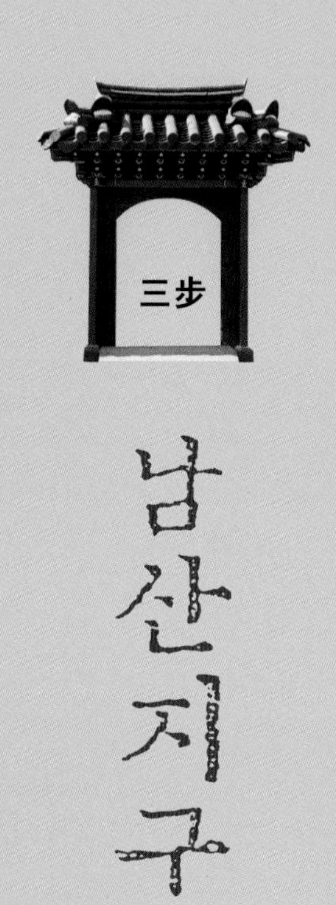
三步
남산지구

남산지구

1. 들어가기

남산지구는 야외 박물관이라 불릴 정도로 온 산이 불교 문화재로 뒤덮여 있는 곳이다. '남산을 보지 않고 경주를 논할 수 없다'고 할 정도이므로 남산 전체가 사적 제311호로 지정되어 있다.

남산은 경주 일대에서 보기 드문 기암괴석이 산재하며 수십 개의 소나무 숲이 신비한 분위기를 자아낸다. 금오봉은 타원형으로 이루어졌으며, 금거북이가 서라벌 깊숙이 들어와 편하게 앉아 있는 형상이라고 한다. 『삼국유사』에도 남산으로 표현되어 있는데 해발 500미터

■
남산지구의 전경. 야외 박물관이라 불리며 제대로 답사하려면 한 달도 부족하다.

미만이기는 하지만 산은 산이므로 남다른 산행을 각오해야 한다.

남산을 철저하게 답사하려면 한 달로는 부족하다는 말은 결코 과장이 아니다. 불탑 96기, 불상 118기, 석등 22기, 사찰터 147곳, 왕릉 13기, 고분 37기 등 지금까지 발견된 유물만 672점이다. 이 중 국보와 보물 13점, 사적 13개소, 중요민속자료 1점, 문화재자료 3점, 지방유형문화재 11점, 지방기념물 2점으로 살아 숨 쉬는 거대한 역사박물관이라 할 수 있다. 남산에 대한 전설은 매우 흥미롭다.

"아주 오래전 경주는 맑은 시내가 흐르는 푸른 벌판으로 '쉬벌' 이라 불렀다. 맑은 시냇가에서 빨래하던 한 처녀가 이 평화로운 땅을 찾은 두 신을 보았다. 강한 근육이 울퉁불퉁한 남신과 부드럽고 고운 얼굴의 여신이었다. 너무 놀란 처녀는 '저기 산 같은 사람 보아라' 해야 할 것을 '산 보아라' 하고 소리를 질렀다. 그녀의 비명에 놀란 두 신이 발길을 멈추었는데 발을 옮길 수 없었다. 처녀의 외침으로 두 신이 산으로 변한 것이다. 여신은 남산 서쪽에 아담하게 솟아오른 망산이 되었고 남신은 억센 바위가 있는 남산이 되었다."[1]

남산을 불국토로 여긴 신라인들은 1,000년을 두고 간수했으므로 남산 자체가 그대로 신라의 사찰이며 신앙처라는 것이 과언이 아니다. 박홍국은 남산을 '신라인의 마음'이라고 했고 이하석은 남산을 '아득한 옛사람들의 꿈길을 찾아가는 길이며, 화강암의 굳은 덩어리에 아로새겨진 시간의 뒷길을 서성이는 것이며, 무엇보다 성지순례의 길'이라고 했다.[2]

남산은 동서 길이 13킬로미터, 남북 길이 8킬로미터로 40여 개의 계곡이 있는 468미터의 금오산과 494미터의 고위산을 합쳐 부르는 이름이다. 비록 높지 않지만 수십 개의 작은 골짜기 사이로 난 길과 수많은 기암에 신라인들의 믿음이 깃들어 있는 곳이다. 금오산은 남산을 통칭하는 이름으로도 쓰이며 김시습의 『금오신화』도 이곳에서 저술되었다. 신라 시조인 박혁거세의 탄강 설화가 얽힌 나정, 신라 최초의 궁궐 자리인 창림사지, 신라 종말의 비극을 맞았던 포석정이 남산에 위치하고 있다. 사실상 신라의 역사는 남산에서 막을 열고 닫았다고 볼 수 있다.[3]

불교가 들어오기 전 신라인들은 남산을 신령들이 사는 신성한 장소로 숭배했지만 불교가 들어오자 남산의 바위가 석가모니의 진신眞身이라는 믿음으로 바뀌기 시작했다. 이는 민속신앙과 불교가 융화되기 시작한 것을 뜻하며 남산에 마애불이 많은 것은 그 때문으로 추정된다.

경주 시내에서 35번 도로를 타고 남산에 들어가기 전에 대릉원지구 말미에 있는 오릉, 이차돈과 연계되는 신라 최초의 사찰 홍륜사지(사적 제15호), 김유신과 연계되는 재매정, 월정교(사적 제457호), 천관사지(사적 제340호)를 방문한다.

오릉은 신라 시조 박혁거세의 능으로 알려진 곳으로 『삼국사기』에는 박혁거세와 제2대 남해왕, 제3대 유리왕, 제5대 파사왕 등 신라 초기 박씨 왕 4명과 혁거세의 왕후인 알영왕비 등 5명의 무덤이라 되어 있다. 『삼국유사』에는 다음과 같은 전설이 실려 있다.

"나라를 다스린 지 61년 되던 어느 날 왕은 하늘로 올라갔는데 7일 뒤에 그 죽은 몸뚱이가 땅에 흩어져 떨어지면서 왕후도 역시 왕을 따라 세상을 떠났다. 나라 사람들은 이들을 합해서 장사지내려 했으나 큰 뱀이 나타나더니 쫓아다니면서 이를 방해하므로 오체五體를 각각 장사 지내 오릉을 만들고, 능의 이름을 사릉蛇陵이라고 했다."

물론 현재 박혁거세의 능으로 알려진 것이 확실하게 확인된 것은 아니다. 내부 구조는 알 수 없으나 무덤의 겉모습은 경주 시내에 있는 다른 삼국시대 신라 무덤같이 둥글게 흙을 쌓아올린 원형 봉토분이다. 제1호 무덤이 높이 10미터로 가장 크며, 제2호 무덤은 표주박형에 봉분이 2개인 2인용 무덤으로 뒤로 갈수록 점점 규모가 작아진다. 이러한 대형 원형 봉토분은 신라에서는 4세기 이후 등장한 것으로 박혁거세 당시의 무덤 형식은 아니다. 특히 경주에 있는 고분 대부분이 정확한 주인공을 알 수 없는데 'OO왕릉'으로 알려진 것도 괘릉(원성왕릉)이나 흥덕왕릉 등 소수를 제외하면 정확히 확인된 것은 아님을 참조할 필요가 있다.[4]

오릉 남쪽에 혁거세를 모신 사당인 숭덕전(경상북도 문화재자료 제254호)이 있다. 세조 11년(1429)에 지은 후 재건과 수리를 거듭하다 경종 3년(1723)에 숭덕전으로 사액*되었다. 경내에는 영조 35년(1759)에 세운 혁거세와 숭덕전의 내력을 기록한 신도비가 있다. 숭덕전 안에는 알영의 탄생지로 전해지는 알영정이 있다. 알영정 비각에는 1929년에 세워진 '신라시조왕비탄강유지新羅始祖王妃誕降遺址'라는 비석이 있으며 오른쪽에 알영 우물이 있다. 두꺼운 사각 석재 3장으로 닫아놓은 우물 안에는 지금도 우물물이 고여 있다. 알영과 박혁거세가 태어난 나정은 직선거리로 800미터 정도에 있다.[5]

* 사액(賜額)
임금이 사당, 서원, 누문 따위에 이름을 지어서 새긴 편액을 내리던 일.

신라 최초의 사찰로 알려진 흥륜사는 오릉 북쪽에 있는데 1910년경에 우연히 금당터로 보이는 토단土壇과 신라 최대의 석조, 석불 등이 발견되어 흥륜사지로 추정된 곳이다. 흥륜사는 『삼국사기』에 따르면, 법흥왕 14년(527) 이차돈의 순교를 계기로 짓기 시작했으며 『삼국유사』에 다음과 같은 일화가 전해진다.

"염촉(이차돈)이 왕명이라 해 절을 지으라는 뜻을 전해 내렸다. 여러 신하들이 와서 간쟁하므로 법흥왕이 진노해 이차돈을 꾸짖고 왕명을 거짓 전한(왕명 사칭) 죄로 참형했다."

이 일화에는 다음과 같은 비사가 전해진다. 법흥왕이 불교를 일으키려 했지만 신하들의 반대가 많아 조카인 이차돈이 왕을 위해 총대를 메겠다고 했다. 즉 자신이 왕명을 빙자해 불사佛事를 일으키면 신하들이 들고일어나 왕명을 사칭한 사람을 찾을 것이고, 그때 자신이 직접 나서 사찰을 건설해야 함을 주장하면 그들이 승복하게 될 것이라는 설명이었다. 법흥왕은 이차돈의 말대로 된다면 좋겠지만 만약에 신하들이 벌떼같이 일어나 그를 죽여야 한다고 말한다면 어떻게 하겠느냐고 물었다. 그러자 이차돈은 자신을 참수하면 이변이 일어날 것이므로 오히려 불사를 일으키는 데 유리한 기회가 될 것이라고 했다.

이후 벌어지는 이차돈의 순교는 너무나 잘 알려진 이야기다. 형리가 이차돈의 머리를 베었더니 흰 젖이 3미터나 솟아났다는 기적이 일어났다는 것이다. 붉은 피가 아닌 흰 젖은 부처의 감응을 말한다.[6]

이차돈의 순교를 빌미로 법흥왕은 불교를 공인하고 사찰을 짓게 했는데 그 사찰이 바로 흥륜사다. 흥륜사는 진흥왕 5년(544) 2월에 준공되었으며 그다음 달부터 일반 사람들도 출가해 승려나 비구니가 되어 부처를 모시는 것이 허락되었다.[7]

물론 신라 최초의 사찰은 이보다 훨씬 오래전에 지어졌다. 신라 13대 미추왕 3년(264)에 고구려의 고승 아도가 성국공주의 병을 고쳐주었는데, 보상으로 왕이 소원을 묻자 아도는 신라의 일곱 가람터 중 천경림에 사찰을 짓기를 원했다. 미추왕이 이를 허락하자 신라 최고의 성지인 청경림에 사찰이 들어섰는데 이곳의 이름도 흥륜사다. 아

■
알영정. 숭덕전 안에 있으며 알영의 탄생지로 전해지는 곳이다.

도는 매우 검소해 억새로 움막집을 짓고 거처하면서 불도를 강설했는데, 마침 하늘에서 꽃이 떨어져 흥륜사라고 했다고 한다. 연대가 다소 차이 나지만 어쨌든 흥륜사가 최초의 사찰이라는 것은 동일하다.

흥륜사는 대법회를 주관하는 도량이 되면서 신라의 국찰로 승승장구했으며 4월 초파일 석가탄신일에 맞추어 탑돌이를 하는 풍습은 이곳에서 시작되었다고 한다.[8] 『삼국유사』에 의하면, 불국사와 석굴암을 창건한 김대성이 전생에 밭을 보시한 절이 흥륜사이고 김현이 호랑이와 인연을 맺은 절도 이곳이라고 기록되어 있다.

공인 불교의 상징으로 건립된 흥륜사의 주존불은 미륵이었다. 흥

흥륜사지에는 새로 지은 흥륜
사 대웅전을 중심으로 종각과
이차돈순교비가 세워져 있다.

륜사의 승려 진자眞慈는 사찰의 주존불인 미륵이 화랑으로 출현하기를 기원했다. 그 뒤 실제로 미륵이 화생한 미시랑을 미륵신화로 모셨고 이때부터 미륵은 주로 화랑으로 출현하면서 미륵선화라고 불렀다. 진흥왕은 자신을 전륜성왕으로 자처하고 미륵의 출현을 화랑으로 설정하면서 화랑도를 만들었으므로 왕실과 귀족은 미륵 신앙을 매개로 서로 대립하지 않고 조화를 이룰 수 있었다.[9]

신라 말 반란군에 의해 불탄 것을 경명왕 5년(921)에 다시 지었으며, 조선 시대에 화재로 불타 폐사되었다. 절터에 있었던 신라시대의 석조물 가운데 가장 큰 석조가 현재 국립경주박물관에 보관되어 있다. 또한 '신라의 미소'로 일컬어지는 사람 얼굴 모양의 수막새*가 출토된 곳이기도 하다. 현재 1980년대에 새로 지은 흥륜사가 자리하고 있으며 경내에 흥륜사지가 보존되어 있다. 또한 대웅전을 중심으로 종각과 이차돈순교비가 세워져 있다. 한편 현 흥륜사지에서 '영묘사'라고 새겨진 기와 조각이 출토되어 이곳을 선덕여왕 때 창건된 영묘사지로 보기도 한다. 국립경주박물관에서는 출토물들이 발견된 위치를 영묘사로 적고 있다.

* 수막새
수키와가 쭉 이어져 형성된 기왓등의 끝에 드림새를 붙여 만든 기와.

흥륜사를 나와 흥륜사지와 월성터의 중간에 있는 재매정으로 향한다. 1.5미터가량의 화강암을 벽돌처럼 쌓아 올려 만든 사각형 우물이며 이 일대에 김유신 장군의 집이 있었던 것으로 추정된다. 1993년 발굴 조사에 따르면 우물의 깊이는 5.7미터, 가장 넓은 부분은 1.8미터, 바닥의 지름은 1.2미터다. 우물 옆에 비각이 있으며 그 안에 조선 고종 9년(1872)에 이만운이 쓴 비석이 있다.

선덕여왕 13년(644) 김유신은 상장군이 되어 군사를 거느리고 백제의 성열성, 동화성 등 일곱 성을 공격해 크게 승리했다. 다음 해 정월에 돌아왔지만 왕을 배알하기도 전에 백제 대군이 신라의 매리포성을 침공했다는 급보를 받고 처자도 만나보지 못한 채 출정해 백제군을 맞아 2,000명을 베어 죽이거나 사로잡았다. 3월에 왕이 귀환하라고 했지만 또다시 백제 군사가 침공해 김유신은 집에서 50미터 떨어진 곳에서 말을 멈추었다.

이때 집사람들은 모두 문 밖으로 나와서 김유신을 기다렸지만, 그는 집 앞을 지나면서 가족들은 보지도 않고 우물물을 떠오게 해 말 위에서 마시고는 "우리 집 물맛은 옛날 그대로구나"라고 하고 떠났다. 이를 본 모든 군사가 "대장군도 이와 같은데, 우리들이야 어찌 골육의 가족들과 이별함을 한탄하겠느냐"라며 김유신을 따라 싸움터로 나갔다는 이야기가 전해진다. 이때 백제군은 김유신이 온다는 소식을 듣고 싸우지도 않고 도망쳤다고 한다.

재매정으로 가는 길목에 기와집이 있는데 조선시대에 과거 시험에 합격한 진사들이 수양을 쌓던 사마소다. 원래는 300미터 정도 떨어진 월정교터에 있었는데 1984년 유적지를 관리하면서 지금의 장소로 옮겼다. 진사는 가장 낮은 등급의 과거 시험에 합격하면 될 수 있지만, 이 시험을 통과해야만 비로소 선비로서 존중받았고 중앙정권에 진출할 수 있는 자격이 생겼으므로 조선시대의 가장 중요한 칭호라 할 수 있다.

인근에 유명한 월정교가 있다. 경주 최씨 가옥 옆에 있는데 통일신라 최고 전성기의 화려한 궁성 교량이며 신라 왕경 서쪽 지역의 주된 교통로로 사용되었을 것으로 추정된다. 대규모 화강암을 다듬어

월정교는 대규모 화강암을 다듬어 만들었으며, 신라의 주된 교통로로 사용되었다.

퇴물림식(위로 올라갈수록 조금씩 안으로 들여쌓는 방식)으로 만들었다. 월정교는 21세기 첨단 기술을 동원한 역사적 고증 과정을 거쳐 한창 복원 중이며 길이 66미터, 폭과 높이가 각각 9미터다.

다음으로 김유신 일화 중에서 잘 알려진 천관사지로 향한다. 도당산 서쪽 기슭에 있으며 김유신이 사랑하던 기생 천관天官의 집을 사찰로 바꾼 곳으로 전해진다. 김유신은 어머니의 엄한 훈계를 명심해 함부로 남과 사귀지 않았는데 우연히 천관의 집에 유숙하게 되었다. 이를 안 어머니의 노여움을 사 천관의 집에 발걸음을 끊었는데, 어느 날 술에 취해 집으로 돌아오던 길에 말이 이전에 다니던 길을 따라가 천관의 집에 이르고 말았다. 그러자 김유신은 자신의 잘못을 뉘우치며 말의 목을 베고 안장을 버린 채 집으로 돌아왔다. 훗날 김유신은 삼국을 통일한 뒤 사랑했던 여인을 위해 천관의 집터에 사찰을 세우고 그녀의 이름을 따라 천관사라 했다. 천관사는 고려 중기까지 존재했던 것으로 기록에 남아 있다. 이 같은 전설은 전라남도 강진군 관산읍의 천관사에도 전해오는데, 전설에 의하면 김유신이 말을 타고 이곳까지 천관을 쫓아왔으며 천관은 천관보살의 화신이었다는 내용이다. 『삼국유사』에는 김경신(원성왕)이 천관사의 우물에 들어가는 꿈을 꾸고 왕이 되었다는 이야기도 전해진다.[10]

2. 서남산

천관사를 지나 남산 남서쪽 비탈에서 만나는 첫 답사지는 박혁거세가 알로 태어난 곳인 나정이다. 『삼국유사』와 『삼국사기』에 다음과 같은 기록이 있다.

"전한 지절원년(기원전 69) 신라 건국의 주역인 6촌의 촌장들이 모여 군주를 선출하고 도읍을 정하자고 결정한 뒤 높은 곳에 올랐다. 그런데 양산陽山 아래 나정이라는 우물 근처에 이상한 기운이 돌며 백마 한 마리가 무릎을 꿇고 있어 가보니, 백마는 하늘로 올라갔고 붉은색의 커다란 알만 남았는데 이 알을 쪼개자 어린 사내아이가 나왔다. 이상히 여겨 동천東川에서 목욕시키자 몸에서 광채가 나고 새와 짐승들이 춤추듯 노닐었고, 천지가 진동하며 해와 달이 청명해졌다. 사람들은 이 아이가 세상을 밝게 한다 해 혁거세라 이름하고, 알이 박같이 생겼다 해 성을 박朴이라 했다. 이날 사량리 알영정 곁에 계룡鷄龍이 나타나 왼쪽 겨드랑이에서 여자아이를 낳았다. 모습과 얼굴은 유

달리 고왔는데 입술은 닭의 부리와 같았다. 월성 북천에 그 아이를 데리고 가 목욕시키자 부리가 떨어졌다. 그 때문에 그 개울을 발천撥川이라 부른다. 여자아이는 그가 나온 우물 이름으로 이름을 지었다. 두 성인이 13세가 되자 오봉 원년 갑자년인 기원전 57년에 남자는 왕이 되었고 여자는 왕후를 삼았다."

이 건국설화는 경주 일원에 선주민 즉 6촌이 정착해 있던 상황에서 새로운 이주민 집단이 들어와 주도권을 장악했다는 것을 나타내며, 신라의 건국신화는 천신족과 지신족이 결합되어 만들어졌다는 것을 의미한다. 곧 알영족은 선주하고 있던 토착민으로 신족 관념을 포용하고 있다. 알영이 우물가에서 계룡의 몸을 빌려 태어난 것이 이를 알려준다. 대체로 지신족 계통의 신인神人은 강변, 해변, 우물, 동굴 곁에서 탄생한다. 반면 박씨족은 유이민으로 천신족 관념을 포용하고 있다. 하늘로부터 이상한 기운이 내려와 혁거세를 탄생시켰고 그 징후로 말이 나타났기 때문이다. 그 현장이 나정으로 신라는 여기서부터 1,000년, 정확히 말하자면 기원전 57년부터 서기 935년까지 993년간 존속했다.[11]

이곳에는 박혁거세를 기리는 유허비를 비롯해 신궁터로 추정되는 팔각건물지, 우물지, 담장지, 부속건물지, 배수로 등이 잘 남아 있지만 현재는 공터다. 특히 팔각건물지는 한 변의 길이가 8미터나 되고 네모난 담장을 두른 것으로 보아 신라의 신궁터로 추정되며 학자들은 박혁거세를 제사지내는 신전으로 보기도 한다. 대궐은 나정 남쪽 언덕 위 현재의 창림사지에 세웠다.

나정 인근에 혁거세 이전에 서라벌 땅을 다스렸던 6부 촌장들을 제사 지내는 양산재가 있다. 신라가 건립되기 전 진한은 알천양산촌, 돌산고허촌, 취산진지촌, 무상대수촌, 금산가리촌, 명활산고야촌 등 6촌이 나누어 다스렸으며 이들이 박혁거세를 신라의 첫 왕으로 추대했다. 이후 신라 제3대 유리왕이 6부 촌장들의 신라 건국 공로를 영원히 기리기 위해 6부의 이름을 고치고 각기 성을 내렸으며 양산촌은 이씨, 고허촌은 최씨, 대수촌은 손씨, 진지촌은 정씨, 가리촌은 배씨, 고야촌은 설씨로 이들이 각기 시조가 되었다.

인근에 남간사지석정(경상북도 문화재자료 제13호), 일성왕릉(사적 제173호), 남간사지 당간지주(보물 제909호), 배리윤을곡마애불좌상(경상북도 시도문화재 제195호)이 있으므로 이들을 연계해 방문한다.

남간사지석정은 신라시대 우물로 길이 80센티미터, 너비 40센티미터다. 화강석으로 틀을 짜고 위에 한 변이 1.47미터인 정사각형 판석을 얹어놓았으며 깊이는 약 1.4미터다. 천연 석재로 우물의 외벽을 짜 올리고 위쪽은 남북으로 합쳐지는 2매의 다듬은 돌로 원형 틀을 덮어 마감했다. 우물 틀의 지름은 88센티미터로 둘레에 상하 이중 테를 둘렀다. 윗단은 직각이고 아랫단은 곡석으로 조각해 단순하지만 아름다운 맵시가 느껴진다. 이 우물은 분황사 석정, 재매정과 함께 신라 우물의 원래 모습을 잘 나타내 문화재로 지정되었다.

석정에서 얼마 안 되는 논 안에 남간사지 당간지주가 보인다. 남간사에 대한 기록은 거의 없지만 9세기 초에 이차돈을 추모하는 모임을 만든 일념이라는 스님이 머물던 곳이다. 남산 지역에서 유일하게 볼 수 있는 당간지주로, 높이는 약 3.6미터이며 동서로 70센티미터의

■
남간사지 당간지주. 사찰에서 큰 행사가 있을 때 깃발을 달아 불자들에게 절의 위치를 알렸다.

간격을 두고 마주보고 있다. 당幢은 부처의 위엄을 표시하고, 중생을 지휘하고, 마군魔軍을 굴복시키기 위해 법당 앞에 세우는 장엄한 깃발 형태의 불구佛具를 말한다. 간竿은 깃대다. 그러므로 당간지주라면 깃대를 붙들어 매는 기둥을 뜻한다. 사찰에서 큰 행사가 있으면 당간 위에 깃발을 달아 불자들이 절을 찾을 수 있게 한 것이다. 일종의 이정표인데 대부분 지주만 보이는 까닭은 당간이 철로 만든 것이라 녹슬어 없어졌기 때문이다.

남간사지 당간지주는 아래위에 둥근 구멍을 뚫었으며 보물 지정을 받은 까닭은 당간을 고정하기 위해 꼭대기에 파놓은 십자형의 고랑竿溝 때문으로 알려진다. 조선 초기 이후로는 쇠잔해져서 조선 중기 이후의 작품은 찾아보기 힘들다. 한편 법당 앞에 비슷한 것으로 규모

✱ 괘불(掛佛)
1. 그림으로 그려서 걸어놓은 부처의 모습.
2. 부처의 모습을 그린 그림을 거는 일.

가 작은 돌기둥이 있는데 이는 괘불*을 모실 때 나무 장대를 세우던 석주로 성격이 전혀 다르다.[12]

남간사지 당간지주를 지나면 장창골 골짜기를 만난다. 장창골에는 일성왕릉이 있다. 일성왕은 신라 제7대 왕인데 『삼국사기』에는 제3대 유리왕의 맏아들로, 『삼국유사』에는 유리왕의 조카 혹은 제6대 지마왕의 아들로 기록하고 있다. 농사짓는 땅을 늘리고 제방을 수리해 농업을 권장했으며, 백성들이 금은주옥을 사용하지 못하게 했다.

왕릉의 봉분은 지름 15미터, 높이 5미터로 둘레의 돌이나 주위 환경으로 볼 때 내부 구조는 석실로 추정된다. 이 능은 조선 영조 이후에 알려졌는데 일부 학자들은 『삼국사기』에 남산 해목령에 장사지냈다는 기록을 근거 삼아 경애왕릉으로 추정하기도 한다.

일성왕릉을 보고 내려오면서 비지정 문화재인 높이 6.5미터의 창림사지 삼층석탑과 주초석들을 만나게 된다. 창림사는 『삼국유사』에 기록된 바에 따르면 신라 6부의 대표자들이 혁거세와 알영을 데려다 기른 궁궐이 있던 곳으로, 남산에 있는 100여 사찰터 중 이름이 밝혀진 몇 안 되는 절터 중 하나다. 삼층석탑은 1824년 사리 장엄구를 도굴하려던 자에 의해 파손되었는데 이때 조탑 사실이 기록된 '무구정탑원기無垢淨塔願記'가 나와 이 탑이 신라 문성왕 17년(855)에 만들어진 작품임이 밝혀졌다. 현재의 석탑은 오랜 세월 파손된 채로 흩어져 있다가 1976년 복원된 것이다. 불법을 수호하는 용 등 팔부신중이 매우 아름답게 새겨진 기단이 있고, 남산 일대에 있는 60여 개의 탑 중에서 가장 규모가 큰데도 보물이나 유형문화재로 지정되지 못했다. 이를 국보와 보물 등이 산재한 신라에 속해 있기 때문으로 보기도 한다.[13]

이곳에 신라 명필 김생이 쓴 사비寺碑가 있었다고 하는데 지금은 없어지고 쌍두 귀부만 남아 있다. 거북 1마리의 크기는 높이 38.5센티미터, 길이 142.5센티미터, 너비 86.3센티미터로 2마리 모두 머리가 떨어졌으며 1마리는 경주국립박물관에 소장되어 있다. 태종무열왕릉비 거북은 목을 길게 뽑아 들고 먼 앞을 내다보는 힘찬 기상인데 얼굴을 높이 들어 뒤로 젖히고 입은 크게 벌려 둥근 구슬을 물고 있어 거북이 용으로 바뀌는 과정을 보여준다. 이러한 과정을 거쳐 신라 말기나 고려시대의 거북들은 모두 용의 얼굴로 나타난다. 거북의 목에 뱀처럼 복린*이 새겨 있는 것도 변해가는 모습이다.[14] 원나라 학자 조자앙이 창림사비의 글씨를 평한 글의 일부가 『신증동국여지승람』에 다음과 같이 전한다.

* 복린(腹鱗)
파충류의 배에 있는 비늘. 뱀류에 가장 많이 발달해 있으며 전신의 파상 운동과 몸의 운동에 관계한다.

"이 글은 신라 스님 김생이 쓴 창림사비인데 자획이 깊고 법도가 있어 비록 당나라의 이름난 조각가라도 그보다 더 나을 수는 없다. 옛말에 '어느 곳엔들 재주 있는 사람이 나지 않으랴' 했는데 진실로 그렇다."[15]

창림사지에서 서쪽으로 방향을 틀면 곧바로 포석정지, 지마왕릉(사적 제221호), 배동 석조여래삼존입상(보물 제63호), 경애왕릉(사적 제222호)이 연이어 등장한다. 이들 유적은 도로변에 포진해 있으므로 등산을 하지 않고도 답사하는 데 적격이다.

경애왕은 신라 마지막 왕인 경순왕 바로 앞의 왕이다. 경애왕景哀王은 이름에 '애哀'가 있을 정도로 슬픈 왕이다. 왕위에 앉아 있었던 시간은 불과 3년밖에 되지 않는데 좋지 못한 이름만 역사에 유구하게 남졌다. 포석정에서 견훤에게 사로잡힌 후 자결하지 않을 수 없었기 때문이다.

배동 삼릉은 경애왕릉에서 북쪽을 응시하면 소나무 사이로 보인다. 제8대 아달라왕(?~184), 제52대 신덕왕(912~917), 제53대 경명왕(917~924)이 주인공들이며 모두 박씨다. 삼릉과 포석정 사이의 제6대 지마왕, 장창골에 있는 일성왕도 박씨다. 시조인 박혁거세도 이곳 나정에서 출생했다. 선도산 일대가 김춘추 일가의 산소였듯이 남산 서쪽 일원은 박씨 왕들의 터전으로 볼 수 있다. 아달라왕은 154년부터 184년까지 30년간 재위했으며 안내판은 아달라왕에 대해 다음과 같이 적었다.

"백제가 침입해 백성을 잡아가자 친히 군사를 출동해 전장에 나아갔다. 그러나 백제가 화친을 요청하자 포로들을 석방했다. 왜에서는 사신을 보내왔다. 능의 크기는 밑 둘레 58미터, 높이 5.4미터, 지름 18미터다."

아달라왕의 업적 중 가장 두드러진 것은 계립령과 죽령을 개통했다는 점이다. 당대에 험준한 산맥을 뚫고 고갯길을 열었다는 것은 그만큼 경제적 · 군사적 힘이 막강했다는 사실을 말해준다.

불국사, 석굴암, 불국사 다보탑(이하 다보탑, 국보 제20호), 불국사 삼층석탑(석가탑, 국보 제21호), 안압지 등 대부분의 유명 경주 문화재가 통일신라시대 작품이지만 배동 석조여래삼존입상은 7세기 전반의 작품으로 경주에서도 희귀한 유산이다. 원래 높이 2.75미터의 본존여래입상과 본존 오른쪽 협시보살입상은 같은 장소에, 본존 왼쪽 협시보살

배동 석조여래삼존입상은 원래 흩어져 있었지만 1923년 지금처럼 한데 모아놓았다.

입상은 조금 떨어진 곳에 흩어져 있던 것을 1923년 현재와 같이 남산 배리, 일명 선방골禪房谷에 수습·복원해놓은 것이다.

본존여래입상은 아미타여래로 추정하는데 둥글고 오동통하게 살찐 볼, 묵직한 코, 툭 불거진 눈, 입술 양끝을 쏙 들어가게 만든 미소 등 전형적인 신라 불상의 얼굴이다. 머리는 올록볼록한 나발과 민머리인 소발이 중복된 특이한 구조를 하고 있어 이 부분을 사족이라 한다. 이런 방법으로 조각할 때 육계 밑에 붉은 색깔의 보석을 박는 예도 있지만 신라 불상으로서 사족을 나타낸 예는 극히 드물다. 오른손은 다섯 손가락을 모두 펴 위로 향해 치켜든 시무외인施無畏印, 왼손은 팔을 아래로 내려뜨리고 손바닥을 정면으로 향하도록 편 시여원인施輿源印 자세를 취하고 있다. 옷 무늬는 아래로 내려올수록 크게 조각되었는데 발은 그대로 드러나 있으며 광배는 불상과 한 돌로 세워져 있다. 기본적으로 중국에서 6세기 후반에 유행한 북제北齊·북주北周의 불상 양식을 닮았다.

(본존 방향에서) 왼쪽 보살상은 2.3미터 높이로 이중의 연화대좌 위에 서 있으며 삼존 가운데 가장 조각이 섬세하다. 턱은 애기처럼 작아서 오른쪽 보살상과 대조를 이룬다. 머리는 삼면 보관으로 장엄되었으며 정면에 큰 연꽃이 새겨져 있다. 목에서 다리까지 드리운 구슬 목걸이와 꽃송이로 장식된 굵은 목걸이를 오른손으로 감싸 쥐고 있는데 이런 장식은 6세기 말 내지 7세기 초 중국 수나라 시대 보살상에서 유행하던 것이다. 얼굴은 본존과 마찬가지로 부드럽고 자애로운 미소를 머금고 있으며 왼손은 어깨까지 쳐들고 정병을 쥐고 있다. 광배에는 작은 부처 다섯을 새겨 놓았는데 그 부처들 또한 작은 광배를 가지고 있어 특이하다.

오른쪽 보살상은 왼쪽 보살상과 마찬가지로 2.3미터이며 관음보살로 추정된다. 삼존불 가운데 가장 수법이 떨어지며 연화대석이 사라진 대신 네모난 바위 위에 서 있다. 보름달 같은 얼굴에 상현달 같은 입, 코, 눈이 자그마하게 나타나 있다. 목에는 3개의 영락*이 달린 목걸이를 걸었고 가슴에는 승기지**가 비스듬히 가려져 있다. 오른손은 손가락을 구부려 가슴에 얹고 왼손은 허리 부분에 대고 있다.

배동 석조여래삼존입상은 당시 신라의 수도 경주에서 만들어진 대형 석불로는 가장 시대가 빠른 것으로, 이후 경주에서 크게 유행한 석불의 첫 장을 열었다는 데 커다란 의미가 있다.[16]

곧바로 포석정과 제6대 지마왕(112~134)의 능이 보인다. 지마왕

*** 영락(瓔珞)**
구슬을 꿰어 만든 장신구. 목이나 팔 따위에 두른다.

**** 승기지(僧祇支)**
비구니가 입는, 겨드랑이를 가리는 장방형의 속옷.

릉은 밑 둘레 38미터, 높이 3.4미터의 아담한 모습이다. 무덤은 경사진 지형을 이용해 일단 높은 곳에 만들고, 외부를 흙으로 덮은 원형 봉토분으로 겉으로는 아무 표식물이 없는 단순한 형태다. 능 앞에 놓여 있는 잘 다듬은 돌은 최근에 설치한 것으로 영혼이 나와서 놀게 하기 위해 설치한다는 혼유석魂遊石(석상)이다. 안내판은 지마왕이 "파사왕의 아들로 태어나 23년간 재위하면서 가야, 왜구, 말갈의 침입을 막아 국방을 튼튼히 했다"라고 소개하고 있다. 이 말은 지마왕 시대가 전쟁의 세월이었음을 알려주지만 2세기경에 속하는 무덤으로는 볼 수 없어 지마왕릉은 다른 곳에서 찾아야 한다는 주장도 있다.

포석정지는 경주 남산의 서쪽에 있는 석구石構로서 사적 제1호로 지정되어 있다. 『삼국유사』에 헌강왕(875~885)이 포석정에 행차했을 때 남산신南山神이 나타나 춤을 추는 모습을 왕이 보고 따라 추었던 데서 어무산신무御舞山神舞 또는 어무상심무御舞祥審舞라는 춤이 만들어졌다고 기록되어 있으므로 통일신라시대 헌강왕 이전에 건립된 것으로 추정된다. 그런데 일연은 이 일화를 매우 색다른 각도로 보았다. 지신과 산신이 장차 나라가 멸망할 것을 알리려고 춤을 추어 경계했는데도 사람들은 깨닫지 못하고 도리어 상서로운 일이 나타났다면서 술과 여색을 더욱 즐겨 나라가 망했다는 것이다.[17] 그래서인지 포석정은 신라 패망의 현장으로 더 잘 알려진 비운의 장소이기도 하다.

경애왕은 왕위에 오른 지 3년째 되던 해 11월 비빈과 종척들을 데리고 포석정에서 연회 소위 노천 파티를 열었는데 갑자기 후백제 견훤의 군사들이 들이닥쳤다. 경애왕은 호위병도 없이 병풍으로 손수 가리고 광대들에게 군사를 막게 한 후 이궁으로 달아났지만 곧바로 견훤에게 사로잡혀 왕비와 부하들 앞에서 자결한다. 이후 효종 이찬의 아들 부傅가 왕위에 올라 신라 최후의 경순왕이 되지만 그도 왕위에 오른 지 몇 년 안 되어 견훤에게 항복함으로써 신라는 패망한다.

신라의 최후를 목격한 포석정이 설치된 포석정지는 경주 서쪽 후궁後宮 또는 이궁원離宮苑으로 면적이 약 1만 제곱미터이며, 약 2.3킬로미터 상류에 최대 저수 용량 약 1만 8,000세제곱미터 내외의 안골샘 못에서 물을 끌어들인 것으로 여겨진다. 물이 포어鮑魚 모양을 따라 만든 도랑으로 흐르면, 물 위에 띄운 술잔으로 술을 마시며 시를 읊고 노래를 부르면서 즐기도록 인공적으로 만든 수로다.

이를 유상곡수流觴曲水라는 시회詩會라 하며 중국 동진 때 저장성浙江省의 명필 왕희지(321~379)로부터 비롯되었다. 왕희지는 난정蘭亭에서 가까운 문인 41명을 초대해 시회를 즐겼다. 난정이 포석정과 다른 점은 자연석을 이용해 물길을 만들었고 규모도 훨씬 크다는 것이다. 명대에 편찬된 〈난정수회도蘭亭修會圖〉는 그 당시의 풍경을 생생하게 보여주는데 연꽃 속에 술잔을 넣어 물 위에 띄워놓고 유상곡수를 즐기며 시를 짓지 못한 사람은 벌칙으로 술 3잔을 마셔야 했다고 적혀 있다.

포석정은 동서 길이 10.3미터, 가운데 길이 4.9미터이며 수로의 폭은 일정하지 않으나 평균 30센티미터 정도이며 깊이도 일정하지 않지만 평균 22센티미터다. 측벽은 다양한 크기의 석재 63개를 이용해 만들었는데, 높이는 20센티미터 정도인데도 폭은 15센티미터 정도로 매우 안정된 구조다. 수로의 입구와 출구에서의 낙차는 40센티미터 정도다.[18]

여기에서 눈길을 끄는 것은 한국의 포석정은 중국과 일본과는 달

■
포석정은 물이 도랑으로 흐르면 물 위에 띄운 술잔으로 술을 마시며 즐겼던 인공 수로다.

리 술잔이 사람 앞에서 맴돌도록 설계되었다는 점이다. 잔이 흘러가다가 어느 자리에서 맴도는 것은 유체역학적으로 와류渦流(회돌이)현상이 생기도록 설계했기 때문이다. 회돌이 현상이란 주 흐름에 반하는 회전 현상을 말한다. 포석정의 수로에서는 물이 흘러 나가는 데 1~2분에 지나지 않는다. 일반적으로 시를 한 수 지으려면 최소한 7분 정도 걸리기 때문에 포석정에서 회돌이 현상이 일어나도록 만든 것이다. 술잔이 사람 앞에서 맴돌아 수로를 따라 흐르지 않는 것이다.

유동훈의 시뮬레이션에 의하면 포석정에서 물이 흘러가는 도중에 10여 개 군데에서 회돌이 현상이 일어나며 그중 2군데에서 매우

중국의 유상곡수. 중국 동진 때 명필 왕희지로부터 비롯되었다.

큰 회돌이가 일어난다. 포석정은 물이 흘러가는 경로가 다양하기 때문에 서로 다른 위치에서 잔을 출발시킬 경우 술잔이 같은 경로로 흘러가지 않는다. 신라인들은 경사가 급격히 변하는 지점이나 구부러진 지점에서는 수로 폭을 확장하거나 내부의 바닥 굴곡을 세심하게 설계해 술잔이 전복하지 않도록 했다.

포석정은 단순히 풍류를 즐기기 위한 오락시설이라기보다는 신탁이 행해지는 종교적인 장소였을 것이라는 가설이 있다. 원래 중국에서는 포석정이 건물 안에 설치되는 것이 정설이며, 우리의 포석정도 건물 안에 세워져 있었다고 추정하는 것이다. 게다가 신라시대 왕들이 놀이를 즐기거나 사신을 접대하던 연회 장소는 따로 있었다. 바로 안압지와 임해전이다. 이런 장소를 두고 규모도 크지 않은 포석정

에서 노천 파티를 연다는 것은 이해가 안 된다는 것이다.[19]

역사적 기록을 살펴보더라도 경애왕이 견훤에게 살해된 날짜는 음력 11월, 양력으로는 12월이다. 일반적으로 우리나라에서는 가장 추울 때다. 이런 날 노천의 포석정에서 술을 마시기 위해 왕비 등 문무백관을 대동했으리라고는 생각되지 않는다. 경애왕이 1년 중에서 가장 추운 날임에도 포석정을 방문한 것은 쓰러져 가는 신라의 부흥을 위해 제사 혹은 기도를 드리기 위해서였을 것이다.

포석정이 단순한 노천 파티장이 아니라는 주장이 제기되자 『삼국사기』 문맥에 대한 새로운 해석도 제기되었다. 경애왕이 '포석정에서 연회를 벌이며 놀았다遊鮑石亭宴娛'에서 '유遊'를 '놀았다'가 아니라 '갔다'로 해석하는 것이다. 『삼국사기』와 『삼국유사』가 고려시대에 작성된 것도 유의해야 한다고 지적되었다. 저자들이 신라 멸망의 당위성과 새 왕조인 고려왕조의 정당성을 부각한 점도 간과할 수 없다는 것이다.

경애왕이 위기에 처한 나라를 구해달라는 제사를 지내기 위해, 즉 팔관회八關會를 열기 위해 포석정에 갔을지도 모른다는 것이다. 신라는 진흥왕 때 전몰 장병을 위로하기 위해 처음으로 팔관회를 개최했고 선덕여왕 때도 적의 침입을 막기 위해 팔관회를 열었다. 신라의 뒤를 이은 고려도 몽고가 침입했을 때 강화에서 팔관회를 했다는 기록이 있다는 것을 볼 때 팔관회는 매우 위급한 상황에서 치러진 의식이라 볼 수 있다. 팔관회가 열렸던 시기는 모두 음력 11월이었다.

정종목은 견훤의 군대가 진격해오고 있던 때, 왕건에게 구원군을 요청해놓은 경애왕이 포석정을 찾아 제사를 지내다 견훤에게 죽임을 당했을지도 모른다고 추정했다. 이종욱도 포석정이 박씨의 시조 박혁거세 같은 인물을 모신 사당 즉 신전이라는 점을 강조하며, 박씨로 왕위에 오른 경애왕도 조상들을 찾아가 나라를 수호하고 박씨 왕의 지위를 유지시켜달라고 제를 올렸을 것이라고 추정했다.

포석정에서는 건물 흔적이 발견되었고 1999년에는 '포석鮑石'이라는 글자가 새겨진 기와 조각도 발견되었다. 포석정 남쪽 4,300제곱미터 부지에 포석정 모형전시관을 건립하려는 시굴 조사 과정에서 가로 12센티미터, 가로 16센티미터의 기와에 나뭇가지 무늬와 함께 글자가 새겨진 기와 조각 6점이 출토된 것이다. 기와에 새겨진 것은 포석정을 뜻하는 '포鮑'가 아니라 '포砲' 인데 학자들은 '포鮑'를 약자화해 쓴 것으로 추정한다. 참고로 포석정은 경주에만 있는 것이 아니라 창덕궁 후원의 깊숙한 옥류천 개울가에도 있다.

포석정과 지마왕릉 사이로 산행도로가 있는데 이곳에서 '배리윤을곡마애불좌상'과 남산신성(사적 제22호)을 답사할 수 있다. 도로는 매우 잘 정돈되어 있고 왼쪽으로 조그마한 못이 나온다. 이곳이 바로 포석정에 물을 공급했던 안골샘못이다. 이곳에서 계속 걸으면 왼쪽에 배리윤을곡마애불좌상이 있는데, 'ㄱ'자로 꺾어진 바위에 불좌상 삼존을 돋을새김한 매우 특이한 마애불이다. 다소 큰 동남향의 바위에 2존의 불상을 새겼고, 보다 작은 서남향의 바위에 1존의 불상을 각각 새긴 삼불 형식으로 구성되어 있다. 삼불 형식은 존상의 구성에 따라 삼세제불*, 삼신불** 등 여러 형태로 나뉘지만 초기에는 삼세제불이 보편적이다. 가운데 불상의 왼쪽 면에 '태화구년을묘太和九年乙卯'라는 음각의 명문이 새겨져 있어 흥덕왕 10년(835)에 조성된 것임이 밝혀졌다.

*** 삼세제불(三世諸佛)**
과거, 현재, 미래에 출현하는 모든 부처.

**** 삼신불(三身佛)**
부처의 신체를 그 성품에 따라 세 가지로 나눈 것. 법신불, 보신불, 응신불이다. 이는 일반적으로 비로자나불, 아미타불, 석가모니불을 이르지만 우리나라에서는 대부분 선종의 전통을 따라 비로자나불, 노사나불, 석가모니불을 이른다.

배리윤을곡마애불좌상은 'ㄱ' 자로 꺾어진 바위 면에 불좌상 삼존을 돋을새김한 특이한 형식이다.

중앙의 본존불은 연꽃대좌 위에 결가부좌한 상으로 상투 형태의 육계가 머리에 비해 유난히 높고 큼직하다. 얼굴은 긴 타원형으로 턱을 각진 것처럼 표현해 다소 완강한 느낌을 주지만, 눈을 가늘게 뜨고 입에는 미소를 띠어 부드럽게 처리했으며 현세의 석가불로 추정된다. 본존 오른쪽 불상은 본존불보다 조금 작고 다소 위축되었는데, 얼굴이 길고 턱을 역시 각지게 표현해 완강한 인상을 주지만 얼굴에는 양감이 있고 미소를 띠고 있어 부드러운 느낌을 준다. 왼손에 보주를 들고 있어 약사불로 추정하기도 한다. 본존 왼쪽 불상은 세 불상 가운데 조각 솜씨가 가장 떨어진다. 사각형에 가까운 얼굴은 세부를 마무리하지 않고 턱이나 윤곽 등을 선각線刻으로 그은 채 그대로 두어 전체적인 인상은 강렬하지 않다. 835년에 조성된 것으로 구도와 비례, 형태, 양감, 선 등에서 8세기 불상과 9세기 후반 불상의 특징을 함께 지니고 있는 데다 삼불 형식의 마애불로 현재 남아 있는 가장 오래된 작품이다. 불상 삼존으로 구성된 삼불 형식은 통일신라 이전에서는 아직 발견되지 않았다. 강우방은 이 불상에 대해 다음과 같이 평했다.

"제작 연대는 835년으로 신라 예술사에서 모든 규범이 해체되고 양식이 흐트러지기 전에 만들어진 것이다. 그럼에도 이런 무규범적인 불상이 제작된 까닭은 이것을 만든 사람이 민중이기 때문이다."

그는 신라의 왕경인 경주 중심부에서 이런 불상이 나왔다는 것 자체가 민중이 역사의 전면에 나섰다는 것을 증명한다고 설명했다. 남산의 불교 유적은 불국사처럼 왕이 직접 나선 대역사는 아니었다. 그러므로 남산의 불교 관련 유적들이 다른 지역의 유적들보다 민중적인 성격이 강한 이유로도 설명할 수 있다.

이곳에서 계속 다리품을 팔면 남산의 산꼭대기를 중심으로 쌓은 석성石城인 남산신성을 찾을 수 있다. 국가마다 방어용 성이 있는데 신라를 지키던 것 중에서 가장 중요한 성이다.[20] 기록에 의하면 진평왕 13년(591)에 축조되었고, 문무왕 3년(663) 남산신성에 큰 창고라는 뜻의 장창長倉을 세웠다. 진평왕 때는 고구려와 백제의 급박한 침입에 대처하기 위해, 문무왕 19년(679) 때는 당나라의 침공에 도성을 수비하기 위해 요새로 크게 수축한 것이다. 지금 남아 있는 성벽의 부분은 거의 이때 쌓은 것으로 추측된다.

남산신성은 신라의 왕궁인 월성에서 잘 보일 정도로 중요한 요충지라 볼 수 있으며 1999년 국립경주문화재연구소 측량에 의하면 총 면적은 약 7.08제곱킬로미터, 성곽 길이 4.85킬로미터로 매우 큰 산성이다. 봉화대를 비롯해 대부분 멸실된 데다 드문드문 흔적만 보이고 잘 보존된 구역도 몇 미터에 지나지 않는다. 하지만 비교적 보존 상태가 좋은 곳을 보면 가로 50센티미터, 세로 20센티미터 정도의 잘 다듬은 돌로 쌓았음을 알 수 있다. 특히 파손된 석축 여기저기에서 석축을 견고하게 만들기 위해 사용한 동틀돌*이 보인다. 이들 돌못은 불국사, 석굴암, 안압지 등에서도 보인다. 한 가지 아쉬운 것은 남산신성을 쌓을 때 사용한 석재들이 여기저기 산재한 무덤의 석물을 구성하고 있다는 점이다.

* 동틀돌
돌다리의 바닥에 까는 넓은 돌을 받치는 귀틀 돌.

창고용으로 사용되었던 장창은 3곳으로 북문터의 중창지, 동쪽의 우창지, 서쪽의 좌창지이며 쌀과 무기를 저장했다. 놀라운 것은 창고의 규모다. 좌·우창지는 길이 약 50미터, 너비 약 15미터이고 중창은 길이 약 100미터, 너비 약 50미터나 되는 어마어마한 건물이다. 세 창고 모두 밑으로 바람이 통하는 다락식 건물이며 화려한 꽃무늬 기와가 얹혀 있었다. 신라시대에 단일 건물로 약 4,950제곱미터나 되는 창고 건물이 있었다는 데 놀랄 것이다. 좌·우창지는 칼, 활, 창 등 무기를 보관하는 병기 창고였고 중창고는 군량미를 보관하는 곡식 창고였는데 지금도 불에 탄 쌀이 발견된다. 혜공왕 2년(767) 대공大恭의 난 때 탄 것으로, 신라가 이곳에 풍부한 군량을 저장하고 있다는 것을 알고 적군들이 놀라 감히 도전할 염두도 못 냈다는 이야기도 있다. 풍부한 군량미처럼 장병들의 사기를 올려주는 것은 없다.

성 부근에서 남산성 안에 세워졌으리라 추측되는 남산신성비가 9개 발견되었는데 발견 순서에 따라 남산신성 제1비에서 제9비라는 명칭이 붙었다. 크기와 형태가 일정하지 않으며 제1비와 제9비만 원형이고 현재 국립경주박물관에 보관되어 있다. 흥미로운 것은 남산신성을 쌓기 위해 전국의 사람들이 모여 일정한 길이의 성벽을 맡았으며, 만일 성벽이 3년 안에 무너지면 천벌을 받을 것이라는 맹세가 새겨져 있다는 것이다. 한마디로 성을 쌓는 데 동원된 모든 사람이 이런 서약에 서명해야 했다는 뜻이다. 다소 딱딱한 내용이기는 하지만 이 비들은 신라의 지방 통치 체제와 노동자들의 동원 체제, 지방민의 신분 구성과 촌락민의 생활상을 나타내 삼국시대 중요한 금석문자*로서 가치를 부여받고 있다.

* 금석문자(金石文字)
쇠로 만든 종이나 돌로 만든 비석 따위에 새겨진 글자. 고대의 역사나 문화를 연구하는 데 귀중한 자료다.

포석정을 지나 남산지구 문화유산의 백미라고 볼 수 있는 용장마을에서 삼릉계곡으로 내려오는 대장정 등산로에 도전한다. 남산 계곡은 40여 개소, 등산로는 60여 곳이나 된다고 알려졌으며 용장마을부터 등산로를 잡은 이유는 김시습 유적지를 비롯해 남산 용장사지 마애여래좌상(보물 제913호), 남산 용장사곡 석조여래좌상(보물 187호), 남산 용장사곡 삼층석탑(보물 제186호)은 물론 남산의 절경 등을 맛볼 수 있기 때문이다.

정만진은 용장마을로 올라가면 두 가지 이점이 있다고 설명한다. 첫 번째는 우리나라 최초의 한문소설인 『금오신화』의 작가 김시습이 용장골에 놓았다는 설잠교를 건널 수 있다는 것이다. 설잠雪岑은 김시습이 말년에 승려 생활을 할 때 쓴 법명으로 '눈 덮인 산봉우리'라는 뜻이다. 물론 지금 남아 있는 설잠교는 근래 건설한 것이지만 김시습의 체취는 느낄 수 있다.

두 번째는 '세계에서 가장 높은 탑'의 전모를 볼 수 있다는 것이다. 남산 용장사곡 삼층석탑은 '아득한 구름 위 하늘나라 부처님 세계에 우뚝 솟은 세계에서 가장 높은 탑'이라고 일컬어진다. 실제 탑은 4.5미터 정도에 지나지 않는데도 이런 표현이 나온 까닭은 설잠교에서 약간 떨어진 돌다리에서 바라보면 산 전체가 기단처럼 보이기 때문이다. 남산 전체를 기단으로 삼고 해발 약 400미터 지점에 자리를 잡는다면 남산 용장사곡 삼층석탑은 높이가 분명 404.5미터에 이를 것이다.

용장사터로 가는 마지막 단계에서는 무려 높이 5미터 정도를 밧줄로 잡고 올라야 하는 등 등산의 진수를 맛보아야 하지만 올라가자마자 놀라운 작품이 나타난다. 남산 용산사지 마애여래좌상과 남산 용산사곡 석조여래좌상이다.

남산 용산사지 마애여래좌상은 8세기 후반의 작품으로 지상에서 높지 않은 바위에 새겼으며 머리 둘레의 두광과 몸 둘레의 신광은 2줄의 선으로 표현했다. 얼굴이 비교적 풍만하고 입은 꼭 다물어 양끝이 돌 속으로 쏙 들어갔다. 코는 크고 긴 편이며 코에서 반달처럼 휘어진 선이 눈썹을 이룬다. 눈은 바로 뜬 편이며 눈썹과 더불어 음각 선으로 둥글게 표현되어 있어 볼록한 입과 입 양끝의 보조개 같은 처리가 얼굴 전체에 미소를 만들고 있다. 머리에는 나선형 머리카락을 조각했으며 귀는 눈에서 목까지 상당히 길게 표현했다. 목에는 3개의 선으로

■
남산 용장사지 마애여래좌상.
볼록한 입과 입 양끝의 보조개
가 얼굴 전체에 미소를 만들고
있다.

표현된 삼도가 뚜렷하다. 옷 주름은 얇고 촘촘한 평행선으로 섬세하게 표현했으며 오른쪽 어깨와 왼쪽 어깨를 동시에 걸치고 있다. 여래좌상은 결가부좌로 항마인을 했으며 중앙에 있는 연꽃무늬는 제일 크게 바로 세웠고 좌우의 것들은 뿌리가 모두 중심을 향하게 배열되어 있다. 부처의 무릎 아래를 장식하고 있는 연꽃무늬까지도 세밀해 환상적인 아름다움을 보여준다.[21]

마애여래좌상 앞에는 그보다도 더 놀라운 불상이 있는데 웬만한 사람이라면 사진만은 어디선가 보았을 1.4미터의 남산 석조여래좌상이다. 삼층석탑처럼 보이는 대좌는 기단부가 자연석이고 간석과 대좌가 탑의 지붕돌처럼 놓여 있으며 모두 둥근 모양이다. 2미터가 조금 넘는 대좌 위에 모셔진 특이한 구조이며 1932년 일본인들에 의해 복원되었지만 머리 부분은 사라졌다. 손과 몸체 일부가 남아 있는데 대좌에 비해서 불상은 작은 편이다. 목에는 3줄의 뚜렷한 삼도가 있고 어깨는 다소 좁은 편이나 당당함을 잃지 않고 있으며 왼쪽 어깨에는 매듭지어진 가사 끈이 사실적으로 조각되어 있다. 오른손을 오른쪽 무릎 위에 올려놓고 왼손은 왼쪽 무릎 위에 자연스럽게 올려놓아 언뜻 항마인을 좌우로 바꾸어놓은 듯하다. 둥근 형태의 대좌뿐 아니라 연꽃무늬와 옷자락이 깔끔해 보존 상태가 좋은 불상 중 하나로 꼽힌다.

용장사는 이 골짜기 최대의 사찰이므로 전설이 없을 리 없다. 고승 대현大賢이 주위를 돌면 불상 역시 얼굴을 돌렸다고 한다(남산 용산사곡 석조여래좌상을 의미하는지는 분명하지 않음). 신라인들이 이러한 능력을 가진 대현을 주목하지 않을 수 없었다. 『삼국유사』에 흥미로운 이야기가 전한다.

남산 용산사곡 석조여래좌상은 2미터가 넘는 대좌 위에 모셔졌으며, 머리 부분은 사라졌다.

"경덕왕 12년(753) 여름에 가뭄이 심하니 대현을 대궐로 불러들여 『금광경』을 강설해 비가 오도록 빌게 했다. 어느 날 재를 올리는데 바라대를 열어놓고 한참 있었으나 공양하는 자가 정수淨水를 늦게 올리므로 관리가 이를 꾸짖었다. 이에 공양하는 자는 대궐 안에 있는 우물이 말랐기 때문에 먼 곳에서 떠오느라고 늦었다고 대답했다. 대현은 이를 듣고 '왜 진작 그런 말을 하지 않았느냐?' 고 했다. 낮에 강론할 때 대현이 향로를 받들고 잠자코 있는데 곧 우물물이 솟아 나와 높이가 일곱 장丈이나 되어 절의 당간과 같아지니 궁궐에 있는 사람들이 모두 놀라서 그 우물을 금광정金光井이라 했다."

용장사의 압권은 석조여래좌상으로부터 약 10미터 위에 우뚝 우뚝 솟아 있는 남산 용장사곡 삼층석탑이다. 용장사의 법당터보다 높은 곳에 세워진 이 탑은 통일신라시대에 조성한 것으로 추정되며 자연 암반을 다듬어 아랫기단으로 삼고 그 위에 면마다 기둥 새김 셋이 있는 윗 기단을 설치해 산 전체를 기단으로 여기도록 고안되었다. 천연의 조건에 인공적 요소를 가미해 석탑을 만든 신라인들의 재주를 엿볼 수 있다.

층마다 몸돌 하나에 지붕돌을 하나씩 쌓았으며 별도의 석재로 조성했다. 1층 몸돌은 상당히 높은 편이고 2층부터는 급격히 줄어든다. 지붕돌은 밑면의 층급 받침이 4단이고 처마는 직선을 이루다가 귀퉁이에서 들려 있다. 윗부분이 사라져 탑의 높이는 4.5미터밖에 되지 않지만 자연과의 조화미가 돋보여 통일신라 하대의 대표적인 수작으로 꼽힌다. 현재의 탑은 1922년에 흩어진 돌을 모아 재건한 것으로 당시에는 2층 몸돌 상부에 한 변이 15센티미터 정도인 방형 사리공이 있었다

■
남산 용장사곡 삼층석탑. 법당터보다 높은 곳에 세워졌으며, 산 전체를 기단으로 여기도록 고안되었다.

고 한다.

탑을 뒤로하고 금오봉(468미터)을 향한다. 타원형으로 이루어졌으며, 금거북이가 서라벌 깊숙이 들어와 편하게 앉아 있는 형상이라고 한다. 남산의 어느 코스를 답사하더라도 금오봉이 기준이 되므로 남산 답사를 많이 할수록 금오봉도 여러 번 오르게 된다. 현재는 소나무 숲으로 둘러싸여 금오봉 정상의 전망이 좋다고는 할 수 없지만 동쪽 기슭은 남산순환도로와 인접해 있고 서쪽으로 조금 내려서면 경주 시가지가 한눈에 내려다보인다.

금오봉에서 통일전, 포석정, 칠불암, 삼릉골 또는 용장골로 되돌아갈 수 있는데 여기서는 삼릉골로 향하는 길을 적는다. 남산에서 가장 높은 곳에 있는 상선암에 이르기 전 삼릉계곡마애석가여래좌상(경상북도 시도유형문화재 제158호)이 나타난다. 남산 북쪽 금오봉에서 북서쪽으로 뻗어 내리다가 작은 봉우리를 형성한 바둑바위에 위치하고 있다.

바둑바위 하부를 구성하는 자연 암반에 6미터 높이로 새겨졌으며 머리는 입체불에 가깝고 아래는 선으로만 조각되어 있는데 깎아내리다가 그만둔 듯 거칠다. 이같이 신체의 대부분을 선각으로 처리하는 방식은 신라 말기부터 나타나기 시작한 것으로 보인다.

풍만한 얼굴에 눈썹은 둥글고, 눈은 반쯤 뜨고 입은 굳게 다물었지만 두툼한 두 뺨과 입 언저리에 조용한 미소가 깃들어 있다. 가슴 부분의 벌어진 옷 사이로 속옷의 매듭이 보이며 오른손은 엄지와 검지, 장지를 굽혀 가슴에 올렸고 왼손은 무릎에 얹었다. 결가부좌한 듯한 다리의 발 표현과 연꽃 대좌가 특이한데 전체적인 양식으로 보아 통일신라 후기에 만들어진 것으로 추정된다.

마애석가여래좌상 동쪽에 높이 약 13미터, 길이 25미터가 넘는 상사바위가 있다. 상사병에 걸린 사람이 바위 위에 올라가면 효험을 볼 수 있다 해 '상사바위'라 불린다. 바위 뒤쪽에는 가로 1.44미터, 높이 56센티미터, 깊이 30.3센티미터의 작은 감실이 있는데 많은 사람이 기도한 흔적이 보인다. 바위 중간쯤 가로로 파인 틈에 많은 돌이 쌓여 있는데 기도한 사람들이 소원 성취를 점쳐본 흔적이다. 돌을 던져 그곳에 얹히면 소원이 이루어진다는 증거이고 돌이 떨어지면 바위신이 뜻을 받아주지 않았다는 증거라 한다. 그 아래에 어깨까지의 높이가 0.8미터에 이르는 목 없는 석불 입상 1구가 놓여 있다. 남산에서 가

■
삼릉계곡마애석가여래좌상은 자연 암반에 6미터 높이로 새겨졌으며, 머리는 입체불에 가까우나 아래는 선으로만 조각되어 있다.

장 작은 불상으로 추정하며 시무외인과 여원인*의 수인으로 볼 때 삼국시대의 불상이라 생각된다. 이 입상에서는 바위 신앙과 불교 신앙이 합쳐진 신라 민중 신앙의 단면을 볼 수 있다.

삼릉계곡 정상 밑에 있는 소박한 암자인 상선암은 답사로의 이정표가 되는 곳이므로 반드시 지나쳐야 하는 곳이다. 삼릉계곡에서 올라갈 때 다소 가팔라 옛날부터 스님들이 수련을 하거나 참선을 하던 장소이지만 상선암의 위치 때문에 방문객들이 식수를 얻어가는 장소로 잘 알려져 있다. 그러나 겨울에는 암자에서 식수를 얻는 것이 어려우므로 사전에 준비해가는 것이 예의다.

상선암에서 약간 휴식한 다음 내려가는 길은 즐겁다. 남산 삼릉계 석조여래좌상(보물 제666호), 삼릉계곡선각여래좌상(경상북도 시도유형문화재 제159호), 삼릉계곡선각육존불(경상북도 시도유형문화재 제21호), 삼릉계곡마애관음보살상(경상북도 시도유형문화재 제19호)이 연이어 나타나기 때문이다.

남산 삼릉계 석조여래좌상은 삼릉계곡 중부 능선쯤에 자리하고 있는데 항마인을 맺고 연화좌 위에 결가부좌하고 있으며 불상은 불두와 불신을 따로 제작해 결합했다. 불상의 몸은 당당하면서도 안정감 있다.

가사는 왼쪽 어깨는 두르고 오른쪽 어깨는 노출된 편단우견 식으로 걸쳤으며 얇게 몸에 밀착해 신체의 윤곽이 드러나도록 했다. 광배는 간결하면서도 섬세하게 새겨진 불꽃무늬와 덩굴무늬 조각이 수준급이며 연화좌는 상대에 연잎을 3단으로 새겼다. 팔각의 중대에는 면마다 안상**을 두었지만 하대에는 아무런 장식이 없다. 조각 수법을 볼

*** 여원인(與願印)**
모든 중생의 소원을 만족시켜 줌을 보이는 결인. 오른손의 다섯 손가락을 펴서 밖을 향해 드리운 모양이다.

**** 안상(眼象)**
안상연에 새긴 장식.

■
남산 삼릉계 석조여래좌상은 당당하면서도 안정감 있는 신체 표현을 보이고 있다.

때 통일신라시대인 8세기 후반에서 9세기 전반에 조성한 것으로 보이며 불상의 파손이 심해 근래 뺨과 코, 입 등 대부분을 복원했다.

남산 삼릉계 석조여래좌상에서 약 300미터 정도 내려오면 남산에서는 드물게 바위에 윤곽을 파서 만든 삼릉계곡선각여래좌상이 나타난다. 높이 10미터가량 되는 바위 중간쯤에 가로로 갈라진 홈이 있으며, 몸체는 상단부에 조각되었고 연꽃대좌의 아랫단은 홈 아래에 걸쳐 있다. 얼굴 부분은 돋을새김이고 몸은 얕은 돋을새김이며 나머지는 선으로 표현한 독특한 조각 수법이다. 바위 속에서 얼굴만 내민 듯한 모습이 특이하며, 얼굴은 매우 크고 넓적하게 표현하고 있다. 민머리는 위에 상투 모양을 크게 새겼는데 머리와 구분이 없다. 옷은 양어깨에 걸쳤으며 양손의 손목까지 덮고 있다. 왼손은 엄지와 장지를 붙여 무릎 위에 얹고, 오른손은 가슴 앞에 들어 엄지와 장지를 붙이고 손바닥이 아래로 향해 왼손과 오른손이 마주하게 했다. 전체적으로 조각 수법이 세련되지 못하고 특히 다리 부분에 거의 손을 대지 않은 듯해 미완성 작품으로 여기기도 하며, 고려시대의 작품으로 추정한다.

삼릉계곡선각여래좌상에서 약 500미터 되는 지점에 또 하나의 선각 예술품이 있는데 삼릉계곡선각육존불이다. 앞뒤 바위에 윤곽을 파서 6분의 불보살상을 새긴 것으로 최준식은 이야말로 한 폭의 그림이라고 했다. 이런 말을 한 까닭은 제작 과정에서 밑그림을 그린 다음 선을 따라 판 것이 틀림없기 때문이다. 뒤쪽 바위는 높이 4미터, 폭 7미터 정도로 바위 가운데 있는 본존은 오른 어깨에만 법의를 걸치고 연꽃대좌에 앉아 있다. 높이는 2.4미터이며 머리 둘레에 두광을 새기고 몸 둘레의 신광은 새기지 않았다. 왼손은 무릎에 얹고 오른손을 들어

■
삼릉계곡선각여래좌상. 얼굴과 몸은 돋을새김이며 나머지는 선으로 표현한 독특한 조각 수법이다.

올린 모습이다. 좌우의 보살상은 높이 1.8미터 정도로 웃옷을 벗고 한 쪽 무릎을 세운 모습으로 손에는 꽃 또는 쟁반을 받쳐 든 자세를 취하고 있다. 두광만 조각되었으며 목에는 구슬 2개를 꿰어 만든 목걸이를 했다. 이를 아미타삼존이라 한다. 아미타여래는 서고 좌우 협시불은 무릎을 구부린 것은 일반적으로 볼 수 없는 매우 성스러운 자세이며, 이를 그림으로 표현한 것이 〈아미타내용도阿彌陀來迎圖〉다. 착한 일을 많이 한 중생들이 서방 극락세계로 올 때 아미타여래가 직접 나와 환영하는 장면이라고 한다. 신라인들은 이 삼존불 앞에 서서 자신을 극락세계로 인도하는 아미타를 만날 수 있다고 믿은 것이다.[22]

바위에 이만한 소묘를 하려면 수많은 사전 탱화를 그려본 솜씨가 아니면 불가능한 일이다. 특히 이런 훌륭한 조각을 하면서도 바위를 다듬지 않고 자연 그대로의 상태에 새겼다는 것은 신라인들의 자연 존중 사상 때문이라는 설명도 있다. 자연 암석 위로는 인공으로 홈을 파놓았는데 빗물이 마애불 위로 직접 흘러내리지 않게 하는 배수로 역할을 한 것으로 추정된다. 오른쪽 암벽 위로는 불상을 보호하기 위해 법당을 세운 흔적이 발견되었다.[23]

삼릉계곡선각여래좌상에서 얼마 가지 않아 돌 위에 조각한 1.55미터 정도의 삼릉계곡마애관음보살상이 나타난다. 돌기둥 같은 암벽에 머리와 상체 부분은 선명하게 돋을새김한 반면 하체 부분은 흐지부지 처리했다. 이런 조각은 남산의 마애불상에서 많이 보이는 수법이다.

삼릉계곡선각육존불은 앞뒤 바위에 윤곽을 파서 6분의 불보살상을 새긴 것으로, 한 폭의 그림을 보는 것 같은 느낌을 준다.

풍만한 얼굴에 머리 위에는 삼면 보관을 썼으며 앞에 작은 불상이 조각되어 있다. 왼손은 정병을 들고 오른손은 가슴에 들어 올려 밖을 향하고 있다. 전체적으로 정적인 모습이 아니라 앞으로 움직이는 생동적인 모습을 묘사하고 있으며 통일신라 시기의 작품으로 추정된다.

삼릉 입구의 경애왕릉에서 오른쪽 샛길을 따라 숲 안쪽으로 들어가면 남산입곡석불두(경상북도 시도유형문화재 제94호)가 있다. 원래는 머리와 가슴 부분, 상체의 광배만 있었는데 최근에 무릎까지 남아 있는 하반신을 발견했다. 표면은 약간 파손되었으나 남아 있는 부분의 보존 상태는 양호하다. 머리에는 높은 육계와 나발이 표현되어 있다.

깊게 파인 눈썹 밑, 눈꼬리가 길게 올려진 눈, 굳게 다문 입, 도드라진 인중은 모두 입체적인 조각 수법을 보여준다. 목에는 삼도가 뚜렷하고 큰 귀는 길게 어깨까지 늘어져 있다. 법의는 양쪽 어깨를 덮은 통견이며, 도드라진 옷단이 가슴 아래로 늘어져 가슴을 드러내고 있다. 신체는 몸에 꼭 달라붙게 입은 법의와 최소한의 옷 주름을 통해 탄력 있게 드러나고 있으며, 오른쪽 가슴 밑에 붙인 오른손은 손목까지 남아 있다. 두광과 신광을 구분하는 도드라진 윤곽선 안에 화불化佛과 꽃무늬가 배치되어 있다. 특히 화불의 연화대좌가 구름 모양의 줄기 끝에 올려진 것이 특이하다. 제작 시기는 신라시대 전성기인 8세기 중엽으로 추정된다.

그다음은 서남산에 있는 약수계곡마애입불상(경상북도 시도유형문화재 제114호)인데 답사하는 것이 상당히 껄끄럽다. 약수골에서 금오산 정상으로 가는 다소 가파른 길에 있는 단 하나의 마애불이기 때문이다. 몸체는 높이 8.6미터, 폭 4미터나 된다. 머리와 몸체가 지름 9센티

■
삼릉계곡마애관음보살상. 앞으로 움직이는 생동적인 모습을 묘사하고 있다(위).
남산입곡석불두는 깊게 파인 눈썹 밑, 도드라진 인중 등이 입체적인 조각 수법을 보여준다(아래).

약수계곡마애입불상은 몸체가 높이 8.6미터, 폭 4미터나 된다.

미터 정도 되는 철봉으로 연결되었음을 알 수 있는 흔적이 남아 있으며, 머리 크기를 1.8미터 정도로 계산하면 10.4미터나 되는 거대한 불상이다. 몸의 오른쪽 바깥을 거칠게 다듬기만 하고 광배를 조각한 흔적은 없다. 머리는 다른 돌을 조각해서 얹은 구조이지만 아쉽게도 사라져 목 부분만 부근에 남아 있다. 발은 만들어 붙였으며 오른쪽 발이 아래로 굴러떨어진 것을 따로 불상 앞에 옮긴 것이다.

엄지와 장지를 마주 잡은 왼손은 가슴에 올리고 오른손은 배 앞에 들어 설법하는 형상이다. 왼쪽 어깨에서 오른쪽 겨드랑이 밑으로 비스듬히 흘러내린 옷 주름이 양쪽 팔에 걸쳐져, 수직으로 내려오는 옷 주름과 직선과 곡선이라는 대조를 이룬다. 부몸체 이외의 바깥쪽 바위를 깎아내 부몸체를 도드라져 보이게 한 것도 남다른 재주이지만, 옷 주름을 3센티미터 정도로 파내 햇빛이 비치면 그림자가 생겨 옷 주름이 뚜렷이 보이도록 한 것은 솜씨 좋은 장인이 아니라면 할 수 없는 수준이다.[24]

3. 남남산

남남산 지역은 남산 답사에서 가장 어려운 구역 중의 하나다. 답사지 자체는 열암곡석불좌상(경상북도 시도유형문화재 제113호), 침식곡석불좌상(경상북도 시도유형문화재 제112호), 남산 천룡사지 삼층석탑(보물 제1188호), 백운대마애불입상(경상북도 시도유형문화재 제206호) 등 4곳에 지나지 않지만 산행을 기본으로 하는 데다 남산 여타 지역처럼 답사할 곳이 밀집해 있는 것이 아니므로 소요 시간도 만만치 않다. 정확한 산행 정보를 갖고 도전하든가 전문 안내자의 도움을 받기 바란다.

첫 답사지는 열암곡석불좌상이다. 비교적 잘 정비된 산길을 20여 분 정도 올라가면 높이 108센티미터의 석불좌상이 나타난다. 그다지 크지 않지만 이 불상이 현재와 같은 면모를 갖게 된 데는 매우 재미있는 이야기가 있다.

원래 열암곡석불좌상은 머리가 사라진 채 주위에 광배와 대좌가 흩어져 있었다. 하지만 문화재 지킴이들은 도굴꾼들이 이곳같이 교통이 불편한 곳에서 불두佛頭만 떼어 가지는 않았을 거라고 생각해 주변에서 불두를 찾기 시작했다. 이들의 예상은 틀리지 않아 2005년 석두를 발견할 수 있었다. 불두와 10여 조각으로 깨진 광배, 하대석 조각을 접합 · 복원하고 대좌의 부재 중 유실된 간석은 비슷한 시기에 조성한 불상 형식에 따라 재현하자, 열암곡석불좌상은 3단 팔각 연화대좌 위에 광배와 대좌를 제대로 갖춘 높이 4미터의 장대한 모습으로 다시 태어났다. 불신은 화강암 석불로서는 표면 구조가 매끄럽고, 굴곡이 뚜렷한 가슴의 윤곽과 곧게 편 당당한 상체에서 석굴암 조각으로 대표되는 신라 전성기 조각의 여운이 느껴진다. 법의는 통견의로 오른쪽 어깨에서 드리워진 대의 자락을 바로 내려뜨리지 않고 가슴의 옷깃 속에 살짝 여며넣었다. 왼쪽 어깨에 드리워진 옷깃은 중간에서 한 번 접혀 물결처럼 너울거린다.

양손은 신체 비례에 비해 커서 둔중한 느낌을 주는데 오른손은 가만히 복부에 올려놓았고, 왼손은 가부좌한 무릎 밑으로 곧게 내려 촉지인을 맺었다. 양팔과 가부좌한 발목에 새긴 옷 주름은 층단 또는 융기선으로 입체감을 주었지만 폭이 일정해 통일신라 후기 조각의 모

■
열암곡석불좌상은 석굴암 본존불 이후 손꼽힐 만큼 우수한 조형성을 간직하고 있다.

습을 보인다. 조각이 다소 얕아 유려한 느낌을 주는 앞면과는 달리 뒷면에는 어깨 뒤로 넘긴 옷자락이 간결하면서도 뚜렷하게 조각되어 있다. 옷자락의 주름은 서로 높낮이를 달리하면서 강한 명암 효과를 나타낸다. 불상 주위에 무너진 대좌는 강한 입체의 복련覆蓮과 둥글고 부드러운 앙련*이 새겨진 전형적 형식의 삼단이다. 8세기 후반에 조성된 것으로 추정되는 열암곡석불좌상은 석굴암 본존불 이후 남산에 조성된 불상 중에서 손꼽힐 만큼 우수한 조형성을 간직하고 있으며, 광배를 지고 대좌에 앉은 채 남산의 제자리를 지키고 있는 흔치 않은 작

* 앙련(仰蓮)
연꽃이 위로 향한 것처럼 그린 모양. 또는 그런 무늬.

품으로 평가받았다.

열암곡석불좌상이 극적으로 발견된 이후 더욱 놀라운 제2막이 일어난다. 남산 지킴이들은 신라인들이 이곳에 이 정도의 석불좌상을 만들 정도라면 인근에 다른 석불이 있을지도 모른다고 생각했다. 알려지지 않은 석불을 찾는 기초적인 방법은 과거 신라인들이 다녔음직한 도로를 찾는 것이다. 현대 경주인들이 다니는 길이 아니라 신라인들이 다녔음직한 길을 찾자는 것인데 그들의 생각은 옳았다. 2007년 5월 남산 지킴이들이 과거 길을 찾던 중 한 사람이 낙엽 때문에 넘어졌는데 일어나려고 할 때 무언가 커다란 조각 흔적을 보았다. 이것이 엎드린 형태로 발견되어 한국을 놀라게 했으며 80여 톤으로 추정되는 거대한 남산 열암곡 마애석불이다. 얼굴이 지면에 노출되지 않아 콧날이 완벽하게 남아 있다. 코가 암반에 5센티미터 정도 떨어진 채 발견되어 보존 상태가 뛰어났다.

유관 기관에서는 곧바로 불상을 일으켜 세우는 방법을 조사했다. 불상을 본래 자리에 세운다면 남산의 명물 중 명물이 될 수 있다는 것이다. 그러나 결론은 기대와는 달랐다. 수많은 전문가가 불상 복원 작업에 동원된 결과 80여 톤에 달하는 거대한 불상을 일으켜 세우는 것은 현실적으로 불가능하다는 결론이 나온 것이다. 불상을 일으키기 위해 적어도 150톤 이상의 헬리콥터가 필요한 것은 물론, 250센티미터 높이의 불상 중심에 집중적으로 힘을 가하면 불상이 부러질 수도 있다는 지적 때문이다. 결국 불상을 일으키는 방법은 포기하고 주변 정지淨地 작업을 통해 엎드린 불상 밑으로 관람객들이 들어가볼 수 있게 하는 방안을 강구 중이다.[25]

이어 남산에서 가장 찾기 어렵다는 침식곡석불좌상으로 향한다. 열암곡석불좌상에서 길이 좋은 숲길을 20여 분 오르면 봉화대가 나타난다. 서쪽 국경에서 일어난 일은 봉화를 통해 선도산성에 전해지고 동쪽 국경에서 생긴 일은 명활산성에 전해진 후 이어서 왕이 있는 반월성으로 전해졌으므로 왕은 곧바로 대안을 마련할 수 있었다.[26] 현재는 봉화대 자체가 사라졌지만 석축을 쌓았던 흔적은 찾아볼 수 있다. 봉화대에서 고위산까지 가는 길목 양옆으로 소나무 숲이 있어 삼림욕으로도 적격이다.

침식곡석불좌상은 머리와 광배가 사라졌지만 영험이 있다고 알려져 마을 사람들이 자체적으로 경비를 부담해 복원했다고 한다.

아무리 가뭄이 들어도 샘물이 마르지 않고, 약수 중의 약수라는 말이 있어 현재도 경주인들이 자주 애용한다는 석수암이 나온다. 석수암을 지나면 찾는 것이 만만치 않다는 침식곡석불좌상이 나타난다. 불상 높이 95센티미터이며 석굴암 본존불의 형식을 이은 신라 말기의 촉지인 여래좌상이다. 머리와 광배는 사라졌지만 삼단 대좌를 갖춘 등 나머지 부분은 대체로 잘 남아 있다. 목에 삼도가 뚜렷하며, 방형의 신체는 부풀은 젖가슴의 윤곽까지 표현했지만 체구가 빈약하고 조각 기법이 투박해 생동감이 없다는 지적도 있다. 대의는 우견편단으로 착용했지만 옷 주름은 금속판을 포개놓은 듯 폭이 넓고 경직된 것처럼 보인다. 왼손은 복부 중앙에서 벗어나 오른쪽 옆구리까지 뻗쳐 있으며, 촉지인을 맺은 오른손도 곧게 펴지 않고 무릎을 누르고 있다. 앞면에 비해 뒷면은 왼쪽 어깨 뒤로 넘긴 옷자락이 곧게 흘러내려가다 무릎 쪽으로 굽이친 모습이 뚜렷하고 사실적으로 조각되어 있다.

형태에서 8세기 초 양식이 보이는 것은 물론 직각으로 각진 어깨, 계단식 옷 주름, 상대석의 연꽃무늬 장식 등을 감안해 8세기 말 내지 9세기 초에 만들어진 작품으로 추정한다. 남산의 유물들은 기본적으로 정부에서 모든 예산을 지원해 복원하는데, 이 불상은 소원을 잘 들어주는 등 영험하다고 알려져 마을 사람들이 자체적으로 경비를 부담해 복원했다고 한다.

다음으로 남산 천룡사지 삼층석탑을 찾아가기 위해 남산에서 가장 높은 고위산을 향한다. 정상에서 멀리 박제상의 혼이 깃든 치술령이 보이는데 사철 아름답다는 말이 과장이 아니라는 것을 실감할 수 있다. 고위산에서 천룡사지를 향하는 길은 하산길이지만 다소 가팔라 주의가 필요하다. 하지만 곳곳에서 금오봉, 남산 용장사곡 삼층석탑, 연화대, 비석대, 이영재 등을 멀리 볼 수 있다. 한마디로 장관 중에 장관이며 유명한 전설이 깃든 분암糞岩도 보인다. 장마 때에는 바위틈으로 물이 흘러내리므로 뇨암尿岩이라고도 하며 안내판에 적힌 내용을 소개한다.

"신라시대 각간에게 곱고 아름다운 외동딸이 있었는데 그녀에게 수많은 남자가 눈독을 들였지만 그녀는 시끄럽고 어지러운 속세를 떠나 불교에

귀의하겠다며 몰래 집을 나서 열반골로 들어갔다. 그녀는 평평한 바위인 경의암에서 금빛으로 수놓은 비단옷을 벗고 잿빛 먹물 옷으로 갈아입고 골짜기로 들어갔다. 그러나 그녀의 향기를 맡고 수많은 맹수들 형상을 한 큰 바위들이 길을 막았다. 바로 고양이바위, 개바위, 산돼지바위, 작은곰바위, 뱀바위, 귀신바위 등이다. 이후 큰곰바위, 들소바위, 독수리바위, 이무기바위, 용바위 등이 나타나는데 이들이 있는 계곡을 벗어나면 10미터 정도의 큰 바위 하나가 나온다. 이 바위 위에 한 개의 이상한 돌이 얹혀 있어 마치 누가 대변을 본 것 같아 똥바위(분암)이라 한다. 이곳에서 처녀가 똥을 누었는데 한 지팡이를 짚은 할머니가 나타났다. 그녀는 깨우친 사람을 극락으로 안내하는 지장보살이다. 지장보살은 진리를 깨우쳐 맑고 깨끗한 마음을 얻었으니 열반으로 안내한다며 구름바위에 태워 산등성이를 넘어 천룡사 부처의 세계에 안내해 처녀는 영원히 열반에 사는 몸이 되었다."

처녀가 똥을 누었다는 것은 속세의 모든 것을 내보냈다는 것을 의미하며, 그때 처녀가 누운 똥이 현재 이상한 돌로 변해 분바위의 전설이 되었다고 한다. 기암석들을 보면서 계속 내려오면 내남면 고위산 천룡곡의 천룡사에 이른다. 천룡사는 대한불교조계종 제11교구 본사인 불국사 말사로, 신라 때 창건되었으나 폐사되었다가 복원된 사찰이다. 경내가 무려 66만 제곱미터에 달할 정도로 매우 컸다고 한다. 고사高寺라고도 불리며 천녀와 용녀 두 딸을 둔 부모가 자식들을 위해 세웠다고 한다.

천룡사에 대한 전설은 잘 알려져 있다. 『토론삼한집』에 의하면 계림 땅에 두 줄기의 객수客水와 한 줄기의 역수逆水가 있어 두 물줄기의

■
처녀의 똥이 변해 만들어졌다는 전설이 깃든 고위산의 분암.

근원이 하늘의 재앙을 진압하지 못하면 천룡사가 무너진다고 했다. 마등오촌馬等烏村 남촌을 흐르는 역수의 근원이 바로 천룡사라고 한다. 당나라 사신 악붕귀는 천룡사가 파괴되면 며칠 안으로 나라가 망할 것이라고 했으며, 실제로 천룡사는 신라가 몹시 혼란했던 말기에 파괴되었을 것으로 추정된다.[27]

남산 천룡사지 삼층석탑도 원래 무너져 있었는데 1989년부터 석탑 자리를 비롯해 주변을 발굴 조사한 결과, 석탑의 위치와 방향, 묻혀 있었던 석탑재들이 확인되어 이들을 수습하고 기단부 일부와 상륜부의 부족한 부재를 보충해 고증을 거쳐서 1991년 복원한 것이다.

단층 기단 위에 3층의 탑신을 쌓아올린 통일신라시대의 전형적인 석탑으로 높이는 7미터다. 기단부는 지대석 위에 높직한 2단의 굄을 마련하고 이를 기단 면석과 양쪽 우주와 하나의 탱주가 받치고 있다. 갑석 위쪽에는 높직한 2단의 굄을 마련해 탑신부를 받치고 있다. 탑신부는 옥신석과 옥개석으로 구성되어 있는데, 옥개석의 아래쪽은 5단의 옥개 받침으로 되어 있고 경사를 이룬 낙수면이 통일신라시대 석탑 특유의 경쾌함을 보여준다. 또한 1층 탑신석 상면에 깊이 15센티미터, 직경 15센티미터의 둥근 사리공이 있음이 확인되었다. 단층 기단의 전형을 보이고 있으며 전체의 균형이 잘 이루어져 있어 9세기를 대표하는 석탑이라 평가된다.

남산 천룡사지 삼층석탑은 전체의 균형이 잘 이루어져 있어 9세기를 대표하는 석탑이라 평가된다.

인근에 부도탑과 석조, 대형 맷돌 등과 다소 특이한 형태의 석물이 보이는데, 상부의 형태로 보아 불경을 새긴 당석幢石을 꽂은 전륜장으로 추정된다. 전륜장은 책장의 일종으로 불교에서는 경전을 넣은 책장을 돌리면 경전을 읽는 것 같은 공덕을 쌓을 수 있다고 한다.

하산길에 백운암이라는 조그마한 암자가 있는데 놀랍게도 부처의 치아 진신 사리가 봉안되어 있으며 친견이 가능하다고 한다. 우리나라에서 6곳의 사찰(양산 통도사, 설악산 봉정암, 태백산 정암사, 사자산 법흥사, 오대산 월정사, 강원도 건봉사)에 석가의 진신 사리가 있다고 하며 작은 암자인 백운암에 진신 사리가 있다고 전해지는 이유는 이렇다.

2005년 스리랑카에서 쓰나미가 일어났을 때 백운암에서 많은 지원을 했는데 백운암의 주지인 백운 스님이 스리랑카의 불치사에 있는 3과의 부처 진신 사리 중 하나를 받을 수 있느냐고 하자 불치사에서 기꺼이 기증했다는 설명이다. 강원도 건봉사에 석가의 치아 사리가 있다고 알려졌는데 엄밀한 의미에서 건봉사에 보관되어 있는 치아 사리는 석가의 치아 자체이고 백운암의 치아 사리는 치아가 아니라 사리라고 한다. 어찌되었든 불자가 아니라 하더라 온통 불교 유적으로 감싸여 있는 남산에서 석가의 진신 사리를 친견할 수 있다는 데 남다른 경외감을 느낄 것이다.

남남산에 속하지만 백운대마애불입상은 앞에 설명한 3곳과는 전혀 다른 곳에 위치하므로 별도의 일정을 잡아야 한다. 마석산 정상 아래에 있는데 시간은 다소 걸리지만 이정표만 따라가면 비교적 완만한 오름길로 쉽게 찾을 수 있다. 높이 7.28미터, 너비 6미터가량의 각형 암벽 위에 원형으로 파고 새겼으며 높이가 4.6미터에 달한다.

통일신라시대의 미완성 석가여래입상으로 얼굴은 코 밑의 인중선과 귀의 세부 굴곡까지 완벽하게 조각되어 있다. 머리는 민머리이고 육계는 지나치게 커서 부자연스럽게 보인다. 방형의 얼굴은 살찐 모습이고 눈꼬리가 날카로운 두 눈은 반쯤 뜬 형태이며 입을 꼭 다물고 굳은 표정을 지었다. 도식적인 모습의 두 귀는 길게 늘어져 있으며 목에는 굵은 삼도가 있다. 법의는 통견을 걸친 듯하며, 왼쪽 팔목에 세 가닥의 층단 주름을 나타내고 있다. 수인은 시무외인과 여원인이며, 살찐 어깨와 가는 허리 등에서 전체적으로 풍만한 신체를 표현하려고 의도했음을 알 수 있다. 신체는 윤곽만 조각했을 뿐 옷자락의 윤곽과 옷 주름은 조각하지 않았음을 볼 때 대체적인 신체 윤곽을 잡은 뒤 얼굴을 완성하고 손의 세부를 조각한 뒤 마지막으로 옷 주름을 조각했음을 알 수 있다. 이 미완성 마애불은 화강암 마애불의 제작 과정을 보여주는 귀중한 예로 알려진다.

백운대마애불입상. 화강암 마애불의 제작 과정을 보여주는 귀중한 예로 알려져 있다.

4. 동남산

남산의 동쪽을 의미하는 동남산은 통일전을 기준으로 왼쪽과 오른쪽으로 나뉘는데 먼저 왼쪽을 향한다. 동남산 왼쪽에서는 서출지(사적 제138호), 남산동 동·서 삼층석탑, 남산 칠불암 마애불상군(국보 제312호), 남산 신선암 마애보살반가상(보물 제199호) 등이 기다린다.

통일전 바로 옆에 있는 연못이 유명한 서출지다. 서출지는 이름 그대로 글이 나온 연못이다. 소지왕 10년(488) 궁 밖으로 거동하니 쥐가 나타나 "까마귀가 가는 곳을 따라가라"라고 했다. 왕이 그 말대로 가 이 연못에 이르자 연못 속에서 한 노인이 봉투를 주었고 그곳에는 "거문고 갑匣을 쏘시오"라고 써 있었다. 왕이 궁으로 돌아와 봉투의 말대로 활로 거문고 갑을 쏘니 그 속에 숨어 있던 궁녀와 승려가 화살을 맞고 죽었다.

그 뒤로 이 못을 '서출지'라 했으며 정월 보름에 까마귀에게 찰밥을 주는 '오기일烏忌日'이라는 풍속이 생겼다고 한다. 지금도 경주 지방에는 정월 보름 아이들이 감나무 밑에다 찰밥을 묻는 '까마귀 밥 주기' 풍속이 있는데 그래서인지는 몰라도 경주 전체가 까마귀 천지다. 현재 연못 안에는 조선 현종 때 임적任勣이 건설한 정면 3칸 측면 2칸에 'ㄱ'자형인 소박하고 아름다운 건물 이요당二樂堂이 있다. 서출지는 그리 큰 연못은 아니지만 연꽃과 둘레에 있는 수백 년 된 배롱나무들이 제철에 절경을 연출한다.

서출지의 전설에서 주목할 만한 것은 전설의 연대다. 소지왕은 479년부터 500년까지 21년 동안 왕위에 있었는데 신라에서 불교가

ⓒ 경주시

■ 서출지는 그리 큰 연못은 아니지만 연꽃과 수백 년 된 배롱나무들이 제철에 절경을 연출한다.

공인된 것은 이차돈 순교가 일어난 다음 해(528)다. 그런데 서출지 전설을 보면 이보다 상당히 앞선 소지왕의 궁궐에 이미 승려가 있었다. 한마디로 법흥왕이 불교를 인정하기 이전부터 신라의 왕궁에 승려가 들어올 정도로 불교인들이 많았다는 것을 알 수 있다.

서출지에서 봉화골 방향으로 조금 들어가면 남산동 동·서 삼층석탑이 보인다. 9세기 작품으로 불국사의 불국사 삼층석탑과 다보탑처럼 동탑과 서탑이 서로 다른 양식을 가지고 있다. 7.04미터 높이의 동탑은 모전석탑의 면모를 보여주며 바닥돌 위에 돌덩이 8개로 어긋물리게 기단을 쌓고 층마다 몸돌 하나에 지붕돌 하나씩을 얹었으며 몸돌에 우주를 새기지 않았다. 지붕돌은 벽돌을 쌓아 만든 것처럼 처마 밑과 지붕 위의 받침이 각각 5단이다.

5.85미터 높이의 서탑은 돋을새김한 팔부신중 좌상이 있으며 불국사 삼층석탑에 견줄 수 있을 만큼 뛰어난 균형미를 뽐내는 전형적인 삼층석탑 양식이다. 상층 기단은 한 변을 둘로 나누어 팔부신중을 각 면마다 둘씩 새겼다. 팔부신중은 불법을 수호하는 신장들을 가리키는데, 머리가 셋에 팔이 여덟인 아수라상, 뱀관을 쓰고 있는 마후라가상 등이 있다. 우리나라에서는 9세기 무렵부터 석탑 기단부에 팔부신중을 조각하기 시작했으며 대개 무장을 하고 있다. 안내판에서는 "팔부신중은 신라 중대 이후에 등장하는 것으로 단순한 장식이 아니라 탑을 부처님의 세계인 수미산으로 나타내려는 신앙의 한 표현"이라고 해설하고 있다. 탑신부는 몸돌과 지붕돌이 모두 돌 하나로 되어 있고 각층에는 우주를 조각했을 뿐 다른 장식은 없다. 지붕돌은 층급받침이 각기 5단이며 낙수면은 경사져 있다.

이곳에서 조금 더 들어가면 마을이 끝나면서 염불사지가 나타난다. 『삼국유사』에서는 염불사지에 대해 다음과 같이 적었다.

"남산 동쪽 산기슭에 피리촌避里村이 있고, 그 마을에 절이 있는데 피리사避里寺라 했다. 그 절에 이상한 중이 있었는데 성명은 말하지 않았다. 항상 아미타불을 외워 그 소리가 성 안에까지 들려서 360방 17만 호에서 그 소리를 듣지 않은 사람이 없었다. 소리는 높고 낮음이 없이 낭랑하기 한결같았다. 이로써 그를 이상히 여겨 공경치 않는 이가 없었고, 모두 그를 염불사念佛師라 불렀다. 그가 죽은 뒤에 소상을 만들어 민장사敏藏寺 안에 모시고 그가 본래 살던 피리사를 염불사로 이름을 고쳤다."

남산동 동·서 삼층석탑. 동탑과 서탑이 서로 다른 양식을 가지고 있다.

염불사지 삼층석탑은 무너져 있던 석탑 2기의 탑재와 도지동 이거사지 삼층석탑의 1층 옥개석을 이용해 2009년 복원한 것이다. 서탑의 사리 장엄구를 봉안했던 사리공은 다른 석탑에서는 볼 수 없는 2개이며 3층 탑신의 방형 사리공이 투공된 점 등을 감안할 때 석탑의 건립 시기는 7세기 말 또는 8세기 초로 추정된다.

이곳에서 봉화골을 30분가량 오르면 남산 칠불암 마애불상군이 기다리고 있는데 남산의 어려운 곳을 이미 주파한 터라 그다지 어렵지 않은 길이다. 칠불암 마애불상군은 바위에 일곱 불상이 새겨져 있다는 뜻이며 모두 화려한 연꽃무늬 위에 앉아 있다. 높은 절벽을 등진 뒤쪽 자연 암석에 삼존불이 있고 앞쪽 네 면에 불상이 조각된 돌기둥이 솟아 있다. 칠불 왼쪽에는 석등과 탑의 부재로 보이는 돌들을 모아 세운 탑이 있다.

가파른 산비탈을 평지로 만들기 위해 동쪽과 북쪽으로 높이 4미터가량의 돌 축대를 쌓아 서쪽 바위 면에 기대어 자연석을 쌓고 높이 4.68미터, 길이 8.4미터의 불단을 만들었다. 불단 위에 네모난 바위를 얹어 면마다 여래상을 새겨 사방불을 모셨는데 모두 연꽃이 핀 자리에 앉아 있는 모습으로 각기 방향에 따라 손 모양을 다르게 하고 있다. 암석이 동면과 남면은 크고 서면과 북면은 작으므로 불상도 대소 차이가 있어 큰 것은 약 1.2미터, 작은 것은 70~80센티미터 정도다. 얼굴과 몸체는 단정하나 조각이 정밀하지 못하며 몸체 아래로 갈수록 정교함이 더욱 떨어진다. 사방불 모두 연화좌에 보주형 두광을 갖추고 결가부좌했다. 네 불상의 명칭을 확실히 정하는 것은 어렵지만 방위와 수인, 인계*를 볼 때 동면상은 약사여래, 서면상은 아미타여래로 추정된다. 남면과 북쪽 불상의 존명을 확실하게 알지 못하지만 경전대로라면 남쪽은 보생여래**, 북쪽은 불공성취여래다.

사방불 뒤로 1.7미터 정도 떨어져 있는 서쪽으로 높이 5미터, 너비 8미터 되는 절벽 바위 면에 거의 입체불에 가깝게 돋을새김한 삼존불이 있다. 삼존불의 본존 좌상은 높이 약 2.7미터로 조각이 깊고 모습이 똑똑해 보이며 위엄과 자비가 넘친다. 대좌의 왼쪽 어깨에만 걸치고 있는 옷은 몸에 그대로 밀착되어 굴곡이 실감나게 표현되어 있다. 오른손은 무릎 위에 올려 손끝이 땅을 향하고 왼손은 배 부분에 대

*** 인계(印契)**
부처가 깨달음을 나타내기 위해 열 손가락으로 만든 갖가지 표상. 시무외인, 법계정인, 미타정인 따위다.

*** 보생여래(寶生如來)**
대일여래의 평등성지로부터 나온 여래. 살갗이 금빛이며 네 보살을 거느리고 일체의 재물과 보배를 맡고 있다.

■ 남산 칠불암 마애불상군은 바위에 일곱 불상이 새겨져 있다는 뜻이며 모두 화려한 연꽃무늬 위에 앉아 있다.

고 있는 모습이다. 광배는 보주형의 소박한 무늬를 두드러지게 표현했고 머리는 소발에 큼직한 육계가 솟아 있다. 네모진 얼굴은 풍만해 박진감이 넘치고 곡선의 처리로 자비로운 표정을 자아내게 했다. 불상 대좌는 8세기 중엽에 이르면 앙련대와 복련대 사이 팔각 중대석이 있는데 이 대좌는 복련 위에 직접 앙련이 핀 사실적인 연꽃으로 나타나 있어 연대를 짐작하게 한다. 밑으로 처진 복련은 꽃잎이 좁고 길며 끝이 뾰족한데 앙련 꽃잎은 짧고 넓으며 끝이 2개의 곡선으로 되어 변화가 다양하다.[28]

본존 오른쪽 협시보살은 본존불의 대좌와 닮은 연화대에 서 있다. 입은 굳게 다물었고 머리는 삼면 보관으로 장식했으며 왼쪽 어깨에서부터 승기지가 비스듬히 감싸고 남은 자락이 수직으로 물결치며 흘러내린다. 오른손은 자연스럽게 아래로 드리우고 감로병을 쥐었으며 왼손은 팔꿈치를 굽혀 어깨 높이로 들고 있다. 몸체는 본존불 쪽으로 약간 돌렸으며 구슬 목걸이로 장식하고 있다. 본존 왼쪽 협시보살도 연화대좌 위에 서 있다. 오른손은 연화를 들고 왼손은 옷자락을 살며시 잡아 들고 있다. 두 협시보살의 높이는 약 2.1미터다. 오른쪽 협시보살이 감로병을 쥐고 있는 것으로 보아 관세음보살, 본존은 아미타불, 왼쪽 협시보살은 대세지보살로 추정된다.

8세기 중엽으로 내려오면서 보살들은 가슴 부분이 짧아지고 다리가 길어지고 몸매가 날씬해지는데 이곳의 보살들은 백제 말기의 보살처럼 가슴이 길고 다리가 짧다. 그 때문에 남산 칠불암 마애불상군이 만들어진 연대를 7세기 말엽에서 통일 초기 작품으로 추정한다. 무늬 없는 보주형 두광이나 연꽃 대좌를 덮고 있는 상현좌*의 흔적이 남아 있는 점도 7세기 말엽 불상의 특징이다. 하지만 보살상이 본존을 향하고 있는 점을 볼 때 통일신라시대인 8세기경에 만들어진 것으로 추정하기도 한다.

* 상현좌(裳懸座)
불상을 안치하는 대좌의 일종. 상(像)의 옷자락이 표면 및 좌우편으로 길게 늘여뜨려진 형식의 것을 말한다.

마애불상군에서 직접 보이지 않지만 뒤편 절벽 꼭대기에 신선암 마애보살반가상이 있다. 절벽 위 좁은 길을 20여 미터 들어가면 사람 3~4명이 설 수 있을 만한 공간이 나오며 절벽 바위에 얕게 조각된 보살상이 보인다. 바위는 남쪽을 향하고 있는데 비가 와도 젖지 않도록 윗면을 조금 앞으로 경사지게 깎아냈다. 높이 1.5미터, 너비 1.27미터 되는 배광 모양의 얕은 감실을 파 돋을새김으로 보살상을 만들었다.

신선암 마애보살반가상. 남산에서 바라보는 천하의 절경으로 마애불을 '구름 속의 마애보살'이라고도 부른다.

머리에는 삼면 보관이 높이 있으며, 이마에는 띠를 두르고 있다. 얼굴은 길며 웃음을 담고 있어 남성적인 인상이 뚜렷하지만 몸이 풍만하고 굴곡도 있다. 신라 보살들은 대체로 윗입술이 아랫입술을 감싸듯하고 입 언저리에 깊은 홈을 파 이지적인 미소가 나타나는데 이 보살은 윗입술보다 아랫입술이 더 크게 표현되어 정다움을 느끼게 한다. 오른손은 꽃을 잡고 있으며 왼손은 가슴에 대고 있다. 오른발은 의자 아래로 내려 연화대를 밟고 반가좌를 하고 있는데 손에 든 꽃 등을 볼 때 관세음보살의 자세다.

천의는 얇아 육체의 굴곡이 살아 있으며, 옷자락은 유려하게 흘러 대좌를 덮고 옷 주름은 자연스럽게 늘어졌다. 발아래는 화려한 구름이 동적으로 표현되어 구름에 떠가는 자유자재한 모습을 묘사하고 있다. 광배는 나룻배 같은 형태로 온몸을 둘러싸고 있으며 세 가닥 선으로 두광과 신광을 표현했고 8세기 후반에 제작된 것으로 추정된다. 깎아지른 듯한 절벽 아래로 낭산(104미터)이 깔려 있고, 그 너머로 토함산이 한눈에 들어오며 동해 푸른 물결이 출렁이는 듯한 절경이 이어진다. 남산에서 바라보는 천하의 절경으로 마애불을 '구름 속의 마애보살'이라고도 부른다.[29]

동남산 서쪽을 답사한 후 되돌아 나와 중앙에 위치한 통일전에 들어가본다. 통일전은 삼국 통일의 업적을 기리기 위해 무열왕 · 문무왕 · 김유신의 영정을 모신 건물로 무열왕 · 문무왕의 영정은 김기창이, 김유신 장군의 영정은 장우성이 그렸다. 세 사람의 사적비와 삼국통일기념비가 세워져 있고, 삼국 통일의 역사를 표현한 기록화 17점이 줄지어 전시되어 있다.

통일전에서 몇 걸음 걸으면 화랑대교육원이 나오는데 이곳에 남산동석조감실(경상북도 문화재자료 제6호)가 있다. 감실의 크기는 높이 2.5미터, 내부 공간의 바닥 길이 1미터, 높이 1.4미터, 깊이 0.9미터다. 남향으로 다듬지 않은 장대석으로 지대석을 삼고 그 위에 방형판석 4매로 불상을 안치하는 공간을 만들었다. 판석의 내면은 다듬고 외면은 다듬지 않은 것을 사용했으며 입구 바닥에는 연화문 대석을 놓았다. 어떤 성격의 불상을 모신 곳인지 확실히 알려지지는 않았지만 좌불을 안치했을 것으로 추정된다.

석조감실을 보고 나와 오른쪽으로 발길을 돌리면 곧바로 정강왕릉(사적 제186호)과 헌강왕릉(사적 제187호)을 만난다. 신라 49대 헌강왕은 875년부터 886년까지 11년간 왕위에 있었다. 헌강왕 시절은 태평성대였고 남나른 풍요를 누렸다. 당대에 경주는 성 안에 초가집이 한 채도 없는 기와집 위주였고 사람들은 밥을 할 때 장작 대신 숯을 사용했다고 한다. 이는 당시의 신라가 매우 쾌적하고 윤택했다는 것을 의미한다.

봉분 높이 4미터, 지름 15.8미터로 정강왕릉같이 흙을 쌓은 원형 봉토분이며 하부에 4단의 둘레석을 돌렸다. 내부 구조는 도굴되었는데 연도가 석실의 동쪽 벽에 치우쳐 있으며 석실의 크기는 남북 2.9미터, 동서 2.7미터다. 벽면은 비교적 큰 돌을 이용해 상부로 갈수로 안쪽으로 기울게 모서리를 죽이는 방식으로 쌓았다. 석실 입구에 석문, 문지방, 폐쇄석, 묘도*를 갖추고 있으며 널길**의 크기는 길이 142센티미터, 너비 96~128센티미터다. 석실 내에는 서벽에 접해서 2매의 판

* 묘도(墓道)
무덤으로 통하는 길. 두 무덤 사이에 뚫어서 넋이 서로 오가게 하거나, 피라미드와 같이 큰 무덤에서 사람이 드나들 수 있게도 한다.

** 널길
고분의 입구에서 시체를 안치한 방까지 이르는 길.

■
남산동석조감실. 어떤 성격의 불상을 모신 곳인지 확실히 알려지지는 않았지만 좌불을 안치했을 것으로 추정된다.

석으로 된 시상석(관 받침용)이 있다. 보리사 동남쪽에 장사지냈다는 기록으로 이 능을 헌강왕릉으로 추정하는데 신라 최전성기의 왕릉치고는 다소 작다는 감이 있다.

정강왕이 국가의 기강을 바로잡기에는 너무 일찍 죽었기 때문인지 그의 능도 헌강왕릉처럼 규모가 작다. 봉분 높이 4미터, 지름 15미터로 둥글게 흙을 쌓은 봉토분이다. 하단에는 둘레석을 돌렸으며 최하단에 지대석을 놓고 그 위에 장방형 할석割石을 2단으로 쌓았다. 바로 앞에는 1매의 판석으로 된 상석이 있고 그 앞에 다듬은 장방형 화강석으로 축조한 석단이 있다.

신라 50대 왕인 정강왕은 헌강왕의 동생인데 왕위에 오른 지 불과 1년 만에 병으로 사망해 졸지에 왕위에 오른 사람이 그의 동생인 진성여왕이다. 진성여왕은 여러 가지로 흥미로운 인물이다. 재위 초기에는 민심 수습에 최선을 다했는데 남편인 각간 위홍이 죽자 별안간 돌변해 미소년들을 불러들여 궁궐을 소위 난장판으로 만들었다. 문제는 이들 미소년들이 요직을 받는 등 신라 공권 체계가 무너지면서 뇌물이 성행하고 세금이 제대로 걷히지 않았다는 것이다. 진성여왕은 납세를 독려했지만 오히려 민심을 폭발시키는 계기가 되었고 궁예와 견훤이 역사의 전면에 등장한다. 진성여왕은 즉위 12년(897)에 반성하고 왕의 자리에서 물러났지만 이미 시간의 추는 새로운 세대로 향하고 있었다.

두 능을 지나쳐 미륵골 보리사로 향한다. 남산에서 가장 규모가 큰 사찰인 보리사에는 남산에서 가장 완벽한 원형을 보존하고 있는 남산 미륵곡 석조여래좌상(보물 제136호), 보리사마애석불(경상북도 시도유형문화재 제193호)이 있다.

남산 미륵곡 석조여래좌상은 높이 2.44미터, 전체 높이 4.36미터에 이르는 대작이다. 안내판에는 "경주 남산에 있는 석불 가운데 가장 완전한 것"이라고 당당하게 적혀 있으며 경주에서 가장 아름다운 불상으로 꼽힌다. 연꽃 팔각대좌 위에 앉아 있는 부처는 큼직한 육계가 표현된 곱슬 나발에 장방형 얼굴을 하고 있다. 양감이 풍부한 편은 아니지만 반듯한 이마, 가늘고 긴 눈썹과 귀, 오똑한 코, 반쯤 감은 눈으로 이 세상을 자비로운 표정으로 굽어보고 있다. 얼굴은 신체와 다른 돌로 이루어졌고 목에는 삼도를 뚜렷이 나타냈다. 좁아진 어깨에 가슴은 건장한 편으로 서방정토의 아미타여래로 추정하지만 석가여래로 보는 학자도 있다.

높이 2.7미터, 폭 1.9미터인 광배는 별도로 마련된 돌을 댄 것으로 연꽃의 바탕 사이사이에 7좌의 작은 와불을 새기고 그 옆에 불꽃무늬를 새겼다. 오른손은 무릎 위에 올려 손끝을 아래로 향하게 하고 왼손은 배 부분에 대고 있다. 배 모양의 광배 뒷면에는 모든 질병을 구제한다는 약사여래 좌상이 선각되어 있는데 왼손에 약그릇을 들고 있다. 앞뒤로 불상이 새겨진 희귀한 예다. 높이 1.35미터의 연화대좌는 겹으로 쌓은 목련의 밑받침에 팔각 간석을 세우고 앙련을 조각했다. 팔각의 중대에는 각 모서리에 기둥 형태가 조각되어 있다.

석조여래좌상을 본 후 내려오면 보리사 입구에 보리사마애석불이 있다. 앞으로 약간 기운 바위에 광배 형태로 가운데 부분을 약간 안으로 파서 1.5미터가량 되는 얕은 감실을 만든 다음, 그 안에 90센티미터 정도의 부처를 양각으로 새겼다. 머리에는 나선형 머리카락이

남산 미륵곡 석조여래좌상은 경주 남산에 있는 석불 가운데 가장 형태가 완전하다.

표현되어 있고 얼굴은 두툼하고 세밀하게 조각해 자비 넘치는 잔잔한 미소를 띠고 있다. 귀는 길게 표현하고 목에는 3개의 선으로 나타내는 삼도를 2개의 선으로 표현했다. 옷은 양 어깨를 덮고 있으며 가슴을 일부 드러내고 속옷의 윗단만 경사지게 나타냈다.

양손은 옷 속으로 숨겨서 표현하지 않았고 발이 표현되지 않은 양 다리는 특이하게 가운데로 향하는 옷선 몇 개로 처리했다. 아래쪽에 흐릿하게 표현된 연꽃대좌는 앞 바위의 뒷면에 가려 생략되었다. 신라 하대에 만들어진 작품이지만 기울어지지 않은 신라인들의 문화적인 힘이 느껴진다. 보리사마애석불이 남산에서도 유명한 것은 탁월한 위치 때문이다. 도리천이라 불리는 낭산, 선덕여왕릉, 사천왕사지, 망덕사지는 물론 멀리 황룡사지까지 한눈에 보이므로 오르막길을 올라가야 하는 고통 정도는 곧바로 사라질 것이다.[30]

보리사마애석불. 신라 하대의 작품이지만 기울어지지 않은 신라인들의 힘이 느껴진다.

다음 행선지는 탑골이다. 남천 옆의 대웅전을 갖춘 소박한 옥룡암으로 들어가면 곧바로 높이 10미터, 둘레 30미터의 커다란 부처바위에 있는 남산 탑곡 마애불상군(보물 제201호)이 나타난다. 통일신라시대에 신인사라는 사찰이 있었던 곳이며 남쪽에 삼층석탑이 있어 탑곡이라 부른다. 거대한 바위에 만다라처럼 묘사한 34개의 마애석불로, 신인종* 계통의 사찰에 딸린 것으로 추측된다. 남쪽은 다른 3면보다 훨씬 높은 대지臺地이며, 목조건물 터와 탑과 석등의 유품들이 남아 있어 남면 불상을 주존으로 하는 사찰로 추정된다.

* 신인종(神印宗)
신라 선덕여왕 때에, 명랑 대사가 개종한 종파. 진언종에 딸린 종파로서, 근본 도량은 금산사이며, 고려 중엽 이후의 칠종십이파에 포함되었다. 뒤에 중도종과 합해 중신종으로 되었다.

남쪽 면은 지대가 높기 때문에 바위 윗부분만 지상에서 2.7미터 높이로 솟아 있다. 바위 전체의 너비는 7.66미터지만 중앙이 나누어져 2개의 암벽을 이루고 있다. 중앙 본존상은 큰 연꽃 위에 앉아 있는데 복잡하게 주름진 상현좌로 연꽃 대좌의 윗부분을 덮고 있다. 몸체는 단정하고 두 무릎은 넓게 놓여 있어 한없이 편안하게 보이는데 7세기경에 나타나는 불상들의 옷차림이다. 오른쪽 협시보살은 연꽃 위에 단정히 앉아 두 손을 합장하고 머리를 약간 본존여래 쪽으로 돌리고 있는데 그 때문에 두광이 둥글지 않고 타원형으로 나타난다. 왼쪽 보살도 오른쪽 보살과 같은 모습이나 몸 전체가 본존불을 향해 기울어져 있다.

동쪽 면은 이곳에서 가장 넓은 암면인데 높은 쪽은 높이 10여 미터, 낮은 쪽은 높이 2.5미터로 전체적인 면은 큰 삼각형이다. 암벽 중앙에는 극락세계의 아미타여래 삼존이 새겨져 있으며 본존여래 왼쪽의 협시보살은 관세음보살이다. 여래상보다 작은 몸체로 작은 연꽃에 앉아 있는데 머리에는 보관을 썼고 두 어깨는 천의로 덮었다. 오른쪽에 대세지보살이 있었을 것으로 추정하는데 풍화로 인해 모두 사라졌다. 삼존불 머리 위에 극락을 찬미하는 6명의 천녀가 새겨져 있다. 꽃잎을 날리며 혹은 쟁반을 들고 혹은 합장을 하고 날아오는 모습이다. 이 조각들은 얇은 돋을새김이라 부드럽고 따뜻한 느낌을 주며 일반적으로 백제 조각가 또는 백제에서 공부한 조각가가 새긴 것으로 본다. 기둥바위의 남면에는 금강역사가 새겨져 있는데 금강저*를 든 모습으로 볼 때 연대가 매우 오래된 것이다.

서쪽 면은 네 면 중에서 제일 좁은 편인데 능수버들과 대나무 사이에 여래 조상이 새겨져 있다. 사각에 가까운 갸름한 머리에 자그마한 육계가 솟아 있고 귀는 어깨까지 드리워져 단정하다. 정면을 바라보는 가는 눈, 코, 꾹 다문 입 등은 바위에 새겨진 어느 불상보다 근엄한 표정이다. 머리에 비해 조금 갸름해 보이는 몸체는 반듯한 자세이고 두 무릎은 연꽃 위에 평행으로 놓여 안정감을 느끼게 한다. 두 손은 옷자락에 가려 보이지 않으며 머리 뒤에는 연꽃을 새기고 구슬을 늘어뜨린 화려한 보주형 두광이 배치되었으며 화염이 새겨져 있다. 이 바위는 서쪽을 향하고 있으나 부처는 동방 유리광세계의 약사여래로 추정된다.[31]

거대한 바위에 불상, 비천상, 승려상, 보살상, 인왕상, 나무 등을 배치한 만다라 구조는 유례를 찾을 수 없는 화려한 조상군이다. 특수한 석굴사원의 예로 꼽히며 7세기 무렵의 작품이라고 평가된다.

부처바위가 남다른 중요성을 부여받고 있는 까닭은 북쪽 면에 한국 학자들이 그토록 고대하던 작품이 있기 때문이다. 다시 말해 선덕여왕이 세운 황룡사 구층목탑의 원형으로 보이는 탑과 칠층목탑이 새겨져 있기 때문이다. 통일신라시대부터 금당 앞에 2개의 탑을 세우는 쌍탑이 주류를 이루는데 이 탑들도 쌍탑을 묘사한 것으로 추정된다.

두 탑은 기단부, 탑신부, 상륜부가 완전히 갖추어져 있다. 동쪽의 구층탑은 2중 기단 위에 세워져 있는데 1층은 비교적 높고 다음 층부

* 금강저(金剛杵)
승려가 불도를 닦을 때 쓰는 법구의 하나.

터는 낮다. 추녀의 폭과 각층의 높이는 올라갈수록 축소되어 3.7미터 높이에서 9층 지붕이 삼각으로 끝을 맺는다. 추녀 끝마다 풍경이 달려 있고 탑 꼭대기에는 상륜부가 있다. 특히 상륜부에는 노반과 복발*, 앙화 위에 많은 풍경이 달린 보륜이 다섯 겹으로 찰주에 꽂혀 있고 그 위에 수연**, 용차***, 보주에 이르는 부분이 모두 나타나 몽골군의 침입 때 불타 사라진 황룡사 구층목탑의 원형으로 추정된다.

* 복발(覆鉢/伏鉢)
탑의 노반 위에 주발을 엎어 놓은 것처럼 만든 장식.

** 수연(水煙)
불탑에서, 구륜의 윗부분에 불꽃 모양으로 된 장식.

*** 용차(龍車)
용의 수레라는 뜻으로, 불탑 머리에서 보주와 수연 사이에 있는 철로 만든 둥근 장식물을 이르는 말.

서탑은 동탑보다 조금 높은 위치에 자리 잡았으며 동탑과의 간격은 1.53미터다. 역시 이중 기단 위에 7층으로 솟았으며 모양은 동탑과 같은 형식이다. 두 탑 중앙에 석가여래가 연꽃 위에 앉아 있는 모습이 새겨져 있으며 여래상의 손은 옷자락에 감추어져 있다. 머리 위로 천개가 떠 있는데 인도처럼 더운 나라에서는 빛을 가리기 위한 양산처럼 사용되지만 우리나라에서는 높은 사람의 신분을 돋보이게 하는 데 사용했다. 천개 위로 천녀 두 사람이 날고 있다. 천녀들이 하늘을 날면서 음악을 연주하거나 꽃을 뿌리는 모습은 부처의 정토를 찬미하는 것이다. 두 탑 아래에는 사자로 보이는 동물 2마리가 새겨져 있다. 동쪽 사자는 입을 벌리고, 오른쪽 발은 힘차게 땅을 딛고, 왼발은 들어 올린 모습이다. 꼬리는 깃발처럼 세 갈래로 갈라져 바람에 날리고 있다. 서쪽 사자는 입을 다물고 오른발은 들어 올리고 있는데 꼬리가 아주 복잡하며 목에 긴 털이 많은 것으로 보아 숫사자로 추정된다. 반면 동쪽 사자는 털이 없어 암사자로 추정된다. 입을 벌리고 다문 것은 열리고 닫힌 세계를 표현하는 것으로 음과 양이 합친 모든 세계를 부처가 다스린다는 뜻이다.[32]

부처바위에서 멀지 않은 곳에 군위 아미타여래삼존 석굴(국보 제

남산 탑곡 마애불상군의 구바위. 북쪽 면에 황룡사 구층 목탑의 원형으로 보이는 탑과 칠층 목탑이 새겨져 있다.

109호)과 더불어 석굴암의 원형으로 인식되는 남산 불곡 마애여래좌상(보물 제198호)이 있다. 남천을 사이에 두고 낭산의 선덕여왕릉과 반대편쯤 되는 지점에 있으며 경주에서는 '할매 부처'라 부른다. 높이 1.4미터의 마애여래좌상은 부처골 입구에서 약 300미터 거리에 있다. 높이 3미터, 폭 4미터 정도의 바위에 깊이 60센티미터, 높이 1.7미터, 폭 1.2미터 정도 되는 굴을 파고 그 안에 모신 것이다.

머리는 깊은 돋을새김으로 일반적인 여래상에서 볼 수 있는 나발 없이 두건을 쓴 모습이며 귀 부분까지 덮여 있다. 얼굴은 약간 숙이고 있으며 어깨는 부드럽게 곡선을 그리고 옷은 양 어깨에 걸친 통견이다. 두 손을 맞잡은 듯 옷소매에 집어넣어 공손한 자세를 취하고 있지만 오른발만 밖으로 드러내 부자연스러운 모습이다. 대좌를 덮은 옷은

남산 불곡 마애여래좌상은 깊이 60센티미터, 높이 1.7미터, 폭 1.2미터 정도 되는 굴 안에 모셔져 있다.

아랫단이 장막을 만들어 대칭 구조를 이루고 있다. 이 불상을 여래좌상으로 보기도 하지만 보살상 또는 인물상일 가능성도 있다. 남산 장창골 석조미륵삼존불, 배리윤을곡마애불좌상과 함께 남산에 있는 불상 중 가장 오래된 것으로 손꼽히며 대략 7세기 초반에 만들어졌다고 추정된다. 선덕여왕의 모습을 본떠서 만들었다는 이야기도 전해진다.

할매부처를 마지막으로 남산지구 답사를 마무리한다. 남산 자락에서 신라의 시조인 박혁거세가 탄생했고 포석정에서 경애왕이 견훤에게 죽임을 당했다. 남산은 신라 건국의 성스러운 곳이자 신라 멸망의 한이 맺힌 곳이다. 그들은 이곳에서 희망을 기원하고 한을 풀기 위해 수많은 불상과 보살상, 탑을 만들거나 바위에 새겼다. 있는 그대로 절실한 삶을 표현했으며 특별한 예술작품을 만들려 하지도 않았다. 남산은 그대로 부처가 살고 있는 불국토이므로 그 속에서 희망과 한을 하나로 품으면서 살아간 것이다.[33] ❖

명활산성지구

명활산성지구

1. 들어가기

『삼국사기』에 의하면 서라벌은 신라 초기부터 외부 세력에 많은 침공을 받았다. 이러한 침입으로부터 서라벌을 지키기 위해 주위의 산에 성곽을 쌓아 국방에 대비했다. 그러나 신라는 수도를 보호하기 위해 고구려·백제와는 달리 도성 전체를 하나의 성벽으로 둘러싸지 않고 대신 동서남북의 높은 산 정상에 산성을 축조했다. 동쪽에는 명활산성(사적 제47호), 서쪽에는 서형산성과 부산성, 남쪽에는 남산신성과 고허성, 북쪽에는 북형산성이다.[1]

그중에서 세계유산으로 지정된 것은 남산지구에 포함된 남산신

■
명활산성이 세계유산으로 지정된 까닭은 다듬지 않은 돌을 사용한 신라 초기의 산성을 대표하기 때문이다.

성을 제외하고 명활산성 하나뿐이다. 명활산성만 등재된 까닭은 다듬지 않은 돌을 사용한 신라 초기의 산성을 대표하기 때문이다. 남쪽의 환등산을 둘러싸고 테뫼식 토성을 먼저 쌓았다가 나중에 북쪽에 골짜기를 둘러싼 포곡식包谷式 석성을 쌓았다.

테뫼식이란 산 정상을 중심으로 산의 7~8부 능선을 따라 성을 거의 수평으로 한 바퀴 둘러 쌓은 것을 말하는데 마치 머리띠를 두른 것 같아 테뫼식이라 하고, 멀리서 보면 시루에 흰 띠를 두른 것 같아 시루성이라고도 한다. 대체로 규모가 작고 축성 연대가 오래된 산성이 해당하며 단기 전투에 대비한 성곽이라 할 수 있다. 포곡식이란 성곽 안에 하나 또는 여러 개의 계곡을 감싸고 축성한 것으로 규모가 테뫼식보다 크다. 기본적으로 성곽 내에 수원지水源地가 있고 활동 공간이 넓은 데다 외부에 대한 노출도 테뫼식보다 적다. 일반적으로 시대가 경과함에 따라 테뫼식에서 포곡식으로 축조하거나 성곽의 규모를 확대하면서 만드는데 명활산성이 이에 해당한다. 천군동과 보문동에 걸쳐 있으며 전체 길이가 약 5.6킬로미터로 결코 작은 성은 아니다.[2]

정확한 축성 연대는 알려지지 않았지만 실성왕 4년(405) 왜군이 이 성을 공격하다 철수했다는 『삼국사기』의 기록으로 보아 그 이전에 쌓은 것임을 알 수 있다. 북으로는 고구려, 동으로는 왜의 침입을 자주 받았던 때 동해로 쳐들어오는 왜구에 대항하기 위해 건설했던 것으로 보이며 당시에는 토성이었다.[3]

자비왕 16년(473) 7월에 산성을 개수하고 소지왕 10년(488) 거처를 옮겨가기까지 13년 동안 궁성으로 사용한 점으로 당시 신라의 정황이 매우 급박했음을 알 수 있다. 당시 고구려의 광개토대왕에 의해 백제의 개로왕이 아차성에서 살해되었고 그의 아들 문주왕은 웅진으로 천도했다. 고구려가 죽령과 동해안을 위협하던 상황을 고려하면 자비왕이 명활산성으로 옮긴 까닭은 고구려의 남진에 대비한 것으로 볼 수 있다.

한편 551년 이 성을 대대적으로 보수할 때 어떤 사람들이 어느 구간을 맡아 공사했는지 등의 정보를 상세하게 적은 비석이 근처 포도밭에서 발견되어 신라 산성 연구에 일조했다. 또한 1988년에는 진흥왕 때의 '명활산성작성비明活山城作城碑'가 발견되어 당시의 상황을 알려주고 있으며, '명활산성비'로 보이는 비석 조각도 안압지에서 발견되었다.

선덕여왕 때(647) 당시 국무총리에 해당하는 상대등 비담이 쿠데타를 일으킨 곳도 이곳이다. 비담의 쿠데타와 진압 과정은 비교적 잘 알려져 있다. 상대등이었던 비담은 "여왕이 존재하는 한 나라가 옳게 다스려질 리 만무하다"라는 이유를 내세워 명활산성을 근거지로 반란을 일으켰다. 정부군인 김유신 장군의 부대가 반월성에 본진을 두고 10여 일간 공방전을 벌였으나 승부가 나지 않았다.

그러던 어느 날 밤에 큰 별이 월성에 떨어졌다. 이것을 본 비담의 무리들이 여왕이 패망할 징조라고 외치자 그 함성이 천지를 진동하는 것 같았다. 선덕여왕은 이 소리를 듣고 어찌할 바를 몰랐으나, 김유신이 꾀를 내 허수아비를 만들어 연에 매달아 띄워 올렸다. 그 모습이 마치 불덩이가 하늘로 올라가는 것 같았다.

이튿날 김유신은 "월성에 떨어졌던 별이 어젯밤에 다시 하늘로 올라갔다"라고 선전했고, 이는 적군의 마음에 동요를 일으켰다. 또한 김유신은 백마를 잡아 별이 떨어진 곳에서 제사를 지내면서 악이 선을 이기고 신하가 왕을 이기는 괴변이 없기를 기도했다. 그리하여 마침내 김유신은 명활산성에 주둔한 반란군을 총공격해 승리를 거두었다는 설명이다.

명활산성에서 나와 감포로 방향을 틀면 길목에 천군동 동·서 삼층석탑(보물 제168호)이 있다. 넓은 평지에 서 있는 쌍탑으로 1939년에 복원한 것이다. 두 탑 모두 2단의 기단 위에 3층의 탑신을 세운 양식이며 규모와 수법이 같다.

천군동 동·서 삼층석탑. 전형적인 신라 석탑으로 두 탑 모두 2단의 기단 위에 3층의 탑신을 세운 양식이며 규모와 수법이 같다.

신라의 전형적인 석탑 양식을 충실히 반영하고 있으며 기단은 각 층마다 4면의 모서리와 가운데에 기둥 모양을 본떠 새겼고 가운데에는 조각을 2개씩 두었다. 탑신의 각 몸돌과 지붕돌은 각각 한 돌로 이루어져 있는데 몸돌 층마다 우주의 모각이 있고 지붕돌 밑면의 받침은 층마다 5단이다. 처마선은 반듯하게 깎았는데 네 귀퉁이에서 약간씩 들려 있다. 동탑의 상륜부는 전부 사라졌지만 서탑은 갑석 위에 복발과 보륜, 수연 등이 남아 있다. 복발은 두 가닥의 횡대와 4면에 꽃 모양을 지닌 편구형이다. 3층 몸돌에서 한 면이 24센티미터, 깊이가 15센티미터인 사리를 두는 공간과 사리함이 발견되었다. 탑신에 비해 기단부가 다소 큰 듯하지만 건실함을 잃지 않은 석탑으로 뛰어난 수작에 속한다.[4]

화랑고등학교 좌우로 갈라지는 삼거리에서 장항리 서 오층석탑

(국보 제236호)을 찾는다. 장항리라는 마을에 가면 본래 동서 두 탑이 있었지만 동탑은 사라졌으므로 서쪽에 남은 탑만 볼 수 있다는 뜻이다. 금당터에는 돌계단을 설치했던 흔적이 있다. 불상을 모셨던 팔각형 연꽃대좌의 윗돌은 모퉁이가 많이 부서져 나갔지만 아랫돌에는 돋을 새김한 신수神獸가 잘 남아 있다. 대좌 위에 있던 불상은 좌불이 아니라 입불이다. 이 석조여래입상은 두 팔이 잘리고 허리 윗부분과 광배만 남아 있는데도 아름다운 것은 물론 크기로도 유명하다. 지금은 국립 경주박물관 뜰에 옮겨져 있는데 학자들은 광배와 연화문 등의 잔해로 미루어 석굴암 불상과도 견줄 만한 대작이었을 것으로 추정한다.[5]

장항사가 가람 배치에서 다른 사찰과 다른 것은 금당을 사이에 두고 앞쪽에 두 탑이 있지 않고 탑과 금당이 거의 같은 선상에 나란히

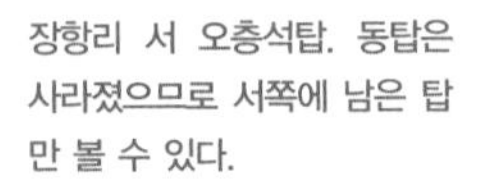

장항리 서 오층석탑. 동탑은 사라졌으므로 서쪽에 남은 탑만 볼 수 있다.

늘어서 있다는 점이다. 이는 양식상의 특징이 아니라 사찰터가 넓지 않았던 데다 도굴꾼 때문이기도 하다. 그들은 놀랍게도 도굴하기 위해 다이너마이트로 탑을 폭파했다. 이때 상당수의 석재가 계곡 아래의 대종천까지 굴러떨어져 추후에 복원할 때 회수해 사용했으며 일부 석재들은 발견하지 못했다.

이 여파로 동탑은 몸돌을 모두 잃고 지붕돌만 차곡차곡 쌓여 원형을 알 수 없는 모습이 되었다. 약 9.5미터의 서탑은 1932년에 복구되었는데 2단의 기단 위에 5층의 탑신을 갖추고 있는 모습으로 기단부가 비교적 넓게 만들어져 안정감이 있으며, 네 모서리와 각 면의 가운데에 기둥을 본떠 조각했다. 탑신부는 몸돌과 지붕돌이 각각 하나의 돌로 이루어져 있다. 일반적인 탑에서는 볼 수 없는 인왕상이 1층 몸돌에 새겨져 있는데 분황사 모전석탑에서 영향을 받은 것으로 추정된다. 벗은 상체에 무릎 위까지 오는 짧은 군의를 입은 인왕상은 동서남북 면에 각기 2구씩 조각되어 있으며 이들 인왕상 중앙에는 도깨비 장식의 문고리와 문이 조각되어 있다. 어깨가 떡 벌어졌으며 몸을 버티고 있는 두 다리의 근육은 당당하면서도 활기찬 형태를 하고 있다. 부라린 눈과 큼직한 코, 듬직한 입, 강인한 턱과 불거진 광대뼈 등 조각이 매우 빼어나 당당히 국보의 영예를 누리고 있다. 이런 조각은 8세기 전반에 처음 나타나는 것으로 이 탑의 독특한 특징이며, 전체 비례가 아름답고 조각 수법도 우수한 8세기의 걸작으로 평가된다.[6]

선덕여왕 12년(643) 천축국 승려 광유光有가 창건했다고 알려지는 기림사祇林寺는 대한불교조계종 제11교구의 본산인 불국사의 말사로 함월산 바로 아래에 있다. 그러나 기림사는 해방 전만 하더라도 이 일대에서 가장 큰 사찰로 불국사를 말사로 거느렸다. 그런데 교통이 불편한 데다 불국사가 대대적으로 개발됨에 따라 사세가 역전되어 지금은 거꾸로 불국사의 말사가 된 것이다.

함월산은 달月을 먹고 토함산은 달을 뱉는다吐는 뜻이며 기림이란 이름은 석가모니가 제자를 가르치고 중생을 교화하면서 오랫동안 머물렀던 기원정사의 숲 이름에서 따온 것이다. 창건 150년 후에 원효대사가 기원정사에 착안해 기림사라는 새 이름을 붙였다고 한다. 기림사의 본래 이름은 임정사林井寺였는데 광유가 우리나라에 오기 전에 머물렀던 절 이름이었다고 전하지만 분명하지 않다. 『삼국유사』에 "신라 31대 신문왕이 동해에서 용으로 화한 선왕으로부터 만파식적이라는 피리를 얻어 왕궁으로 돌아가는 길에 기림사 서편 시냇가에서 잠시 쉬어갔다"라는 기록이 있는 것으로 보아 최소한 통일신라 초기인 신문왕 이전부터 있던 고찰로 생각된다.[7]

현재 기림사 뜰 앞에 서 있는 작은 삼층석탑만 신라 말기에 만들어진 것이며 보물이 4점이나 된다. 기림사의 본전인 대적광전(보물 제833호)은 17세기에 건설된 것이다. 정면 5칸, 측면 3칸의 규모이며 배흘림기둥의 다포식 단층 맞배지붕이다. 넓은 전각 안에 거대한 소조비로자나삼불좌상(보물 제958호)을 모시고 있는데 중앙이 비로자나불*, 왼쪽이 노사나불**, 오른쪽이 석가모니불이다. 세 불상은 손의 위치와 자세만 다를 뿐 표정과 자세가 거의 같고 옷 주름까지 비슷하다. 1986년 대적광전에 있는 흙으로 빚어 구운 비로자나불 속에서 고려시대 불경을 비롯한 많은 복장服藏 유물이 발견되어 보물 제959호로 지정되었으며 유물전시관에 보관하고 있다.

*** 비로자나불(毘盧遮那佛)**
연화장 세계에 살며 그 몸은 법계(法界)에 두루 차서 큰 광명을 내비쳐 중생을 제도하는 부처. 천태종에서는 법신불, 화엄종에서는 보신불, 밀교에서는 대일여래라고 한다.

**** 노사나불(盧舍那佛)**
햇빛이 온 세상을 비추듯이 광명으로 이름을 얻은 부처. 삼신불 가운데 보신불에 해당한다.

기림사 대적광전. 배흘림기둥의 다포식 단층 맞배지붕이다.

이 외에도 건칠보살반가상(보물 제415호)이 보관되어 있는데 연산군 때 만들어진 것으로 추정된다. 건칠이란 나무로 골격을 만든 뒤 종이로 입히고 그 위에 옻을 칠해 만든 것으로 이렇게 만들어진 불상은 매우 드물다. 둥글고 풍만한 얼굴을 가진 머리에는 2단 구조의 보관이 씌워져 있으며 높이는 91센티미터다. 현재는 금칠을 해놓았기 때문에 제 분위기를 찾지 못한다고 평가된다. 오른쪽 다리를 밑으로 늘어뜨린 유희좌遊戲坐를 취하고 있는데 이런 자세는 남산 신선암 마애보살반가상에서 볼 수 있다.

이곳에는 오백나한상을 모신 기림사응진전(경상북도 시도유형문화재 제214호), 기림사삼층석탑(경상북도 시도유형문화재 제205호), 기림사약사전(문화재자료 제252호)은 물론 대적광전 오른쪽에 버티고 서서 위용을 자랑하고 있는 500년 수령의 보리수가 있다. 산신각, 칠성각 등 전각도 있으며 특이한 것은 진남루鎭南樓다. 이 건물은 '남쪽을 진압한다'는 뜻을 갖고 있으므로 승병 활동과 관련이 있을 것이라 짐작된다. 실제로 임진왜란 때 기림사의 인성 스님이 주변의 승려 279명을 승병으로 이끌고 궐기한 적이 있으며 의병장 이눌이 군사를 거느리고 기림사에 머문 적도 있다.

또한 기림사에는 매월당 김시습의 영정을 모신 영당影堂이 있다. 본래는 현종 11년(1670) 경주부사 민주면이 김시습의 뜻을 추모하기 위해 용장사 경내에 오산사를 지었으나 고종 때 헐리자 우여곡절을 거쳐 현재의 위치에 중건한 것이다.

기림사에는 오정수五井水라고 하는 다섯 가지 맛을 내는 물이 유명했다. 이를 기림사삼층석탑 옆의 장군수는 기개가 커지고 신체가 웅장해져 장군을 배출한다는 물이고, 천왕문 안쪽의 오탁수는 물맛이 좋아 까마귀도 쪼았다는 물이다. 천왕문 밖 사찰 초입의 명안수는 눈이 밝아지는 물이고, 후원의 화정수는 마실수록 마음이 편해지는 물이며, 북암의 감로수는 하늘에서 내리는 단 이슬 같다는 물이다.[8] 장군수는 힘이 난다고 해서 많은 사람이 마셨는데 전설에 의하면 어떤 사람이 이 물을 마시고 반역을 꿈꾸었다고 한다. 그래서 장군수 위에 삼층석탑을 세워 메워버렸다는 것이다. 다섯 가지 샘물 중에서 지금도 마실 수 있는 물은 감로수와 화정수뿐이다.[9]

기림사를 떠나 골굴사骨窟寺로 향한다. 『삼국유사』에는 "원효가 일

■
기림사에는 매월당 김시습의 영정을 모신 영당이 있다.

찍이 살던 혈사穴寺 옆에 설총이 살던 집터가 있다"라고 전한다. 혈사는 곧 굴穴로 된 절寺이므로 원효가 골굴사에 머물렀다는 증거로도 볼 수 있다. 원효가 죽자 아들 설총이 아버지를 기려 골굴사에 와서 살았다는 이야기도 있다.

골굴암은 한반도에서는 매우 희귀한 형태다. 한반도에는 석굴을 조성할 정도의 대규모 암벽이 없고 단단한 석질의 화강암이 대부분이라 석굴이 생기기 어렵기 때문이다. 그런데 골굴암의 거대한 석회암 바위 꼭대기에는 자연적으로 생겨난 큰 바위 군데군데 12개의 석굴이 있었다고 한다. 이를 미루어볼 때 창건 당시 인도의 사원 양식과 비슷한 석굴사원을 염두에 두었던 것으로 추정된다.

골굴암 마애여래좌상. 가는 눈에는 잔잔한 웃음이 머무르고 굳게 닫힌 입술에는 단호한 의지가 서려 있다.

제일 높은 곳의 석굴 벽면에 있는 골굴암 마애여래좌상(보물 제581호)이 돋보인다. 높이 4미터, 폭 2.2미터 정도의 불상은 얼굴만 높은 돋을새김으로 새겼다. 머리 위에 육계가 큼직하게 솟아 있고 얼굴 윤곽이 뚜렷하며 타원형의 두 눈썹 사이로 백호를 상감했던 자리가 둥글게 파여 있다. 귀는 어깨까지 내려오고 가는 눈에는 잔잔한 웃음이 머무르고 굳게 닫힌 입술에는 단호한 의지가 서려 있다. 머리 뒤에는 연꽃이, 후광에는 가늘게 타오르는 불길이 새겨져 있으며 옷 주름은 물결치듯 한 방향으로 조각되었다. 입체감이 뚜렷한 얼굴에 비해 신체는 다소 평면적이다. 왼손 엄지와 검지를 짚어 배 앞에 놓았는데 석회질 암석의 재질이 좋지 않아 오른쪽 손과 무릎 아래 부분은 닳아 없어졌다. 조성 시기는 7세기에서 9세기 사이로 보이며 사찰측에서는 9세기경 조성된 것으로 추정한다.

골굴사는 석굴암의 전면에 건물이 있느냐 없느냐로 논란이 일어났을 때 결정적인 증거가 된 것으로도 유명하다. 겸재 정선이 남긴 〈골굴석굴도〉에는 목조건물이 나온다. 숙종 12년(1686) 정시한은 『산중일기』에 "여러 채의 목조 와가로 지어진 전실을 연결하는 회랑이 있고 단청을 한 석굴사원의 모습은 마치 한 폭의 병풍을 보는 것처럼 아름답다"라고 묘사했다.[10] 이들 자료가 기초가 되어 석굴암 전면에 목조 건물을 세운 것이다.

골굴사는 불교 무술인 선무도禪武道의 본도장으로도 잘 알려져 있다. 선무도는 사마타와 위빠사나를 함께 닦는 지관* 수행법과 신라 화랑들에게 전수된 심신 수련법으로 고려·조선시대 외침에 항거했던 승려들의 무예가 전승된 전통문화로 알려져 있다.

* 지관(止觀)
1. '천태종'을 달리 이르는 말.
2. 천태종에서, 지(止)는 모든 번뇌의 끝냄이요, 관(觀)은 자기의 천진심(天眞心)을 관찰하는 것이므로 어지럽게 흐트러진 망령된 생각을 그치고 고요하고 맑은 지혜로 만법을 비추어보는 일.

2. 문무대왕 연계 유적

기림사, 골굴암을 거친 다음 문무대왕과 연계되는 감은사지, 문무대왕릉(사적 제158호), 이견대(사적 제159호) 순으로 답사를 진행한다.

후에 무열왕이 되는 김춘추는 일본에 건너가 신라의 가야 정복 이후 소원해진 일본과의 관계를 어느 정도 완화하고, 당나라로 건너가 당의 군사를 한반도로 끌어들이는 데 성공한다. 당이 신라와 협약을 맺은 것은 신라와의 협공을 통해 북방의 골칫거리인 고구려를 격멸하려는 야심이 있었기 때문이다. 신라는 결국 660년에 백제를, 668년에 고구려를 멸망시킨다.

문무왕은 부왕인 무열왕의 장자로 어머니는 김유신의 여동생 문명왕후다. 재위 기간 동안 고구려 정벌, 당나라 군대의 축출 등을 통해 삼국 통일의 위업을 달성했다. 그러나 문무왕으로서는 삼국 통일의 와중에서 신라를 견제했던 일본의 침공이 항상 두통거리였다. 그래서 대응책 중 하나로 예부터 왜구의 상륙 지점으로 지목되었던 동해안에 국방의 뜻을 지닌 국찰國刹 감은사를 세웠다. 『삼국유사』에 감은사의 창건에 대해 다음과 같이 적혀 있다.

"문무왕이 왜병을 진압하기 위해 이 절을 지었으나 완공시키지 못하고 죽어서 해룡이 되었다. 그 아들 신문왕이 즉위해 682년에 완공을 보았고, 금당의 계단 아래를 파고 동쪽을 향해 구멍을 하나 뚫었다. 용이 절로 들어와서 돌아다니게 하기 위한 것이다."

1980년까지 몇 차례에 걸친 발굴 조사에서 쌍탑 가람인 감은사는 금당을 중심으로 동서에 회랑을 두었다는 것이 밝혀졌다. 회랑은 남북의 길이보다 동서의 길이가 길고, 중회랑을 둔 것이 특징이다. 금당 바닥에는 H자형 받침돌과 보를 돌다리처럼 만들어놓았다. 그리고 위에 긴 네모꼴의 돌을 동서 방향으로 깔아 마치 돌마루를 얹은 것처럼 보인다. 이는 금당 바닥에도 일정한 높이의 공간을 의도적으로 비워두었다는 뜻이다.

이는 『삼국유사』에서 용이 된 문무왕이 금당에 아무 때나 들어올 수 있도록 공간을 배치했다는 기록과 일치하며, 원래 감은사 금당 아래에는 동해까지 통하는 물길이 잡혀 있었다고 추정된다. 용이 된 문무왕이 바다에서 사찰 앞을 흐르는 대종천을 타고 올라와 그 물길로 절까지 닿을 수 있도록 하려는 설계다. 지금도 절터의 석축 바깥에는 용담이라 부르는 연못이 남아 있다.

1238년 몽골군의 침략 때 몽골군은 황룡사 구층목탑을 불태운 후 성덕대왕신종(에밀레종)보다 4배나 큰 황룡사종을 가져가려고 했다. 성덕대왕신종의 4배라면 무게가 80톤을 헤아린다. 몽골군들은 대종천을 이용해 황룡사종을 실어 나르려 했는데 용이 되어 나라를 지키고 있는 문무왕이 이를 가만 놔둘 리 없었다. 몽골군들이 종을 싣고 배를 띄워 동해로 들어서려는 찰나, 갑자기 폭풍이 휘몰아치면서 배가 뒤집혔고 종도 물속으로 가라앉고 말았다. 그 이후 대종천에는 바람이 심하고 파도가 무서운 날이면 은은하게 종소리가 울려 나왔다고 한다. 과거에 감은사까지 도달했을 대종천은 지형이 바뀌어 현재는 육지로 변했지만, 황룡사종이 전설대로 바다에 가라앉았다면 언젠가 우리 눈에 나타날 것으로 보인다.

감은사지에는 높이 13미터로 통일신라 때 만들어진 삼층석탑 중 가장 규모가 큰 동·서 삼층석탑(국보 제112호)이 있다. 두 석탑은 백제와 신라의 양식이 함께 어우러진 석조 미술품의 진수로 잘 알려져 있

감은사지에는 통일신라 때 만들어진 삼층석탑 중 가장 규모가 큰 동·서 삼층석탑이 있다.

다. 신라에서 처음에는 탑을 하나만 세웠는데, 통일신라 이후로는 쌍탑을 세우고 그 뒷면 중앙에 금당을 지었다. 감은사의 쌍탑은 이 흐름을 보여주는 최초의 유적이다.

이들 석탑의 큰 특징은 기단부와 탑신부 등 각 부분이 1개의 통돌이 아니라 수십 개에 이르는 부분 석재로 조립되었다는 점이다. 하층 기단은 지대석과 면석을 같은 돌로 다듬어 12매의 석재로 구성했으며 갑석 또한 12매다. 기단 양쪽에 우주가 있고 탱주가 3주씩 있다. 상층 기단 면석 역시 12매, 갑석은 8매로 구성되었으며 2주의 탱주가 있다. 탑신부의 1층 몸돌은 각 우주와 면석을 따로 세웠으며 2층 몸돌은 각각 한쪽에 우주를 하나씩 조각한 판석 4매로 3층 몸돌은 1석으로 구성했다. 지붕돌의 구성은 각 층 낙수면과 층급 받침이 각기 따로 조립되었으며 각각 4매다. 층급 받침은 각층 5단으로 짜였고 낙수면의 정상에는 2단의 높은 굄이 있으며 낙수면 끝은 약간 위로 들려 있다.

탑의 완성도는 안정감과 상승감으로 대표되는데 이들 석탑은 이런 면에서 대단한 성공을 거둔 걸작이다. 3개의 몸돌은 폭이 4:3:2로 상승감을 보이며 높이는 4:3:2가 아닌 4:2:2로 1층 몸돌이 2, 3층에 비해 월등히 높다. 사람의 눈높이에서 보는 착시를 감안한 것이다.[11]

쌍탑에서는 모두 사리함이 나온 것으로 유명하다. 1959년 서탑에서 수레 모양의 청동제 사리 장엄구가 발견되었다. 정교한 연화문이 새겨진 얇은 동판 위에 복부를 만들고 사각 모서리에 8개의 감실을 만들어 팔부신장을 안치했다. 또 중심부에는 작은 보주형의 사리탑을 만들고 모서리에 악기를 연주하는 여인좌상을 안치했다. 화려하고 섬세한 예술성과 종교적 감성이 잘 어우러진 감은사지 서삼층석탑 사리장엄구는 보물 제366호로 지정되었으며 현재 국립중앙박물관에 있다.

1996년 동탑 수리 때 사천왕상이 정교하게 조각된 금동 사리함과 사리가 발견되었는데 그중 사리함은 최상의 재료와 고도의 공예술을 발휘한 것이다. 금제의 뚜껑이 덮인 수정제 사리병과 부처가 타는 청동제 수레인 보련 등을 갖추었다. 사리병을 담았던 외함에는 사천왕상의 부조가 있다. 여덟 신장을 관장하는 사천왕은 식욕, 육욕, 잠 등의 욕계欲界까지 함께 다스리는 사왕천의 주신이다. 사천왕 중 하나인 지국천왕은 왼손에 칼을 잡고 얼굴에 미소를 띠고 있는데 간다라 미술의 흔적이 보이기도 하지만 얼굴 윤곽은 사뭇 동양적이다.[12]

그런데 감은사의 건립 설화에 근거해 동탑의 사리는 문무왕의 것일지 모른다는 설명도 있었다. 동탑 사리함에 달린 용 조각은 해룡이 되겠다던 문무왕과 관련이 깊다는 것이 여러 논거 중 하나다. 그러나 불교계 및 학계의 반론도 만만치 않다. 문무왕의 시신에서 사리가 나왔다는 기록이 어디에도 없으며 불탑에 왕의 사리를 넣었다는 추정은 불교 교리상 있을 수 없다는 것이다.

감은사를 지나 문무대왕릉으로 향한다. 봉길리해수욕장이 들어선 이곳에서 바라본 문무대왕릉은 4개의 큰 암초 덩어리가 외곽을 둘러싸고 안쪽에 바닷물이 차 있는 특이한 구조다. 중앙에 거북등 모양의 거대한 바위가 물속에 잠겨 있으며 위에서 내려다보면 십자 모양의 물길이 나 있어 문무대왕릉 안으로 항상 바닷물이 흘러든다. 그중에서도 특히 동쪽과 서쪽은 바닷물이 들어가고 빠지는 수로 역할을 한다.

1967년 7월 24일 문무대왕릉이 경상북도 월성군 양북면 봉길리 앞바다에서 역사학자와 고고학자들에 의해 발견되었다고 대서특필되었다. 토함산의 석굴암으로부터 일직선상에 있는 수중에 십자형 암석이 석관 형태로 놓여 있다는 것이다. 이 석관은 주위의 돌과도 판이하게 다른 데다가 동해의 맑은 물이 30센티미터 정도로 덮여 있어 물 밖에서도 잘 보인다. 조사단의 결론을 토대로 문무대왕릉은 곧바로 사적 제158호에 지정되었다. 조사단의 발표 요지는 다음과 같았다.

"681년 문무왕이 죽자 유언에 따라 화장한 유골을 동해의 큰 바위에서 장사지냈다. 바위는 둘레가 200미터쯤 되는 천연 암초인데 사방으로 바닷물이 드나들 수 있는 물길을 인공적으로 터놓아 언제나 맑은 물이 흐르게 했다. 가운데 못에 깔려 있는 거북이 등 모양의 큰 돌은 길이 3.7미터, 두께 1.45미

■
문무대왕릉은 4개의 큰 암초 덩어리가 외곽을 둘러싸고 안쪽에 바닷물이 차 있는 특이한 구조다.

터, 너비 2.6미터로서 그 밑에 문무왕의 납골을 모신 용기가 있을 것으로 추정된다. 이와 같이 바위의 안쪽 가운데에서 사방으로 물길을 낸 것은 사리舍利를 보관하는 탑의 형식을 적용한 것으로 볼 수 있다."

위의 내용이 사실이라면 세계에서도 드문 수중릉이 되는 것은 물론이다. 수많은 전설이 깃들어 있는 문무대왕릉이 수중릉이라는 주장이 발표되자 문무대왕릉은 문무왕의 수중릉이 아니고 문무왕을 화장한 후 유골을 바다에 뿌린 산골처라는 주장이 곧바로 제기되었다. 바위가 인공석이 아니라 천연석으로 보인다는 주장이 가장 큰 주안점이었다.

그들은 능침의 복개석으로 주장된 돌은 사리 장치를 덮은 인공적인 석관 덮개가 아니고 자연석임이 틀림없다고 재차 확인했다. 복개석의 밑바닥은 돌과의 사이에 공간이 뜨고 일부분만 접해 있었기 때문이다. 그러므로 문무대왕릉이 역사적으로 유서가 깊은 장소라고 할 수는 있을지언정 능침은 아니며 일대의 바다에는 문무대왕릉에 버금갈 전설과 신비에 싸인 바위가 많다고 주장했다.

수중릉을 옹호하는 학자들이 물론 당시에 인공적으로 만들었다고 해도 1,300년이라는 세월이 지나면서 파도 때문에 마모되어 천연석처럼 보일 수도 있다고 반박했지만 산골처를 주장하는 학자들은 물러서지 않았다. 문무왕 비문에 "나무를 쌓아 장사 지내다葬以積薪", "뼈를 부숴 바다에 뿌리다研骨鯨津" 등이 『삼국사기』와 똑같이 적혀 있기 때문이었다.

또한 1991년 '기후 변화의 환경 및 사회에 미치는 영향에 관한 국제회의'는 지구의 해수면이 과거 100년 동안 연평균 1.0~1.5밀리미터의 속도로 상승하고 있으며 최근 50년간 상승 속도가 가속되어 1년에 2.4밀리미터에 이른다고 발표했다. 한국에서도 서울대학교 박용안 교수가 탄소동위원소 연대 측정법으로 조사한 결과 빙하기 직후인 7,000년 전에는 해수면이 지금보다 6.5미터, 4,000년 전에는 3미터, 2,000년 전에는 2.5미터 낮았다고 한다.

이러한 자료를 볼 때 문무대왕릉이 수중릉이라면 지난 1,300년 동안 수심이 적어도 2미터가량 높아졌으므로 현재 수중릉으로 알려진 덮개석을 덮고 있는 수심은 최소한 2~2.5미터는 되어야 한다. 그러나 현재 석관 위 물의 깊이는 30센티미터밖에 되지 않는다. 즉 현재 수면의 높이로 판단해볼 때 당시의 석관이라고 주장하는 덮개석은 수면보다 최소한 2미터 이상 높은 곳에 있었다는 이야기가 된다.

결국 문무대왕릉이 세계 유일의 수중릉이라는 것은 후세 사람의 욕심에서 나온 근거 없는 희망일 뿐이다. 그렇더라도 문무대왕릉이 문무대왕의 호국 의지를 담았다는 것에는 논쟁의 여지가 없다.[13]

문무대왕릉을 의미 있게 눈여겨볼 수 있는 곳이 이견대다. 신문왕이 부왕의 시신을 화장해 대왕암에 모신 뒤 이곳에 대를 쌓고 그곳을 바라보니 큰 용이 나타나서 하늘로 올라가고, 왜구의 근거지였던 섬 12개가 순식간에 사라졌다고 한다. 이에 그 뜻을 따라서 '이견대'라 했는데 『주역』의 '비룡재천이견대인飛龍在天利見大人'이라는 글귀에서 취한 것으로, 신문왕이 바다에 나타난 용을 통해 크게 이익을 얻었다는 뜻이다. 이견대가 위치한 대본리는 이견대로 인해 생긴 이름으로 '대본'은 '대 밑' 즉 이견대 밑을 나타낸다.[14] 이견대는 대본리 대본초등학교 남쪽에 있었으며 현재 이 자리에 있는 이견정은 1970년에 세워진 것이다. 봉길리는 문무왕 수중릉(현지에서는 댕바[댕바위, 대왕바위) 이라고 부르며 왕의 능을 받들어 모시는 곳奉과 매사가 잘 풀리는 곳吉을 합해 봉길리가 되었다.

문무대왕을 설명하면서 신라의 보물인 만파식적萬波息笛을 설명하지 않을 수 없다. 문무대왕의 아들인 신문왕은 부왕을 위해 감은사를 짓고 부왕을 기렸으며 『삼국유사』에 다음과 같은 글이 있다.

"신문왕 2년(682) 5월 동해 가운데 작은 산이 있었는데, 감은사 쪽으로

이견대. 신문왕이 부왕의 시신을 화장하고 이곳에서 대왕릉을 바라보니 큰 용이 나타나 하늘로 올라갔다고 한다.

떠내려와서 물결에 따라 오가고 있다고 하자 신문왕은 천문을 담당하는 김춘질金春質로 하여금 점을 치게 했다. 김춘질은 문무대왕과 김유신의 영혼이 나라의 영원한 평화를 위해 보물을 내어주고자 한다는 풀이를 했다.

이에 왕이 친히 이견대에 행차해 사람을 보내어 살펴보도록 했는데 거북이 머리 같은 산 위에 한 줄기의 대나무가 있는데, 낮에는 둘이 되었다가 밤에는 하나가 된다고 보고했다. 왕은 감은사에서 하룻밤을 묵었는데 다음 날 정오가 되자 대나무가 합해져서 하나가 되더니 천지가 진동하고 비바람이 몰아쳐 7일 동안이나 깜깜했다가 바람이 잦아지고 물결이 잔잔해졌다. 왕이 배를 타고 그 산에 들어갔는데, 용이 검은 옥대를 왕에게 바쳤다. 용은 바다의 용이 된 문무왕과 천신이 된 김유신이 왕에게 내리는 큰 보물이라고 했다. 이에 왕이 대나무가 때로는 갈라지고 때로는 합해지는 연유를 물으니 용은 한 손으로 손뼉을 치면 소리가 나지 않지만, 두 손으로 치면 소리가 나는 것과 같이 대나무도 합해진 연후에야 소리가 나는 법. 왕이 소리로 천하를 다스릴 상서로 이 대나무로 피리를 만들어 불면 천하가 평화로워질 것이라고 했다."

왕이 대나무를 베어 뭍으로 나오자 산과 용이 홀연히 자취를 감추었다. 이후 대나무로 만든 이 피리를 불면 적군이 물러가고 질병이 사라지며, 가뭄에는 비가 오고 홍수가 지면 비가 그치고 바람과 물결을 잣게 했다고 한다. 그래서 만파식적이라고 부르고 국보로 삼았다. 놀라운 것은 경주를 한 발자국이라도 벗어나면 소리가 나지 않았다는 것이다.

문무왕이 죽어서 용이 되었다는 전설 역시 『삼국유사』에 있다. 문무왕은 생전에 지의법사에게 "내가 죽은 뒤에 큰 용이 되어 불교를 받들고 나라를 수호하겠소"라고 자주 말했다. 법사가 "용은 짐승인데 전하께서 그렇게 태어나도 좋겠습니까?"라고 묻자 문무왕은 "나는 세상 영화榮華에 염증을 느낀 지 이미 오래되었소. 만일 추한 응보로 짐승이 된다 해도 그야말로 내 뜻에 맞는 것이오"라고 말했다고 한다.

3. 관문성 주변 유적

문무대왕릉, 감은사를 거쳐 경주로 들어가면서 빠뜨릴 수 없는 곳이 관문성(사적 제48호), 원원사지(사적 제46호), 숭복사지삼층석탑(경상북도 문화재자료 제94호), 원성왕릉(사적 제26호), 영지석불좌상(경상북도 시도유형문화재 제204호) 등이다.

왜구들은 박혁거세 때도 침입했을 정도로 세력이 대단했으므로 신라는 이들을 막기 위해 성을 쌓았다. 관문성은 성덕왕 21년(722)에 쌓았으며 신라의 왕경으로 들어가는 길목이므로 신라인들이 매우 중요시한 곳이다. 관문성은 경주의 다른 산성들과 다르게 산과 산을 연결하며 길게 쌓은 특수한 방식으로 길게 뻗어 있기 때문에 만리성이라고도 불린다. 안내판에는 다음과 같이 적혀 있다.

"관문성은 경주시에서 동남쪽으로 약 21킬로미터 떨어진 외동읍 부근의 산에 축조되어 있다. 한 개의 성이 아니라 치술령과 모화리 동편의 산 사이에 길이 12킬로미터 정도의 장성과 양남면 신대리의 산 정상에 있는 둘레 약 1.8킬로미터 정도의 두 성으로 구성되어 있다. 성의 규모는 치술령에서 경상북도와 울산광역시의 경계를 따라 신대리 동쪽 산까지 이른다. 관문성을 모벌군성, 모벌관문이라고도 불렀으며 마을 사람들은 만리성이라고 한다. 현재 대부분의 성벽이 허물어지고 성문터로 추측되는 석축이나 창고터, 병사터 등이 여러 군데 남아 있다. 현존하는 남산성과 관문성의 석벽을 비교해볼 때, 잘 다듬은 돌과 자연석을 이용해서 관문성을 쌓은 기술이 훨씬 발달된 것으로 여겨진다."

신라 국방의 요소를 이해하는 선에서 발길을 돌려 『삼국유사』에 자주 나오는 원원사지로 방향을 잡는다. 안혜 등 4명의 고승이 김유신, 김의원, 김술종과 더불어 나라의 안녕과 백성들의 평안, 나아가 삼국 통일을 기원해 세운 원원사는 장대한 석축을 이용한 산지 가람으

■ 관문성은 신라의 왕경으로 들어가는 길목이므로 신라인들이 매우 중요시한 곳이다.

로 비탈진 산 지형을 잘 이용한 흔적이 아직도 남아 있다.

신원원사의 종루를 오른쪽으로 돌아 돌계단을 오르면 곧바로 구원원사지에 이르는데 현재의 대웅전보다 높은 곳이다. 금당터 앞에 있는 높이 7미터의 원원사지 삼층석탑(보물 제1429호)은 1933년에 복원한 것으로 구조와 양식이 같으며 기단부와 탑신부에 새겨진 십이지신상과 사천왕상의 조각이 빼어나다.

기단의 면석에는 2개의 탱주와 우주가 있고, 하층 갑석의 윗면에는 2단의 상층 기단 괴임이 있다. 상층 갑석 4면의 각 기둥 사이에는

원원사지 삼층석탑은 기단부와 탑신부에 새겨진 십이지신상과 사천왕상의 조각이 빼어나다.

연화좌에 앉아 있는 십이지신상을 조각했다. 머리는 동물인데 몸체는 평복을 입은 사람이다. 또한 1층 탑신에는 우주가 표현되어 있고 각 면에 갑옷을 입고 무기를 든 사천왕상이 조각되어 있다. 옷깃이 펄럭이는 모습으로 보아 하늘에서 내려오는 모습을 형상화한 것으로 보인다. 학자들이 이들 탑에 큰 점수를 주는 까닭은 탑에 십이지신상을 조각한 드문 예인 데다 십이지신상이 무복武服이 아닌 평복을 입고 자세 또한 앉아 있기 때문이다. 능묘에 둘러진 십이지신상은 모두 서 있는 자세를 취한다.

다른 탑들에 비해 한층 두드러지게 표현된 서탑의 사천왕상은 남면의 증장천왕상만 깨졌고, 동 · 서 · 북면의 상은 비교적 완전하게 남아 있다. 거의 완전한 형태로 악귀를 밟고 서 있는 동방의 지국천왕상은 정면향으로 두 손으로는 칼을 받쳐 잡고 있으며, 왼쪽 다리에 무게 중심을 두어 신체의 굴곡을 나타내고 있다. 얼굴과 왼쪽 가슴 부분이 모두 깨진 서방의 광목천왕상은 일고저一鈷杵로 생각되는 무기를 들고 있으며 정면향으로 똑바로 서 있어 경직되어 보인다. 오른쪽으로 몸을 살짝 틀어 변화를 주고 있는 북방의 다문천왕상은 특이하게도 두 마리의 악귀를 밟고 있다. 들어 올린 두 손 중 오른손에는 보주를 잡고 있으며, 왼손에는 방형의 보탑을 받치고 있다.

원원사지에서 나와 경주를 향해 조금 북향하면 오른쪽에 숭복사지삼층석탑이 나온다. 숭복사는 신라 원성왕을 위해 곡사鵠寺라는 이름의 절을 옮겨 지은 것으로, 최치원이 비문을 지은 대숭복사비가 있었던 곳인데 원본은 남아 있지 않고 사본만 전해온다. 최치원이 숭복사 비문을 지은 이유는 아버지 최견일이 곡사를 옮겨 숭복사를 만들 때 종사한 경험이 있었기 때문이다. 헌강왕이 이 일을 상기시키며 숭복사비문을 짓도록 하자 그는 "비록 벼슬을 했다지만 부모님이 계시지 않아 헛된 영화일 뿐 명령을 받고 깜짝 놀라 스스로를 어루만지며 슬퍼 목이 메었다"라고 적었다. 그는 왕명을 받은 지 한참 뒤인 진성여왕 때 비문을 완성했다. 거북 모양의 받침돌은 지금 국립경주박물관 정원에 있다.

탑은 동서에 2기 있는데 현재의 높이는 동탑 약 4.3미터, 서탑 약 3.2미터다. 크기와 모양이 거의 같은 두 탑은 2층으로 된 기단 위에 몸돌을 놓고 지붕돌을 올려놓았다. 동탑은 2층 몸돌, 서탑은 2층과 3층 몸돌, 3층 지붕돌이 사라졌고 두 탑 모두 윗부분이 없다. 1층 기단에는 모서리 기둥과 2개의 안 기둥을 조각했고 2층 기단에는 모서리 기둥과 1개의 안 기둥을 조각했다. 2층 기단에는 각 면이 안 기둥에 의해 2개로 구획되어 4면에 8개의 구획이 있다. 4면의 구획 안에 각각 2구씩의 팔부신중상을 조각해 통일신라시대의 우수한 조각 솜씨를 보여준다.

숭복사에서 나와 원성왕릉으로 향한다. 경주 시내에서 12킬로미터 떨어졌으며 원성왕의 무덤으로 추정된다. 괘릉이라고도 불리는데 이곳에 작은 연못이 있었고 왕의 유해를 연못 위에 줄로 걸어서 장사 지냈다는 속설에 따른 것이다.

원성왕릉은 신라의 왕릉 중에서 가장 잘 갖추어진 형식이다. 입구에 1쌍의 석주가 마주 서 있고 그 뒤에 무인상 1쌍, 문인상 1쌍, 돌사자 2쌍이 약 25미터 간격으로 마주보고 있는데 이들은 '원성왕릉 석상 및 석주일괄' 이라는 명칭으로 보물 제1427호에 지정되어 있다. 신라의 능묘 주위에 석물이 배치되는 것은 8세기 무렵부터이며 당나라의 능묘 제도를 수용한 결과다. 돌사자는 힘이 넘쳐 한 발은 땅을 짚고 한 발로는 땅을 파헤치고 있으며 얼굴에는 웃음이 가득하다. 재미있는 것은 2마리씩 마주보고 있는 사자가 몸체는 그대로 둔 채 고개만 자기가 지키고 있는 방위를 향해 돌리고 있다는 점이다. 돌사자를 소개하는 안내판에는 다음과 같이 적혀 있다.

"2마리씩 나누어 마주보고 있는 돌사자는 동남쪽과 서북쪽의 것이 정면을 지키고, 서남쪽과 동북쪽의 것은 각각 머리를 오른쪽으로 돌려 남쪽과 북쪽을 지키게 하는 기발한 배치 방법을 사용했다."

봉분의 밑 둘레에 십이지신상을 새긴 호석이 있고 그 주위로 수십 개의 돌기둥을 세워 난간을 둘렀으며 봉분 앞에 안상을 새긴 석상을 놓았다. 십이지신상을 배치한 것은 신라의 독창적인 형식이며 특히 십이지신상의 힘찬 조각 수법이 당시 신라인들의 문화적 독창성과 예술적 감각을 잘 보여주고 있다.[15]

원성왕릉이 남다른 명성을 갖고 있는 까닭은 무인석의 얼굴과 신체가 신라인이 아닌 서역인이기 때문이다. 곱슬머리에 코가 우뚝하고 눈이 깊숙한 무인석은 당대에 신라가 서역인들과 활발히 무역을 했다는 사실을 보여준다. 『삼국유사』를 보아도 그렇다.

"헌강대왕 때에는 서울로부터 지방에 이르기까지 집과 담이 연連하고 초가는 하나도 없었다. 어느 날 헌강왕이 개운포開雲浦(현재의 울산 부근)에서 놀다가 돌아가려고 낮에 물가에서 쉬고 있는데 갑자기 구름과 안개가 자욱해서 길을 잃었다. 왕이 괴상히 여겨 좌우 신하들에게 물으니 일관日官(천문을 맡은 관리)이 이는 동해 용의 조화이니 마땅히 좋은 일을 해서 풀어야 한다고 말했다. 이에 왕은 용을 위해 근처에 절을 지으라고 명하자 구름과 안개가 걷혔다. 이 때문에 이곳을 '구름이 갠 포구'라는 뜻으로 개운포라 했다.

동해의 용은 기뻐해서 아들 일곱을 거느리고 왕의 앞에 나타나 덕을 찬양해 춤을 추고 음악을 연주했다. 그중의 한 아들이 왕을 따라 서울로 들어가서 왕의 정사를 도우니 그의 이름을 처용處容이라 했다. 왕은 그를 위해 미인에게 장가들이고 제9등급인 급간級干이라는 관직까지 주었다. 그러나 그 아내가 매우 아름다웠기 때문에 역신疫神이 흠모해서 사람으로 변해 밤에 그 집에 가서 남몰래 동침했다. 처용이 밖에서 자기 집에 돌아와 두 사람이 누워

원성왕릉 무인석. 곱슬머리에 코가 우뚝한 무인석은 신라가 서역인들과 활발히 무역을 했다는 사실을 보여준다.

있는 것을 보자 이에 노래를 부르고 춤을 추면서 물러나왔다.

동경東京 밝은 달에, 밤들어 노닐다가
들어와 자리를 보니, 다리 가랑이 넷이어라.
둘은 내 것이고, 둘은 누구 것인가.
본디 내 것이건만 빼앗겼으니 어찌할꼬.

그때 역신이 본래의 모양을 나타내어 처용의 앞에 무릎 꿇고 '내가 당신의 아내를 사모해 이제 잘못을 저질렀으나 공은 노여워하지 않으니 감동해 아름답게 여기는 바입니다. 맹세코 이제부터는 당신의 모양을 그린 것만 보아도 그 문 안에 들어가지 않겠습니다'라고 했다."

일연은 이런 연유로 고려시대에도 사람들이 처용의 형상을 문에 그려 붙여서 나쁜 귀신을 쫓고 복을 맞아들인다고 기록했다. 많은 학자가 처용을 서역인으로 추정하며, 이 설화는 신라가 닫힌 나라가 아니라 열린 나라였음을 보여주는 징표로도 제시된다.

원성왕릉에서 나와 슬픈 전설을 간직한 영지로 향한다. 영지라는 이름은 불국사 삼층석탑을 만들 때의 전설에 따라 붙여진 것이며 들어가는 길에 영지석불좌상이 나타난다. 얼굴은 알맞은 크기로 조각되었지만 눈, 코, 입을 정확하게 알아보기 어려울 정도다. 옷은 오른쪽 어깨를 드러냈으며 왼손은 결가부좌로 앉은 무릎 위에 놓고 오른손은 손가락을 가지런히 해 무릎 아래로 내렸다.

삼국시대 최고의 석공인 아사달이 신라까지 와서 석가탑을 제작

영지석불좌상. 삼국시대 최고의 석공인 아사달이 제작했다는 전설이 내려온다.

하고 있을 때 남편을 기다리다 못한 아사녀는 백제를 떠나 불국사로 찾아왔다. 그러나 탑이 완성되기 이전에는 여자의 출입을 제한하는 금기 때문에 남편을 만날 수 없었다. 그때 어떤 승려가 아사녀에게 탑이 완성되면 그림자가 못에 비칠 것이라는 말을 했다. 아사녀는 그 말을 듣고 못가에서 기다렸으나 끝내 그림자가 비치지 않아 못에 몸을 던져 목숨을 끊었다. 그 후, 탑을 완성한 아사달은 아내를 만나려고 연못으로 달려갔지만 이미 늦은 뒤였다. 그가 울면서 못 주위를 배회하자 아내의 모습이 앞산의 바윗돌 위에 떠올랐다. 아내의 얼굴은 흡사 부처님의 모습 같았다. 아사달은 바위에 아내를 새기기 시작했고 그 이후 사람들은 아사녀가 탑의 그림자를 기다린 못에 영지라는 이름을 붙이고, 그림자를 비추지 않은 불국사 삼층석탑에 무영탑無影塔이라는 별칭을 붙였다는 설명이다.[16]

전설에 의하면 아사달이 영지석불좌상을 만들었다고 하지만 정확한 것은 아니다. 학자들은 훨씬 이후 누군가에 의해 조성된 것으로 추정하지만 이 역시 확실하지 않다. 현재 상태만 보면 미완성 상태에서 종료된 것으로 보이지만 몸통의 볼륨감을 볼 때 상당히 공을 들여 제작한 불상으로 추정된다. 현진건의 『무영탑』이라는 소설로 유명해

■
영지는 아사달과 아사녀의 슬픈 전설을 간직한 곳으로 유명하다.

졌으며 이 전설은 『불국사고금창기』에도 실려 있다.

영지에서 2킬로미터 정도 떨어진 불국사 삼거리에 구정동 방형분이 하나 있는데 지나칠 유적은 아니다. 신라 때의 무덤 속을 옛날 모양 그대로 공개할 뿐더러 통일신라시대의 무덤으로 일반인들이 볼 수 있는 곳은 천마총과 이곳뿐이기 때문이다. 더욱이 이 무덤은 신라 무덤이 모두 원형인 것과 달리 사각형이다. 한 변의 길이 9미터, 높이 2.7미터로 길게 다듬은 큰 돌을 3단으로 쌓았으며 그 위로 판석을 넓게 놓아 봉토의 흙이 무너져 내리는 것을 막았다. 1920년 공식적인 발굴 조사가 이루어졌는데 이미 도굴당해 일부 장신구 외에는 특징적인 유물이 나오지 않았다. 구정동 방형분의 캄캄한 통로를 기다시피 해서 안으로 들어가면 무덤 벽과 1,000년에 이르는 세월 동안 관이 놓여 있던 자리가 보인다. 석실 바닥은 돌로 만들었으며 입구 왼쪽 면에는 직사각형의 받침돌이 있다. 사각 무덤이기 때문에 방형분이란 이름이 붙었는데 이런 형태는 고구려에만 있고 신라에는 유일한 형태다.

구정동 방형분에서 우회전해 경주 시내로 간다. 구정동 방형분부터 경주까지 계속 김씨 왕들의 왕릉이 있다는 사실은 의미심장하다. 남산 서편 비탈이 박씨 왕들의 안식처인 데 비해 이곳에서부터 반월성까지는 줄곧 김씨 왕들이 편안히 누워 있으니, 신라 당대에 각 성씨들이 지역을 달리해 거주하고 묘소도 썼다는 것을 알 수 있다. ❖

불국사

불국사

1. 들어가기

불국사와 석굴암이 한국 최초로 세계유산에 등재된 까닭은 그만큼 중요성을 인정받았기 때문이다. '안개와 구름을 삼키고 토한다'는 토함산 동쪽 정상 못 미친 곳에 석굴암이 있고 불국사는 서쪽 중턱에 자리 잡고 있다.

불국사는 이름이 말해주듯 흔한 이름의 절이 아니다. 최치원은 불국사가 화엄불국사華嚴佛國寺였다고 기록했으며 한때 화엄법류사華嚴法流類寺라고도 불렸다. 불국사는 이름 그대로 화엄 사상에 입각한 불국

불국사는 이름 그대로 화엄 사상에 입각한 불국세계를 표현한 사찰이다.

세계를 표현한 사찰이다.

불국사는 경덕왕 10년(751) 김대성의 발원으로 창건되었다는 것이 통설이나 이보다 전에 창건되었다는 설도 있다. 첫째는 눌지왕(417~457) 시절 아도화상이 창건했다는 것이고 둘째는 『불국사고금창기佛國寺古今創記』에 의하면 이차돈이 순교한 다음 해인 법흥왕 15년(528), 법흥왕의 어머니 영제부인과 기윤부인이 창건하고 비구니가 되었다는 것이다. 셋째는 문무왕 10년(670)에 불국사에 무설전을 짓고 의상대사와 제자 오진 등 열 사람의 대덕으로 『화엄경』을 강설했다는 것이다. 신영훈은 신문왕 1년(681) 4월, 가섭 · 아란상이 조성되었다는 기록도 『복장기』에 나와 있다고 적었다.

그러나 가장 유력한 것은 『삼국유사』에 기록된 것으로 김대성(『삼국사기』에는 김대정)이 석굴암은 전생의 부모를 위해, 불국사는 현세의 부모를 위해 창건했다는 것이다. 여기에는 다음과 같은 전설이 따라다닌다.

"대성이 장성해 토함산에서 곰을 잡았는데 그날 밤 꿈에 귀신으로 변한 곰에게 혼이 난 후에 곰을 위해 장수사를 지었다. 이로 인해 본성이 감동하는 바가 있어 자비스런 바람이 더욱 두터워졌다. 이에 현생의 부모를 위해 불국사를 짓고 전생의 부모를 위해 석불사(석굴암)을 창건해 신림과 표훈 두 스님으로 하여금 각기 주지하게 했다."[1]

그러나 불국사는 751년에 공사를 시작했지만 혜공왕 10년(774)까지 완공을 보지 못했으므로 그 뒤 국가에서 완성했고 정확한 완성 시기는 알려져 있지 않다.

김상연은 이종상의 시 「등불국범영루」에 "스님은 39년에 완성했다 하네"라는 구절이 보이는 것을 감안할 때 원성왕 6년(790)에 완공되었을 가능성도 있다고 했다.[2] 그러므로 불국사는 김대성 개인의 원찰이라기보다는 국가의 원찰로 건설되었다는 설이 지배적이다. 최치원도 시에서 "왕이 주인이 되어 친히 이룩하시니"라는 표현을 사용해 왕실의 원찰*로 조성되었음을 암시하고 있다.

불국사와 석굴암을 이해하려면 이 땅이 곧 불국토라고 믿었던 신

* 원찰(願刹)
1. 소원을 빌기 위해 세운 집.
2. 죽은 사람의 명복을 빌던 법당. 궁중에 둔 것은 내불당 또는 내원당이라 했다.

라의 독특한 불교관을 이해해야 한다. 이들 건축은 당시의 시대정신과 사회·경제적 배경 속에서만 해명될 수 있기 때문이다. 이들 건축이 세워지기 전 고대 사회에서는 현세의 삶이 죽어서까지 연속된다는 계세繼世 사상이 주를 이루었다. 죽은 사람을 위해 시종들을 순장해 데려간 것도 현세에 누린 영화를 계속 누린다는 생각에서였다. 그러나 불교에서는 세상사를 인과응보와 윤회 사상으로 설정한다. 윤회 사상은 모든 신분의 인간 존재를 인정하면서 현생의 자신의 인因에 의해 내세의 운명이 결정된다고 이야기한다.

이 사상의 진보적인 측면은 모든 인간의 존재를 인정한다는 점과 신분이 변화할 가능성이 있다는 점이다. 반면 이는 현세의 사회를 합리화할 수 있는 사상이기도 했다. 즉 불교가 이상으로 내세운 개인의 도덕은 현생에 덕을 쌓으면 부처님이 돌보아 내세에 복을 받는다는 것이다. 불만을 가지지 말고 자기 처지에 맞게 순종하면서 열심히 살면 결국 내세에서 복을 받으니 집권자들에게 감히 대항할 필요가 없다는 논리다. 즉 피지배자인 백성들이 받는 고통은 전생의 업보로 인한 것이니 참아야 한다는 것이다. 특히 불국사와 석굴암이 만들어졌던 경덕왕 시기가 전체 신라 왕권의 전성기임과 동시에 신분 질서가 이완되어가던 붕괴기임을 상기하면 더욱 이해가 빠를 것이다.[3]

그런데 삼국 가운데 가장 늦게 불교를 공인한 신라는, 고구려와 백제처럼 왕실에서 먼저 불교를 받아들인 후 민간신앙으로 이어지는 순서를 밟지 않았다. 즉 도입 초기에 불교를 수용하는 데 다소의 저항과 반발이 있었다. 따라서 불교에서 이야기하는 윤회 사상이 옳다고 하더라도 실제로 어떻게 확인할 수 있느냐가 관건이었다.

바로 여기에서 대범한 아이디어가 태어났다. 불교가 원래 외래 종교가 아니라 우리의 고유한 신앙과 밀접한 관련이 있다는 것이었다. 즉 불교와 인연을 맺게 된 것은 신라가 본래부터 불국佛國이었기 때문이라는 설명이다. 이렇게 성립된 불국토 사상은 불교가 우리의 종교라는 주장으로까지 발전했다. 신라의 불국토 사상은 당대에 전해지던 몇 가지 설화로도 알 수 있다.

첫째는 전불가람지前佛伽藍地에 대한 것이다. 『삼국유사』에 의하면 신라시대에는 전불시대前佛時代의 7개 가람터가 있었으며 그중 하나가 가섭불이 설법했다는 황룡사다. 둘째는 진흥왕이 불상 조성에 성공했다는 것이다. 철과 황금이 가득 실린 배가 포구에 닿았는데 안을 살펴보니 인도 마우리아 왕조의 아소카왕이 보낸 편지가 있었다. 그 내용은 석가삼존상을 만들려다 실패했으니 인연 있는 땅에 가서 성공하기를 기원한다는 것이었다. 진흥왕은 아소카왕의 기원대로 동왕 32년(573) 배에 있는 재료로 불상을 만들었다. 5미터 높이로 조선시대까지 남아 있었던 것으로 보이는데 그 이후의 행방은 묘연하다.[4]

셋째는 의상대사의 낙산사 창건이다. 의상은 당나라에서 귀국한 직후 관음보살의 진신을 친견하기 위해 동해변을 참배했다. 그러나 관음을 보지 못하자 바다에 몸을 던졌는데 이때 홍련紅蓮이 바다 속에서 피어나며 의상을 건졌고 그 안에서 나타난 관음보살이 수정 염주를 주면서 의상의 높은 신심을 찬양했다. 이후 의상대상은 낙산사를 창건하고 관음보살을 모셨다.

이들 설화는 불교가 신라 땅에 본격적으로 뿌리 내리게 되는 역할을 담당한다. 즉 신라인들에게 신라 땅이 본래 불국토였다는 신념

■
불국사를 하늘에서 내려다본 모습. 크게 세 구역으로 나뉘어짐을 알 수 있다.

을 불어넣으면서 자부심을 가지고 불교에 귀의하도록 유도한 것이다. 또한 국명도 불교 성지의 이름을 써서 실라벌實羅伐이라 표기하면서 서라벌의 어원을 이루었다. 그러므로 불국사는 신라가 불국토라는 것을 충실하게 알려주기 위해 건설된 사찰로, 심오한 화엄 사상을 가시적인 조형예술인 사원 건축을 통해 독창적이고 독특한 형태로 표현한 것이다. 불국사는 신라인이 그린 불국, 이상적인 피안의 세계를 구현한 것이라는 뜻이다.

불국사가 다소 복잡하게 보이는 까닭은 입면도와 평면 구성에서 매우 중요한 종교적 상징을 나타내고 있기 때문이다. 입면도에서 불국사는 크게 대웅전, 극락전 등 목조건물과 이를 받치고 있는 석조 구조로 나뉜다. 불국사를 전면에서 바라볼 때, 장대하고 독특한 석조 구조는 창건 당시에 건설된 8세기 유물이다. 그 위의 목조건물들은 임진왜란 전까지 9차례의 중창 및 중수를 거쳤으며 1970년부터 1973년까지 복원 공사가 대대적으로 이루어졌다. 극락전 뒤쪽에 법화전터로 알려진 건물 터가 남아 있는 것을 보면 창건 당시와 현재 규모에는 차이가 있을 것으로 짐작된다.

불국사를 자세히 보면 크게 세 구역으로 나뉜다. 대웅전을 중심으로 무설전, 자하문, 청운교 및 백운교, 범영루, 좌경루, 불국사 삼층석탑과 다보탑 등이 있는 넓은 구역이 있고, 왼쪽으로 극락전을 중심으로 연화교 및 칠보교(국보 제22호), 안양문 등이 있는 비교적 좁은 구역이 있다. 또한 무설전 뒤로 비로전과 관음전이 있는데 앞의 두 구역과 달리 거대한 석조 구조가 없어 차이를 보인다.[5]

세 구역 중 넓은 곳은 『법화경』에 근거한 석가모니불의 사바세계, 다소 작은 곳은 『무량수경』에 의한 아미타불의 극락세계, 무설전 뒤는 『화엄경』에 근거한 비로자나불의 연화장세계다. 결국 불국사는 서로 다른 이름을 가진 3분의 주인공이 있는 곳이라고도 할 수 있다.

석가가 상주하는 절대 진리의 세계인 불국토가 아미타 정토보다 훨씬 넓고 범영루, 청운교 및 백운교 등 전면의 건물들이 앞쪽으로 돌출된 까닭은 아미타 정토보다 석가 정토를 의도적으로 강조했기 때문이다. 불국사 전면을 보면 석가 정토의 대웅전이 아미타 정토의 극락전보다 한 층 높은 위치에 있다. 즉 아미타 정토를 단층, 석가 정토를 중층으로 보이게 의도적으로 건축했으며 이는 석가 정토를 강조하려했기 때문이다. 특히 석가 정토의 장대석, 아치석, 기둥석, 난간석 등은 석조이지만 맞춤새를 목조처럼 처리했다. 이처럼 석재를 목재처럼 건설한 건축은 세계 어느 곳에도 유례가 없다.

불국사 경내에 들어서면 우선 대석단과 마주치는데 장대하고 독특한 석조 구조 위의 목조건축으로 이루어져 있다. 대석단은 크게 양분되어 아래위 세계가 서로 다르다는 것을 의미한다. 곧 석단 위는 부처의 전유 공간으로 불국토이고 석단 아래는 범부*의 세계다. 동쪽의 석가모니 세계는 석단에 마련된 청운교 및 백운교를 통하지 않고는 오를 수 없으며 서쪽의 극락전 역시 석단에 마련된 연화교 및 칠보교를 통해서 올라갈 수 있다. 비로전이나 관음전 일곽 역시 대웅전 및 극락전을 통해서만 다다를 수 있다.

* 범부(凡夫)
번뇌에 얽매여 생사를 초월하지 못하는 사람.

석조 구조는 길고 짧은 장대석, 아치석, 기둥석, 난간석 등 잘 다듬어진 다양한 석재로 화려하게 구성되어 있다. 강우방은 석가 정토 구역의 경우 단순한 기단이 아닌 정토 건축의 목조건물 1층에 해당하는 부분이 석조 구조로 번안되었다고 설명했다.

정토 건축이란 건축 양식의 하나로 지상에서 멀리 떨어진 하늘에 있는 불국토를 상징하며 대체로 2층의 누각 형태를 띤다. 이러한 중층의 정토 건축은 중국 석굴사원의 벽화에 많이 나온다. 1052년에 건축된 일본 평등원平等院 건물이 가장 오래되었다고 알려져 있었지만 불국사는 그보다 훨씬 앞선 8세기 중엽 계획된 것이다.

흔히 불국사를 방문할 때 놓치기 쉬운 것이 경내로 들어가기 전의 석축이다. 1층 기단에는 큰 돌, 2층 기단에는 작은 냇돌을 쌓았으며 그 사이에 인공적으로 반듯하게 다듬은 돌로 기둥을 세워 지루하지 않게 변화를 주었다. 또한 석축 중간에 다리(연화교 및 칠보교, 청운교 및 백운교)를 내고 하늘로 날아오를 듯한 처마가 돋보이는 범영루와 좌경루를 세워서 수평적으로만 둘러진 것 같은 석축에 변화를 주었다. 불국 세계의 위엄을 상징하는 이 석축으로 불국과 범부 세계가 구분되면서도 이어지는 것이다.[6]

한편 불국사의 석축은 다른 곳에서는 볼 수 없는 특이한 공법이 사용되었다. 고구려에서 많이 사용한 그랭이 공법으로 동북아시아에서 주로 우리나라 건축물에서만 보이는 것이다.[7] 그랭이 공법은 간단하게 말해 기준 돌의 형태에 맞추어 돌을 다듬어 쌓은 것이다. 백운교 좌우에 거대한 바위를 쌓은 부분에서 확연하게 발견할 수 있으며 천연 바위를 그대로 둔 채 장대석과 접합해 수평을 이루도록 했다. 신영훈은 불국사를 창건하면서 이같이 어려운 작업을 채택한 것은 불국사가 상징하는 의미가 그토록 크기 때문이라고 했다.[8]

불국사 앞에 연못이 있다는 사실도 발굴로 밝혀졌다. 청운교 앞에 구품연지九品蓮池로 불리는 동서 39.5미터, 남북 25.5미터의 계란형 연못자리가 발견된 것이다. 사찰의 기단을 보면 토함산의 물을 끌어들여 연못으로 떨어지게 하는 홈통 같은 배수구가 있는데 여기서 물이 떨어지면 물보라가 생겨 장관이었다고 한다. 특히 못 위에 놓인 청운교 및 백운교와 연화교 및 칠보교, 긴 회랑과 높은 누각들이 거꾸로 물 위에 비쳐 절경을 이루었을 것으로 추정된다. 불국사의 세 구역을 석가 정토, 아미타 정토, 연화장 세계로 구분해 설명한다.

2. 석가 정토

『법화경』에 의하면 석가모니가 법화경을 설한 영취산을 그가 상주하는 정토로 삼는다. 석가 정토는 아미타 정토보다 훨씬 넓은 데다 측면에서 볼 때도 아미타 정토의 석조 구조보다 3미터나 돌출되어 있다. 그만큼 불국사는 석가 정토 구역을 강조한 건축물이다. 이 구역 안의 구조물을 차례로 살펴본다.

① 청운교 및 백운교

불국토는 청운교 및 백운교 등 돌계단으로 올라가는데 지상과 천상을 연결하는 다리의 중간 부분에 아치형 터널이 있어 밑에 물이 흐르는 다리임을 상징적으로 표현했다. 계단을 올라가면서 지상에서 천상으로 상승함과 동시에 강 또는 바다를 건너 하늘에 있는 불국토에 도착하는 것이다.

청운교 및 백운교 중간 부분의 아치형 터널. 다리 밑에 물이 흐른다는 것을 상징적으로 표현했다.

불국사의 가장 특징적인 조형물 중 하나인 석축 위는 부처의 나라인 불국이고 아래는 아직 거기에 이르지 못한 범부의 세계를 뜻한다. 석단은 크고 작은 돌을 섞어 개체의 다양성을 나타내며, 불국 세계의 높이를 상징함과 동시에 그 세계의 굳셈을 상징하기도 한다. 두 모퉁이 위에는 경루와 종루가 있다.

석단에는 대웅전을 향하는 청운교 및 백운교, 극락전을 향하는 연화교 및 칠보교가 놓여 있는데 층층다리가 국보로 지정된 예는 세계에서도 유례가 흔치 않다. 청운교 및 백운교는 석가모니불의 불국 세계로 통하는 자하문에 연결되어 있고 연화교 및 칠보교는 아미타불의 불국 세계로 통하는 안양문에 연결되어 있다.

청운교는 18계단으로 높이는 3.82미터이고 폭은 5.16미터다. 백운교는 16계단으로 높이는 3.15미터이고 폭은 5.09미터다. 다리의 숫자는 어떻게 보느냐에 따라 다른데 일반적으로 33계단으로 알려져 있다. 이는 33천天을 상징하는 것으로 욕심의 정화淨化에 뜻을 두고 노력하는 자들이 걸어서 올라간다는 뜻이다. 2개의 돌다리가 45도의 경사로 높다랗게 걸려 있으며 계단을 다리 형식으로 만든 특이한 구조를 하고 있다.

백운교는 옆에서 보면 직각삼각형 모양이다. 백운교의 높이와 폭과 길이를 간단한 비로 나타내면 약 3 : 4 : 5가 된다. 피타고라스의 정리에 따르면, 직각삼각형에서 직각을 낀 두 변을 a 와 b, 빗변을 c라 할 때 $a^2+b^2=c^2$다. 백운교의 비 3 : 4 : 5에서도 $3^2+4^2=5^2$라는 관계가 성립한다.

피타고라스의 정리를 동양에서는 '구고현의 정리'라고 한다. 구勾는 넓적다리, 고股는 정강이를 뜻하며, 넓적다리와 정강이를 직각으로 했을 때 엉덩이 아랫부분에서 발뒤꿈치까지가 현弦이다. 직각삼각형에서는 밑변이 '구', 높이가 '고', 빗변이 '현'이 된다. 중국의 수학책인

『주비산경』은 서양보다 500년이나 앞서 피타고라스의 정리를 1장의 그림으로 증명했는데, 이는 피타고라스의 정리에 대한 수많은 증명 중 가장 간결하고 우아한 것 중 하나다.[9]

화강암의 장대석으로 계단을 갈고 양쪽 난간에는 원통형의 돌을 이었으며 계단 위에 설치된 3줄의 등연석疊衍石은 각각 너비 70센티미터, 길이 6.2미터나 되는 거대한 돌로 되어 있다. 장방형의 돌기둥 위에 받쳐진 홍예(무지개)는 반원을 이루고 있으나 전체적으로는 U자를 뒤집어놓은 모양으로 우리나라 석교나 성문의 시원을 보여주고 있다.

아치의 구조법은 석빙고의 천장 구조와 유사하다. 골격이 되는 아치의 틀을 먼저 만들고 그 사이에 장대석처럼 다듬는 판석을 치밀하게 축조해 천장을 완성하는 방식이다. 골격에 의지하고 그 위에 덧쌓아서 골격과 천장돌 사이에 요철이 생겼다. 그러므로 이 형식은 석빙고의 아치와는 또 다른 방법이다.

신영훈은 석빙고형의 아치를 '속틀'이라 가칭하고 마구리*에 해당하는 또 하나의 홍예석을 '겉틀'이라고 명명한다면, 속틀은 여러 개의 돌을 쌓아 완성한 반면 겉틀은 좌우로 하나씩 반달같이 다듬어 틀어 올렸다고 한다. 이러한 이중 아치는 다른 곳에서는 볼 수 없으므로 '불국사형 아치'라고 부를 수 있다. 한마디로 신라인들은 다리의 아치 축조에 있어서도 남다른 창의력을 발휘한 것이다.

또한 겉틀의 아치 홍석**은 밑 부분이 넓고 위가 좁은 사다리꼴인 반면 속틀의 아치 홍석은 반대로 위가 넓고 밑이 좁아 역사다리꼴이다. 보편적으로 아치 홍석은 어느 나라의 것이든 대부분 속틀의 모습인데 불국사의 아치 홍석은 반대다. 특히 속틀 골격의 아치 홍석 위

*** 마구리**

1. 길쭉한 토막, 상자, 구덩이 따위의 양쪽 머리 면.
2. 길쭉한 물건의 양 끝에 대는 것.

**** 홍석(虹石)**

홍예문의 중앙 마루에 있는 쐐기 모양의 돌.

로 겉틀의 아치 홍석이 놓여 있다. 이것은 아치 홍석의 뒷몸이 안으로 깊숙이 들어가 천장돌의 하나로 구조되어 보다 단단히 결구되었다는 것을 의미하며, 이런 구조는 전 세계에서 유일한 것으로 추정된다.[10]

② 자하문 및 회랑

청운교 및 백운교를 오르면 자하문이 나타나는데 자하문이란 '붉은 안개가 서린 문' 이라는 뜻으로 부처의 몸에서 나온다는 자금색 광채를 말한다. 이 문을 통해서 부처가 있는 진리의 도장으로 들어가는 것이다.

축대를 따라 5칸씩 행각이 있으며 그 끝에 1칸씩 앞으로 돌출하

자하문은 '붉은 안개가 서린 문'이라는 뜻으로 부처의 몸에서 나온다는 자금색 광채를 말한다.

고 지붕이 솟아오르게 건축되었다. 동쪽이 경루經樓인 좌경루이고 서쪽이 종루鐘樓인 범영루다. 종루의 원명은 수미종각須彌鐘閣으로 수미산에 있는 종각이란 뜻이다. 수미산은 석가여래의 이상향인 사바세계의 표상이다. 신라인들은 불국을 만들기 위해 토함산 기슭에 수미산을 쌓았는데 그것이 불국사의 자연석 축대로 상징되었고 그 위의 건축물들은 부처가 상주하는 보궁寶宮이다. 범영루에는 현재 법고가 있으며 좌경루는 경판을 넣어둔 경루였으나 지금은 목어와 운판*을 달았다.

범영루 하부의 석조 구조는 잘 다듬어진 돌을 짜 맞추어 특이한 기둥을 만들었다. 즉 돌단 위에 판석을 새웠는데 밑부분을 넓게 하고 중간 돌기둥을 지나면 다시 가늘고 좁게 했다가 윗부분에 이르러 다시 밑부분같이 넓게 쌓았다. 쌓은 형태는 기둥돌이 모두 8개씩 다른 돌로 되어 있고 다른 돌을 동서남북 네 방향으로 조립한 것으로 대단히 독특한 조형미를 가지고 있다.[11] 반면 좌경루의 하부 석조 구조는 연꽃으로 장식한 팔각기둥으로 단순히 처리해 대칭의 자리에 비대칭의 조형을 조성했다.

그런데 여기에도 대단한 건축 기법이 숨어 있다. 돌기둥에 중인방**을 들이듯이 결구한 부분을 자세히 보면 기둥머리에 네모난 돌이 약간 나와 있다. 이 돌이 바로 '동틀돌'로 안으로 깊숙이 박혀 있으며 석굴암의 궁륭 천장, 남산신성과 안압지의 석축, 감은사의 축대도 이런 구조로 되어 있다.

동틀돌은 머리 안쪽으로 홈을 파내 그 홈에 상하의 돌기둥이 걸리고, 좌우의 중인방처럼 생긴 수장재***도 끼워진다. 즉 토압 때문에 석재대를 형성한 석재들이 밀려나기 쉬운데 동틀돌을 사용하면 이런

*** 운판(雲版)**
절에서, 재당(齋堂)이나 부엌에 달아놓고 식사 시간을 알리려고 치는 기구. 구리나 쇠로 만든 구름 모양의 금속판이다.

**** 중인방(中引枋)**
벽의 중간 높이에 가로지르는 인방.

***** 수장재(修粧材)**
건축물의 내부나 외부에 노출되어 집을 아름답게 꾸미는 재료.

위험을 원천봉쇄할 수 있다. 1,000년이 훨씬 넘는 석굴암과 불국사가 오늘에 이를 수 있었던 것은 선조들이 이런 과학적인 시공 방법을 사용했기 때문이다.

자하문을 통과하면 세속의 무지와 속박을 떠나서 부처님의 세계가 눈앞에 펼쳐진다는 것을 의미한다. 자하문 좌우에 회랑이 복원되었으며 구조는 궁중의 것과 유사하다. 국왕은 세간의 왕이요 불佛은 출세간*의 대법왕이라는 뜻에서 대웅전을 중심으로 동서 회랑을 건립하는 수법이 생긴 것이다.

* 출세간(出世間)

1. 속세와 관계를 끊음.
2. 생사의 세계를 벗어나 열반의 세계로 들어감.
3. 속계를 세간이라고 하는 데 대해 법계(法界)를 이르는 말.

③ 대웅전 및 무설전

대웅전 경내로 들어서면 불국사의 사상과 예술의 정수라 볼 수 있는 불국사 삼층석탑과 다보탑이 나타난다. 창건 당시 대웅전의 본존불 시각에서 두 탑을 바라보면 화려한 다보탑 뒤로 단순한 건물인 경루가 들어서고 단아한 불국사 삼층석탑 뒤로는 화려한 종루가 배치되어, 생김새가 다른 두 탑과 누각이 전체적으로 다양함 속에서도 통일성을 잃지 않는 균형을 이루었다고 한다. 그러나 임진왜란 때 불에 타 크게 손상되었고 여러 번의 복원 과정에서 종루와 경루가 제 모습을 잃었다.

대웅전 앞의 석등과 봉로대도 주목할 만하다. 석등은 소박하지만 신라시대의 것으로는 가장 오랜 것에 속한다. 석등 앞쪽의 면마다 안상을 새긴 석대가 향로를 얹어 향을 피우던 봉로대다.[12]

석가 정토의 대웅전 건물은 기본적으로 아미타 정토의 극락전보다 한 층 높은 위치에 있다. 임진왜란 이후 1659년에 중건했던 것을

■
불국사 대웅전. 아미타 정토의 극락전보다 한 층 높은 위치에 있다.

1765년에 다시 지었다고 전해지며, 정면 5칸 측면 4칸인데 창건 당시와는 구조가 달라졌다고 추정된다. 또한 창건 당시에는 석가여래와 미륵보살, 갈라보살의 삼존상이 모셔졌다고 기록되어 있다. 협시보살로 미륵보살과 갈라보살이 서 있는 예는 매우 드물다고 한다. 미륵보살은 미륵불이 성불하기 전의 모습이며 갈라보살은 정광여래定光如來가 성불하기 전의 형상이다. 정광여래는 과거불이고 미륵불은 미래불이어서 현세불인 석가여래와 함께 과거, 미래, 현재를 나타내는 삼세불의 세계를 조성했다는 것이다.

무설전은 강당에 해당하는 건물로 현재의 건물은 1973년 중창불사 때 세워졌다. 무설전이란 '설說이 없는 전당'이라는 뜻으로 강당이면서도 강의를 하지 않는다는 건물명에는 불교의 깊은 뜻이 담겨 있다. 「불국사고금창기」에 의하면 불국사 경내에서 가장 먼저 지어진 건물로 신라 문무왕 10년(670) 왕명에 의해 무설전을 새로 짓고 『화엄경』을 강의했다고 한다. 이 기록대로라면 불국사를 창건한 751년보다 훨씬 앞서므로 무설전은 불국사가 창건되기 이전의 건물로 추정된다. 따라서 무설전은 현재 볼 수 있는 것보다는 다소 작은 규모였을 가능성이 높다.

건물 안에는 불상을 봉안하지 않았으며 단지 강당으로서의 기능에만 충실했다고 본다. 그런데 현재 지장보살 김교각 스님의 등상等像이 안치되어 있다. 이 등상이 무설전에 안치된 연유는 다음과 같다.

"김교각 스님(697~794)은 신라 33대 성덕대왕의 아들로 24세에 출가해 당나라로 가서 구화산의 초당草堂에서 초인적인 수행을 했다. 구화산의 주인인 이 지역의 토호 민양화의 아들이 산에서 길을 잃고 사경을 헤맬 때 스님의 도움으로 무사히 귀가할 수 있게 되자 양화는 답례 차 필요한 것을 물으니 스님은 중생을 이익 되게 할 절을 짓고자 하니 가사 크기만큼의 땅을 시주해 달라 했다. 민양화가 이를 승낙해 스님이 가사를 펴니 구화산 99개봉을 모두 덮었다. 놀란 민양화가 스님에 귀의해 구화산 자체를 시주했고 이곳에 화성사를 창건했고 지장보살로 추앙되었다.

스님이 입적하자 시신은 3년이 지나도 얼굴과 살갗이 살아 있는 것과 다름없어 구화산 남대에 등신불을 모시고 그 위에 법당을 지으니 바로 '육신보전肉身寶殿'이다. 이때부터 구화산은 중국의 대표적인 지장도량이 되었다. 생전에 언제 고국인 서라벌로 돌아가느냐 질문하자 스님은 '1300년 후에 다시 돌아갈 것이다'라고 했다. 1997년이 바로 김교각 스님 탄신 1,300주년이므로 구화산 화성사는 김교각 스님의 탄생지인 경주의 불국사에 등신을 기증해 무설전에 모셨다."

대웅전 영역에는 모두 회랑이 둘러져 있다. 회랑을 건립한 근본 취지는 부처에 대한 존경심이다. 대웅전의 정문을 바로 출입하는 것은 불경不敬을 의미하므로 참배객은 존경을 표하는 뜻에서 정면으로 출입하지 않고 회랑을 따라 움직인다.

무설전 뒤쪽의 가파른 계단을 오르면 피라미드식의 지붕을 얹은 관음전이 있다. 관음전에서는 관세음보살을 모시고 있다. 이 계단을 낙가교라 하며 이곳에 오르면 회랑이 어떻게 무설전과 대웅전을 두르고 있는지 잘 볼 수 있다.

④ 다보탑

불국사가 갖고 있는 예술의 정수로 다보탑과 불국사 삼층석탑을 꼽는 학자도 있다. 두 탑은 대웅전과 자하문 사이의 뜰 동서쪽에 마주 보고 서 있으며, 높이도 10.4미터로 같다. 다보탑은 특수형 탑, 불국사 삼층석탑은 일반형 탑을 대표한다고 할 수 있으며 두 탑을 같은 위치에 세운 이유는 '과거의 부처'인 다보불多寶佛이 '현재의 부처'인 석가여래가 설법할 때 옆에서 옳다고 증명한다는 『법화경』의 내용을 눈으로 직접 볼 수 있게 하기 위해서라고 한다.

다보탑은 온 우주의 근본 형상처럼 네모나고 둥글고 뾰족한 방형과 원형과 삼각형이다. 원형은 하늘, 방형은 땅, 삼각에서 발달한 팔각은 인간의 상징이다. 학자들은 다보탑에 우주와 인간이 바르게 걸어

다보탑은 우주의 근본 형상처럼 네모나고 둥글고 뾰족한 모양이다.

야 할 길이 모두 갖추어져 있다고 설명한다.[13] 흥미로운 것은 다보탑이 몇 층인가는 아직 명쾌한 답이 없다는 점이다. 일반적인 탑과 모양이 너무 다르므로 층수를 헤아릴 수 없기 때문이다.

이광표는 다보탑 맨 아래쪽의 계단이 있는 부분이 기단부라는 데는 대체로 전문가들의 의견이 일치한다고 했다. 그러나 그 윗부분을 놓고 학자들의 의견이 엇갈린다. 기단부 위쪽의 사각 기둥이 있는 부분을 기단으로 보는 견해도 있고, 하나의 층으로 보는 견해도 있다.

탑 중간의 난간 부분도 4각 난간과 8각 난간 부분을 각각 하나의 층으로 보기도 하며 이와 반대로 4각 난간과 8각 난간 부분을 합쳐 하나의 층으로 보기도 한다. 그리고 난간 위부터 8각 옥개석 아래 부분을 또 하나의 층으로 보는 견해도 존재한다. 김광현은 다보탑은 일반적으로 삼층탑으로 인식하지만 주체부가 편평한 개석 위에 있다는 것을 감안하고 그 아래에 4개의 기둥으로 개방적인 공간을 구성한 부분을 하나의 층으로 보면 4층으로도 볼 수 있다고 했다.

다보탑 상층 기단 중앙에는 네모난 돌기둥이 있다. 아래에 주춧돌이 있고 머리 위에 주두를 얹었다. 네 기둥과 가운데 기둥은 오방五方을 뜻하는데 오방은 티베트 불교에서 우주의 표상이다.

탑이 건립된 시기는 불국사가 창건된 통일신라 경덕왕 10년(751)으로 추측된다. 다보탑은 목조 건축을 하듯 접합제를 전혀 사용하지 않고 다양한 석재를 조립해 정교한 조화를 이루도록 축조한 탑으로 동양에서는 유일하다. 일반적으로 석재를 이용한 건축은 쌓아 올리는 방식이 대부분인 데 비해 다보탑은 석재를 목재같이 짜 맞추는 방법을 사용했다. 무겁기 그지없는 돌을 사용해 석조 건축의 혁신을 이루어낸 것이다.

무엇보다 사각, 팔각, 원을 한 탑에서 짜임새 있게 구성한 점, 각 부분의 길이, 너비, 두께를 일정하게 통일한 점이 돋보인다. 1920년 다보탑을 실측한 요네다 미요지米田美代治는 이 탑이 정확하게 기하학적으로 8 : 4 : 2 : 1 비례인 등비급수로 세밀하게 구성되었다고 발표했다. 한마디로 다보탑이야말로 독창적인 공학 기술과 예술성을 가미한 8세기 통일신라 미술의 정수인 것이다.[14]

하지만 다보탑 자체는 신라의 독창적인 작품은 아니다. 다보탑은 칠보로 장식된 화려하고 장엄한 탑으로, 법화 신앙이 팽배하던 남북조시대에 중국인들이 건설하기 시작했다. 당나라 고종 2년(667)에 혜상이 지은 『홍찬법화경』에서 여러 기의 다보탑 건립 기록을 찾아볼 수 있다. 운강석굴에서 보이는 다보탑은 지붕과 탑신을 갖춘 일반형의 목조 다층탑 양식으로 하층부에 다보불과 석가모니불이 함께 앉아 있다.

그러므로 학자들은 불국사 다보탑도 중국에서 건설된 역대 다보탑을 참고한 후 그 틀에서 벗어나 파격적인 아이디어를 가미해 만들어낸 것으로 추정한다. 불국사 다보탑은 중국식의 누각형 층탑 개념에서 벗어나 스투파stupa 원형에 대한 이해를 전제로 한국의 석탑 양식을 만들어낸 작품으로 인식하는 것이다. 이는 그동안 성덕왕릉을 비롯해 스투파식 왕릉을 축조하면서 터득한 지혜의 결과일 수도 있다는 설명이다. 『법화경』에서 다보탑을 서술한 부분을 살펴보면 다음과 같다.

"다보여래는 평소 '내가 부처가 된 뒤 누군가 『법화경』을 설법하는 자가 있으면 그 앞에 탑 모양으로 솟아나 그것을 찬미하겠다'라고 약속했다. 다보 여래는 훗날 석가가 『법화경』의 진리를 말하자 정말로 탑으로 불쑥 솟아났다.

그 탑의 높이는 500유순*이고 가로와 세로는 250유순인데 땅에서 솟아 나와 공중에 머물러 있었다. 갖가지 보물로 장식하니 5,000의 난간과 1,000만의 감실이 있고 무수한 당번(깃발)으로 장엄하게 꾸몄으며 보배 영락을 드리우고 보배 방울 만 억을 그 위에 달았다. 사면에서 모두 다마라발전단향多摩羅跋檀香의 향기가 나와 세계에 두루 가득 차고, 모든 번개幡蓋는 금, 은, 유리, 자거, 마노, 진주, 매괴 등 칠보로 합쳐 만드니 높이가 사천왕 궁전까지 이르렀다."

*** 유순(由旬)**
고대 인도의 이수(里數) 단위. 소달구지가 하루에 갈 수 있는 거리로서 80리인 대유순, 60리인 중유순, 40리인 소유순의 세 가지가 있다.

이런 내용을 가능한 한 조형적으로 완벽하게 표현하고자 한 것이 다보탑이라는 설명으로 세계에서 한국의 다보탑처럼 변화무쌍하면서도 『법화경』의 진리를 이상적으로 구현한 탑은 찾아볼 수 없다.

다보탑에는 지금 사자 1마리가 서 있다. 하지만 원래는 4마리였다. 1902년 일본인 세키노 다다시關野貞도 다보탑을 조사한 후 사자 4마리가 있다고 기록을 남겼는데 1909년 다시 왔을 때는 2마리만 남았다고 했다. 1916년 발간된 『조선고적도보』에 수록된 사진에 2마리가 보이는 것으로 보아 1902년부터 1909년까지 2마리가, 1916년 이후 다시 1마리가 없어진 것으로 보인다.

현진건의 「불국사 기행」에도 "이 탑의 네 귀에는 돌사자가 있었는데 2마리는 동경의 모 요리점의 손에 들어갔다 하나 숨기고 내어놓지 않아 사실 진상을 알 길이 없고 1마리는 지금 영국 런던에 있는데 다시 찾아오려면 500만 원을 주어야 내어놓겠다 한다던가?……이 탑을 이룩하고 그 사자를 새긴 이의 영이 만일 있다 하면 지하에서 목을 놓아 울 것이다"라는 내용이 있다.

⑤ 불국사 삼층석탑

다보탑과 대조되는 것은 대웅전 앞뜰 서쪽에 있는 불국사 삼층석탑이다. 원래 이름은 '석가여래상주설법탑釋迦如來常住設法塔'으로 석가여래가 이 속에 머물면서 영원히 설법하는 탑이라는 뜻이다. 다보탑은 다보여래가 탑 속에 머물면서 영원히 석가여래의 설법을 증명하는 탑이라는 뜻이므로 이 탑들은 둘이면서 하나라고 할 수 있다.

불국사 삼층석탑은 석가가 보리수 아래에서 크게 깨닫고 항마인했을 때의 모습을 표현한다. 그러므로 석가탑 아래 삐죽삐죽 튀어나온 바위는 보리수 아래 석가가 앉았던 암좌岩座이며 여덟 개의 둥근 연화석은 팔부신장이 부처님을 모시고 둘러앉았던 자리를 의미한다.[15]

불국사 삼층석탑은 2층 기단 위에 3층의 탑신을 세우고 그 위에 상륜부를 조성한 일반형 석탑으로 기단부나 탑신부에 아무런 조각이 없어 간결하고 장중하다. 각 부분의 비례가 아름답고 전체의 균형이 뛰어난 작품으로 여러 사람이 다보탑보다 후한 점수를 주기도 한다. 높이 10.8미터. 1층 탑신 7.7톤, 1층 옥개석 7.1톤, 2층 옥개석 6톤, 상륜부를 떠받치는 노반이 500킬로그램이나 된다. 감은사지 동·서 삼층석탑과 고선사지 삼층석탑의 양식을 이어받은 8세기 통일신라시대 작품이다.

처마 좌우 끝에는 구멍을 파고 금동으로 만든 장엄구를 장치했다. 3층 지붕 위에는 노반을 얹고 상륜을 올렸으며, 철심에 돌을 다듬

불국사 삼층석탑은 석가가 보리수 아래에서 크게 깨닫고 항마인 했을 때의 모습을 표현한다.

어 만든 여러 부재를 중첩해 완성했다.

불국사 삼층석탑은 엉뚱한 일로 한국의 문화유산을 세계에 알린 것으로도 유명하다. 원형대로 잘 보존되어왔으나 1966년 9월 도굴범에 의해 훼손 사건이 발생했다. 탑을 복원하기 위해 탑신부를 해체·수리하던 중 2층 지붕돌 중앙에 있는 방형 사리공 안에서 사리를 비롯한 사리 용기와 각종 장엄구 등을 발견했다. 이 중에서 가장 중요하게 평가되는 것은 『무구정광대다라니경無垢淨光大陀羅尼經』이다. 이 경문은 목판 인쇄물로 닥나무 종이로 만들어졌으며 690년에서 705년 사이 당나라 측천무후 당시에 공문서에 사용되었던 글자 중 4개가 10여 차례나 등장해 세계 최초의 목판 인쇄물로 밝혀졌다. 불국사 삼층석탑 건립 이전에 만들어서 불국사 창건 당시에 봉안된 것으로 보이며 현재 국립경주박물관에서 보관하고 있다.

불국사 삼층석탑은 무영탑이라고도 불리는데, 현진건의 소설로도 유명한 아사녀와 아사달의 애처로운 사랑 이야기는 불국사를 찾는 사람들의 심금을 울렸고 불국사가 널리 알려지는 데 큰 공헌을 했다. 홍사준은 불국사 삼층석탑을 건축한 아사달이 황룡사 구층목탑을 지은 아비지와 동족인 백제 사람일 것으로 추정했다. 아사녀와 아사달의 전설이 있는 영지는 불국사 입구 매표소에서 멀리 서쪽으로 내려다보인다.

불국사 삼층석탑은 석가모니를 상징하는 탑이다. 아사달은 이 점에 착안해 탑의 자리를 보통의 탑과는 다르게 만들었다. 지대석 아래 큰 바윗돌을 옮겨놓아 탑이 바위를 타고 앉은 것처럼 만든 것이다. 석가모니가 눈 덮인 히말라야 산맥에서 6년 동안 수행할 때 앉은 자리가 주로 바위였다는 사실에 주목한 것으로 추정된다.

탑 아랫부분을 자세히 보면 바위와 탑의 기단이 만나는 부분이 독특하다. 크고 작은 바위들을 울퉁불퉁하게 깔고 그 위에 탑을 올렸는데 여기에서도 그랭이 공법이 사용되었다. 받침돌을 바위에 따라 도려내고 수평을 맞춘 것이다. 자연미가 돋보이는 부분으로 다른 나라의 탑에서는 찾아볼 수 없다.

탑의 둘레에는 팔방금강좌라고 하는 별도의 탑구가 있다. 정사각형의 탑구 네 모서리와 네 변의 중심에 원형의 연화좌대를 놓고 그 사이를 장대석으로 연결한 것이다. 각각의 연화대에는 8분의 보살상이 있었을 것으로 추정하고 있지만 확실하지는 않다. 팔방금강좌가 둘러져 있기 때문에 석가탑에 전체적인 안정감이 더해진다.

탑신은 2층보다 1층이 훨씬 높다. 2층부터는 1층 높이의 반 이하로 줄어든다. 3층은 2층보다 약간 낮게 만들었다. 폭과 지붕돌은 위로 올라가면서 조금씩 줄어든다. 덮개에 해당하는 상하 갑석의 윗면은 경사를 약간 주어 빗물이 잘 빠지도록 했다. 경사가 사방에 나 있으므로 모서리에 45도 각도로 융기된 선이 생겨났는데, 이 선을 무리 없이 다듬기 어려운데도 둔하게 보이기 쉬운 부분을 뛰어난 솜씨로 날렵하게 처리했음을 알 수 있다.

상륜은 3층 지붕돌 위에 올린 네모반듯한 모양의 노반에서 시작된다. 노반 위로 복발, 앙화, 보륜, 보개, 수연 받침, 수연, 용차, 보주 순으로 구성된다. 이 석재들은 크기가 작은 데다 높게 쌓아 올려야 하기 때문에, 중심부에 구멍을 내고 3층 지붕돌에 꽂아 세운 '철찰주(철로 만든 기둥)' 에 내려 끼우는 방식으로 설치했다. 상륜부 전체에 세밀한 조각이 많지만 특히 앙화의 네 모서리에는 악기를 연주하는 주악비천상奏樂飛天像이, 네 변에는 음식을 바치는 공양비천상供養飛天像이 섬세하게 조각되어 있다. 석가탑은 원래 앙화까지만 남아 있었는데, 1973년에 실상사 백장암 삼층석탑의 상륜부를 본떠서 그 위의 상륜을 다시 만들어놓았다.

불국사 삼층석탑은 시각 교정 등 매우 정교한 건축 기술을 도입한 것으로 유명하다. 기단 기둥의 수치를 보면 안쪽 기둥에 비해 바깥쪽 모서리 기둥이 약간씩 높다. 또한 기단과 탑신의 너비는 아래쪽이 넓고 위로 갈수록 좁다. 이것을 귀솟음과 안쏠림 기법이라고 부른다.

귀솟음은 중심 기둥과 모서리 기둥의 높이를 같게 할 경우 양쪽 끝이 중심보다 낮게 보이는 착시 현상을 방지하기 위한 기법이다. 그리스 파르테논신전에서 볼 수 있듯이 중앙부가 처져 보이는 것을 막기 위해 중앙부의 기둥을 높게 하는 것을 반대로 이용하는 것이다. 안쏠림은 기단과 탑신의 기둥을 수직으로 올리는 것이 아니라 약간 안쪽으로 기울게 만드는 것으로, 역시 수직으로 올렸을 때 착시 현상에 의해 건물의 윗부분이 넓어 보이는 것을 교정하기 위한 것이다.

불국사 삼층석탑은 통일신라 초기 석탑 양식의 대세를 따르고 있지만 이를 보다 간략화하면서 석재가 갖고 있는 특성을 최대한 살려 완성된 양식을 확립했다. 탑신부의 비례도 통일신라 초기의 경향에 따라 1층에 비해 2층부터 체감률이 급격히 높아지지만 옥신석은 높이에 비해 폭이 줄어들어 종래의 장중한 외관에서 경쾌한 외관으로 바뀐다. 여기에도 상당한 미적 지혜가 발휘된다. 기단부에서 위로 올라갈수록 균형 있게 체감되는데 비율이 4 : 2 : 2다. 상식적으로 4 : 3 : 2가 훨씬 균형 있게 보일 것 같지만 사람의 눈은 착시 현상을 일으키므로 아래에서 올려다볼 경우 2층과 3층의 길이를 같게 해도 3층이 거리상으로 멀리 있기 때문에 작게 보인다는 점을 고려한 것이다.[16] 이후 이러한 불국사 삼층석탑의 양식을 따라서 건축된 신라의 수많은 석탑을 '일반형 석탑'이라고 부른다.[17]

불국사 삼층석탑은 현재 완전 해체해 복원 중이다. 상륜부와 탑신부, 기단부와 내부 적심(탑 안을 채우는 흙과 자갈)을 완전히 해체하고, 석탑 아래 지반까지 조사하는 것이다. 최대한 원래 부재를 사용하는 것을 기본으로 해체한 석탑 부재는 깨끗이 닦아내고, 훼손된 곳은 접합·강화 처리를 한 뒤 내부 적심을 다시 채워넣고 조립하는 것이다. 그동안 탑을 해체·수리한 적은 있지만 탑 아래 땅속까지 발굴하는 것은 창건 이래 처음이다. 학자들은 신라시대에 탑과 건물 지반 아래 공양품을 바치는 관습이 있었기 때문에, 당시 신라인들이 쓰던 장신구나 허리띠 장식, 관장식 등 '타임캡슐'이 나올 가능성이 높은 것으로 보았다. 예상은 틀리지 않았다.

2013년 7월 탑 아랫부분인 기단 내부의 적심석을 들추어내던 중 탑 아래쪽에 숨어 있던 금동불 입상이 1271년 만에 세상에 모습을 드러냈다. 발견 위치는 북측 상층 기단의 면석 외곽에서 석탑 중심부 쪽으로 48센티미터 지점이었다. 불상은 높이 4.6센티미터, 대좌 지름이 2.3센티미터인 소형이다. 학자들은 이 불상이 8세기 중엽에 제작되었으며, 불국사 삼층석탑이 만들어진 경덕왕 원년(742)에 탑 속에 납입된 것으로 보고 있다. 문화재청은 진단구鎭壇具 즉 나쁜 기운이 근접하지 못하도록 건물의 기단 등에 넣은 물건으로 추정했다. 반면에 강우

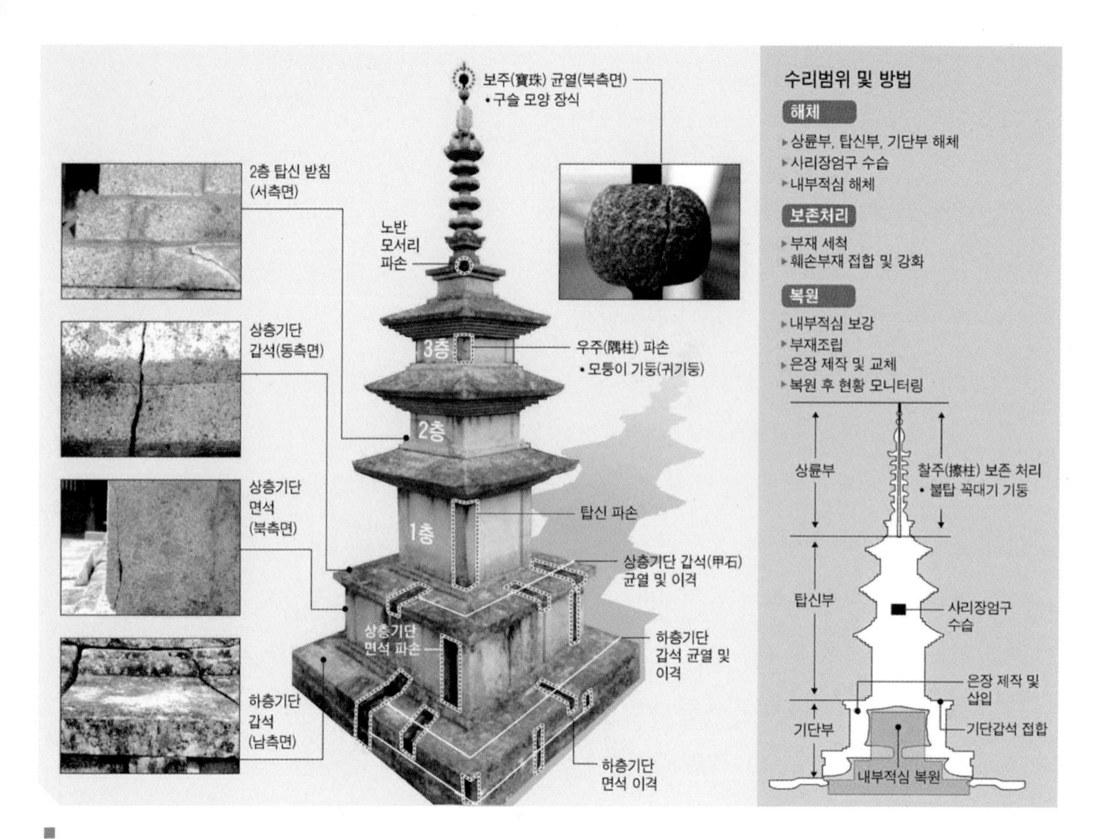

국립문화재연구소가 발표한 불국사 삼층석탑 훼손 상황과 해체 수리 계획.

방은 지체 높은 신자들이 평소 갖고 있던 귀한 물건을 공양품으로 탑 속에 넣었을 것이라고 말했다.[18]

복원하는 중이지만 석탑 주변에 내부를 들여다볼 수 있는 가설 덧집과 관람용 계단을 설치해 해체 · 수리 과정을 공개하고 있다.[19]

3. 아미타 정토

연화교 및 칠보교를 지나 다다르게 되는 아미타 정토는 극락전을 중심으로 이루어졌다. 8세기에 한창 융성한 아미타 신앙은 모든 중생이 나무아미타불을 단 1번만 염불해도 속세의 고통에서 벗어나 다시 태어날 수 있다는 것이며, 행복의 땅 즉 극락세계가 바로 아미타 정토다. 『무량수경』에 의하면 아미타 정토는 서방정토에서 가장 훌륭하고 장엄한 세계로 무수한 불국토의 중심에 있다고 한다.

아미타 신앙대로라면 불국사에서 아미타 정토 구역을 제일 장엄하고 높게 조성하는 것이 이치이지만 규모나 구조면에서 아미타 정토는 석가 정토의 부속물로 설계되었다. 권지연은 이와 같이 설계된 이유로 아미타 신앙이 신라시대 대중 사이에 크게 유행하기는 했지만 어디까지나 화엄 사상의 카테고리 안에서 전개되었기 때문이라고 설명했다.

화엄 사상에 의하면 아미타 정토는 가장 낮은 단계로 근기가 낮은 중생을 위한 것이고 연화장세계는 가장 높은 단계로서 근기가 높은 중생이 도달할 수 있는 경지다. 즉 연화장세계는 해탈의 경지이며 만물이 조화로운 관계 속에서 하나가 되는 이상적인 세계다.

불교 세계에는 아미타여래가 있는 극락정토, 약사여래가 있는 유리광정토 등 수많은 정토가 있지만 불교의 주 관심사는 석가여래가 인간의 몸으로 태어나 중생을 구제하기 위해 나타난 사바세계다. 그러므로 많은 여래 가운데 가장 중요한 여래는 사바세계의 석가여래이며 연화장세계로 변모한 석가 정토가 아미타 정토보다 단계가 높은 것이다. 즉 우리의 이상은 저 멀리 있는 서방의 극락정토가 아니라 우리가 사는 사바세계를 연화장세계로 변모시키는 데 있다는 것이다. 최준식은 불국사의 건축이, 노력과 실천으로 깨침에 다다르면 사바세계가 가장 훌륭한 정토가 될 수 있다는 불교의 가르침을 말해주고 있다고 적었다.

① 연화교 및 칠보교

대웅전으로 가는 청운교 및 백운교 서쪽에는 아미타여래의 서방 극락세계로 가기 위한 연화교 및 칠보교가 있다. 연화교 및 칠보교(칠보는 일곱 가지 보석을 뜻한다고 하나 부처의 본질인 깨달음의 일곱 가지 덕성을 말한다는 설명도 있음)는 청운교 및 백운교와 모습이 비슷하지만 경사가 훨씬 완만하게 처리되어 있으며 다소 규모가 작다. 다리 밑에는 약간 완만한 곡선을 이룬 홍예가 있으며 오르는 계단 하나하나에 활짝 핀 연꽃이 조각되어 아미타의 극락세계인 극락전 영역에 이른다. 창건 당시 많은 사람이 이 다리를 오르내리며 극락왕생을 기원했으며 특히 헌강왕비가 비구니가 되어 왕이 극락에 왕생하기를 기원했다는 전설이 내려온다. 청운교 및 백운교에 비해 부드럽고 온화한 다리로 신라

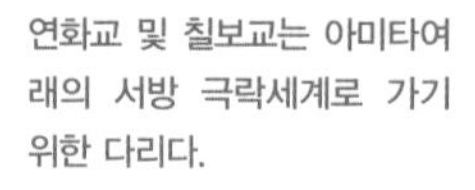
연화교 및 칠보교는 아미타여래의 서방 극락세계로 가기 위한 다리다.

■
극락전은 아미타불이 있는 서방의 극락정토를 상징하는 곳으로 불국사 금동아미타여래좌상이 봉안되어 있다.

시대 석조 기법의 우수성을 잘 보여주고 있다.

② 극락전

안양문을 지나면 석등과 극락전(아미타여래가 주존으로 봉안된 사찰 건물을 무량수전이라고도 함)이 나타난다. 안양이란 극락정토의 다른 이름으로 이 문을 지나면 사방의 극락정토에 이른다는 의미를 나타낸다.

아미타여래는 무량광 또는 무량수로 번역된다. 극락전은 아미타불이 있는 서방의 극락정토를 상징하는 곳으로 불국사 금동아미타여래좌상(국보 제27호)이 봉안되어 있다. 『고금창기』에는 6칸 건물로 전후

26칸의 행랑이라고 적혀 있으며 임진왜란 때 소실된 것을 영조 26년(1750)에 중창했다. 기단과 초석, 계단 등은 신라시대 것으로 추정된다. 현재의 모습은 정면 3칸, 측면 2칸의 규모로 강릉 임영관 삼문(국보 제51호)과 영암 도갑사 해탈문(국보 제50호)을 참고로 1960년에 중건된 것이다.

극락전을 위축전爲祝殿이라고도 부르는데 조선 왕족의 안위를 기원하기 위해 명산대찰에 지은 원당願堂을 뜻한다. 1920년까지 온돌을 들여 원당으로 사용했는데 1920년에 온돌을 철거하고 다시 극락전으로 환원되었다.

극락전 모서리에는 돼지가 조각되어 있다. 돼지는 제물과 의식의 풍족함을 상징하며 복을 가져다주므로 극락정토의 복돼지는 부귀의 상징인 동시에 지혜로움으로 부귀를 잘 다스려야 한다는 의미다. 극락전에서 대웅전으로 통하는 길에는 3열을 지어 쌓은 계단이 있는데 각각 16계단이므로 모두 48계단이다. 아미타불의 48원願을 상징하며 이와 유사한 계단은 구례 화엄사에서도 발견된다.

극락전 안에 있는 불국사 금동아미타여래좌상은 8세기 중엽의 작품으로 결가부좌를 하고 있으며 오른손은 무릎 위에 놓고 가슴으로 올린 왼손은 엄지와 장지를 짚어 극락에 사는 이치를 설법하고 있는 자세다. 비로전의 비로자나불과 양식이 같아 같은 시기에 같은 조각가에 의해 만들어졌음을 보여준다. 높이 1.66미터, 머리 높이 48센티미터, 무릎 너비 1.25미터로 풍만하고 탄력 있는 살결 위에 간결하게 흐르는 옷 주름, 전체적으로 인자하고 침착한 모습으로 신라시대 금동불상 중에서도 걸작으로 평가된다.

불국사 금동아미타여래좌상. 전체적으로 인자하고 침착한 모습으로 신라시대 금동불상 중에서도 걸작으로 평가된다.

연화교 및 칠보교 앞에 크기가 다른 당간지주가 있는데 불국사가 여러 차례 중수되는 동안 각기 다른 시기에 만들어진 것으로 추정된다. 당간지주 앞에 길이 265센티미터, 폭 1,231센티미터, 높이 56센티미터인 신라 최대의 불국사 석조(보물 제1523호)가 놓여 있다. 내·외면에 조각 장식이 있으며 바깥 면에는 중앙부와 상부에 가로로 도드라진 띠를 돌리고 중앙부의 띠 아래로는 긴 변에 각 6개, 짧은 변에 각 3개씩 모두 18개의 8괄호형 안상을 조각했다. 안쪽 면에는 바닥 중앙부에 커다란 타원형 형상을 조각하고 이를 중심으로 긴 변의 좌우 바닥

■
신라 최대의 불국사 석조. 특이하게도 바로 앞에 석조를 덮었던 돌 뚜껑이 놓여 있다.

과 측면 벽으로 연결해 단청 머리초* 수법의 연화무늬를 화려하게 조각했다. 특이하게도 바로 옆에 석조를 덮었던 돌 뚜껑이 놓여 있다. 불국사 경내에는 이 석조 이외에도 3개가 더 있다. 좌경루 앞쪽에 있는 석조는 지금도 물을 담는 그릇으로 사용된다.

* 머리초(草)
단청에서, 보 · 도리 · 서까래 따위의 끝 부분에 넣는 무늬.

③ 비로전

석가여래의 사바세계와 아미타불의 극락세계는 비로자나불이 주석하고 있는 법계가 있지 않으면 존립할 수 없으므로 연화장세계의 불국인 비로전을 건축했다. 비로전은 무설전 뒤쪽 높은 곳에 대웅전으로부터 직선으로 배치되어 있다. 1970년대의 발굴로 터전이 확인되어 그 자리에 다시 중건했으며 고려시대 양식이다.

지대석, 면석, 갑석으로 조립한 통일신라시대의 전형적인 화강암

기난이며 앞쪽 중앙에 3단 층계, 좌우에 삼각형 소맷돌을 설치했다. 소맷돌은 받침돌과 위에 놓이는 두 돌로 조성되어 있으며 이런 소맷돌은 황룡사나 감은사에서도 볼 수 있지만 불국사의 다른 전각에서는 사용하지 않았다.

비로전의 주인은 비로자나불인데 화엄 사상에 따르면 '빛을 발해 어둠을 쫓는다'는 뜻으로 모든 부처님의 본체 곧 진리의 몸인 법신불이다. 단순히 많은 이름으로 불리는 여러 부처님 중 한 분이 아니라 모든 부처의 근본이요 중심으로 간주되는 부처님이다(비로자나불이 주존일 경우 그를 봉안하는 전각을 대적광전이라 함).

불단에 모셔진 불국사 금동비로자나불좌상(국보 제26호)은 높이 1.8미터, 머리 높이 55센티미터, 폭 1.36미터다. 극락전의 아미타불과

비로전은 연화장세계의 불국을 뜻하는 건물이며, 대웅전으로부터 직선으로 배치되어 있다.

■
비로전 불당에 모셔진 불국사 금동비로자나불좌상은 부처님의 본체 곧 진리의 몸인 법신불이다.

주조 기법이나 양식이 거의 동일해 동시에 조성된 것으로 추정된다. 몸은 바로 앉아서 앞을 바라보고 오른손의 두 번째 손가락을 세워서 왼손으로 잡고 있는데 이러한 수인을 지권인智拳印이라 한다. 오른손은 부처의 세계, 왼손은 중생들의 세계를 표시하는 것으로 중생과 부처, 어리석음과 깨달음이 둘이 아니라는 심오한 뜻을 나타낸다.

목에는 삼도를 나타내 위엄이 느껴지며 다부지게 꼭 다문 입술, 지긋하게 아랫세상을 내려다보는 자비로운 눈, 단정히 결가부좌한 모습 등은 8세기 중엽 통일신라시대의 씩씩한 기상을 보여준다.

비로전 옆 뜰에 얼핏 석등으로 보이는 화려한 고려 초기의 부도가 있는데 안내판에는 불국사 사리탑(보물 제61호)이라고 적혀 있다. 사각 지대석에 창 모양의 안상을 조각하고 그 안에 꽃을 조각했다. 팔각형의 하대석에 커다란 연꽃 8잎을 구성하고 장고 모양의 중대석에는 구름무늬를 조각했다. 상대석은 아랫면에 9잎의 연꽃을 조각했고 윗면에는 연밥을 조각했다. 원통형 탑신에는 장식이 있는 기둥을 세워 네 부분으로 나누었다. 각 면에는 얕게 조각된 불상을 모시는 감실을 만들어 위쪽에 장막을 드리우고 그 안에 석가모니불, 다보불, 제석, 범천을 조각했

불국사 사리탑. 통일신라시대의 팔각형에서 벗어난 특이한 형태이며 고려 초기의 작품으로 추정된다.

다. 기와지붕을 본뜬 지붕틀 아랫면에는 연꽃을 조각했다. 윗부분 꼭대기의 머리장식은 사라졌다. 통일신라시대의 팔각형에서 벗어난 특이한 형태로 고려 초기의 작품이라 추정된다. 현재 옥개석의 일부가 파손되었으며 석질이 연약해서 곳곳에 풍화 현상이 나타나지만 비교적 완전한 형태로 보존되어 있다. 전체적으로 표면 장식이 아름답고 단아하며, 『불국사사적기』에 '광학부도光學浮屠'라 한 것이 바로 이것을 지칭하는 것이 아닌가 추정된다.[20] 1905년에 일본으로 반출되었다가 1933년에 반환되었으며, 지금의 위치는 원래의 위치가 아니다.

비로전 왼쪽에 불국사 뒤쪽의 3개 불전 중에서 가장 낮은 위치에 있는 나한전 주위로 아름다운 소탑지小塔誌가 형성되어 있다. 작지만 울창한 숲을 이루고 있고 많은 참배객이 하나둘씩 돌탑을 쌓아서 소망을 기원하면서 만든 곳이다. 우리나라는 옛적부터 돌로 작은 탑을 만들어 자신의 소원을 기원하는 풍습이 있었는데 연유는 『법화경』에서 찾을 수 있다.

"어린아이가 장난으로 모래탑을 쌓더라도 한량없는 복락을 받아 부처가 된다."

나한이란 부처의 제자들 중 소승의 계위인 아라한과에 오른 성자들을 일컫는 말이다. 즉 나한전은 부처 생존시 수행하던 16분의 제자를 모신 곳으로 중앙에 석가, 양쪽에 제화갈라보살과 미륵보살이 있다. 나한전은 최근에 새로 지은 것으로 전면에 법화전지의 주춧돌들이 보인다.

4. 연화장 세계

불교 신앙에서 관음 신앙을 무시할 수 없다. 아미타 신앙과 더불어 가장 민중과 가까웠던 신앙이기 때문이다. 비로전보다 높은 곳에 관음전이 있는 것은 보타락가산*을 나타낸 것이다. 옛날에는 산 모습이었는데 지금은 계단식으로 되어 자연스럽지 못하다. 산으로 오르는 계단을 낙가교洛伽橋라 부르는데, 보타락가산으로 오르는 계단이라는 뜻이다. 관음전으로 들어서는 문은 해안문海岸門이라 하는데 남해를 건너왔다는 뜻이다.

* 보타락가산(補陀洛迦山)
인도의 남쪽 바다 가운데 떠 있는 상상의 산으로 이곳에는 깨달음을 얻은 많은 성자(聖者)가 살고, 항상 밝은 빛이 나고, 꽃은 만발하며 그 꽃내음이 온누리에 퍼져 있는 아름다운 곳이다.

관음전의 기단은 비로전과 함께 신라 경덕왕 이전인 삼국시대의 것으로 전해오며 1969년 발굴 당시 주초는 정면 3칸, 측면 3칸의 거의

■ 불국사 관음전. 현재 건물은 1970년대에 건설한 것으로 다포식 사모지붕이다.

정방형에 가까운 형태였다. 『불국사고금역대기』는 "조선시대만 해도 이 건물 주변에 동서 행랑, 해안문, 낙가교, 광명대 등 여러 건물이 일곽을 이루고 있었다"라고 기록하고 있다. 현재의 건물은 1970년대에 건설한 것으로 다포식 사모지붕이되 3칸의 길이를 달리하는 변화를 주었다. 922년에 경명왕비가 낙지공에게 명해 단향목으로 만든 관세음보살상이 전했다고 하나 그 후 없어졌고 지금 남아 있는 것은 1973년 복원 공사 때 조성한 것이다. ❈

석굴암

석굴암

1. 들어가기

석굴암은 1996년 세계문화유산으로 지정된 우리 문화유산이다. 경주시 진현동 토함산 산자락 해발 565미터에 자리 잡고 있는데 신라의 김대성이 전생의 부모를 위해 735년에 세웠다고 한다. 한편 최완수는 원성왕이 성덕왕과 경덕왕으로 이어지는 전 왕조, 즉 진흥왕의 혈통을 이은 순수 진골인 혜공왕을 살해하고 왕위에 올랐음을 주목했다. 그는 원성왕이 과거 왕들과의 단절을 표방하기 위해 경덕왕이 성덕왕의 추복 사찰로 국력을 기울여 건립해온 불국사의 건립 시말을

■
석굴암은 토함산 산자락 해발 565미터에 자리 잡고 있다.

자세히 밝히는 것을 피했으며, 불국사 건립을 마무리하고 공사 감독관으로 건립의 총책임을 맡았던 김대성 개인의 원찰로 둔갑시켰다고 주장했다.[1]

석굴암은 원래 석불사石佛寺라는 이름의 독립된 절이었으나 임진왜란 이후 불국사에 예속되었고, 1910년경부터 일본인들이 석불암 대신 석굴암石窟庵이라고 불렀다. 석굴암이 세계적으로 우수함을 인정받는 것은 신라 사람들의 지혜와 재능이 잘 녹아 있는 종합적인 건축물이기 때문이다. 석굴암의 구조는 다른 나라의 어느 석굴과도 비교할 수 없는 특징을 갖고 있다. 우선 석굴암은 화강석을 다듬어 석굴을 만들고 그 위에 흙을 덮은 인공 석굴로 자연석을 뚫고 굴을 만든 고대 인도나 중국의 석굴과는 커다란 차이가 있다. 중국과 인도의 것은 건축물이라기보다는 조각이라고 할 수 있지만 신라의 석굴암은 명백히 건축물인 것이다.

인도와 중국에는 조직이 무른 퇴적암인 사암이나 석회암으로 구성된 거대한 암벽 지형이 많다. 따라서 암벽을 뚫어 규모가 큰 석굴을 만드는 데 특별한 어려움이 없다. 또한 기후도 1년 내내 건조하고 기온이 높기 때문에 암벽을 뚫어 만든 석굴이 매우 시원해 안락한 사원 공간을 조성하는 데 적당하다. 그런데 우리나라의 자연 여건은 중국이나 인도와는 다르다. 추운 겨울과 고온 다습한 여름이 있는 데다가 전 지역이 매우 단단한 화강암 지대로 이루어져 있다. 특히 경주 지역에는 큰 바위산도 없어 신라의 예술가들은 새로운 방법을 창안할 수밖에 없었다. 즉, 산을 파 굴을 만들고 조각된 돌들을 조립한 후 흙을 덮어 석굴사원처럼 보이도록 한 것이다.

인공으로 구축된 석암石岩에 예술적으로 조각된 불상들이 배치되어 있는 곳은 전 세계적으로 오직 석굴암뿐이다. 거대한 암벽을 뚫고 석굴을 만들지 않았다 해서 석굴암 조성이 쉬운 것은 아니다. 오히려 인공 석굴은 고도의 축조 기술이 뒷받침되지 않으면 불가능한 일이다.

2. 건축

석굴암은 윤회의 12단계인 십이지연기十二支緣起를 나타내는 법당으로 꾸며져 있다. 연기緣起란 우주 만물은 어떤 독자적인 힘만으로 생겨나는 것이 아니라 반드시 인因과 연緣의 결합을 필요로 한다는 의미로, 석가가 부다가야*의 마하보디 사원에서 정각精覺한 진리의 내용이다. 연기설은 불교의 기본 사상으로 무명無明, 행行, 식識, 명색名色, 육입六入 또는 육처六處, 촉觸, 수受, 애愛, 취取, 유有, 생生, 노사老死로 되어 있다.

* 부다가야(Buddha Gayā)
인도 비하르 주 가야 시의 남쪽 8킬로미터 지점에 있는 불교의 성지. 석가모니가 이곳의 보리수 아래에서 깨달음을 얻었다고 한다.

그러므로 석굴 법당은 불교미술의 정수인 불상의 총집합체다. 불상이란 부처상만을 뜻하기도 하지만 넓은 의미에서는 보살상이나 천왕상, 나한상, 심지어는 각 사찰의 입구에서 불교 세계를 지킨다는 사천왕상이나 금강역사상, 팔부중상 등도 포함된다.

석굴암에는 본존불을 포함해 40구의 불상이 있었지만 좌우 첫 번째 감실 2곳의 불상은 일제강점기 일본인들에 의해 반출되었기 때문에 없다. 그러므로 현재 석굴암에 안치되어 있는 불상은 38구다.

원래 석가모니가 입멸한 후 약 500년 동안은 불상이 조성되지 않았다. 그러다가 기원후 1세기경, 기원전 4세기경 알렉산더대왕이 인도를 원정할 때 페샤와르(현 파키스탄 북부)를 중심으로 간다라 지방에 정착하고 있던 그리스인들이 헬레니즘 문화를 기반으로 불상을 만들기 시작했다. 이것이 간다라 미술의 탄생이다. 그러므로 간다라 미술은 한마디로 헬레니즘 미술 양식과 수법으로 불교의 주제를 표현한 조각 위주의 그리스풍 불교 미술이다. 이러한 영향은 석굴암의 불상에서도 면면히 엿볼 수 있다.[2]

석굴암의 평면은 전실, 통로, 주실로 이루어져 있다. 방형 공간인 전실에는 팔부중상과 금강역사상이 있고 사천왕상이 있는 좁은 통로를 지나면 돔dome형 천장을 이고 있는 원형 공간의 주실이 나온다. 주실 중앙에는 본존불을 모셨다.

■
석굴암 전실을 거쳐 좁은 통로를 지나면 돔형 천장을 이고 있는 원형 공간의 주실이 나온다.

전실 벽면에 있는 8구의 팔부신중은 무사의 성격을 띠고 불법을 수호하는 여러 가지 모습의 신이다. 치마를 입은 금강역사 또한 불법을 수호하는 한 쌍의 수문장이다. 주실로 들어가는 통로 좌우에는 두 발로 악귀를 밟아 항복시키는 사천왕이 있다. 이들은 동서남북 사방을 다스리는 수호신으로 온 몸을 화려하게 무장한 채 무기를 들고 있다.

천계를 상징하는 주실로 들어가면 원형부 중앙 뒤쪽에 대좌가 있고, 그 위에 본존불이 가부좌를 하고 앉아 있다. 벽 전체는 약 89센티미터 높이의 하단부가 홍석으로 둘러져 있으며 그 위로 폭 약 1.19미터, 높이 2.67미터인 판석 29개가 주벽 중간 부분을 이루고 있다. 벽면에는 입구에서부터 범천, 제석, 보현보살과 문수보살, 십대제자가 대칭을 이루도록 조각되어 있다. '범梵'은 원래 우주의 최고 진리를 말하며 범천은 이것을 신격화한 것이다. 제석은 천둥과 번개의 신으로 비를 내려 농사가 잘되고 사람들이 풍요롭게 살도록 해주기 때문에 가장 무서우면서도 자비로운 신으로 숭배된다.

보살은 깨달음을 이루었으나 모든 중생을 구제해 함께 해탈하고자 부처가 되기를 보류하고 이 세상에 머물며 자비를 행하는 실천자를 뜻한다. 보살상 좌우로 석가모니 생존 시의 십대제자가 5명씩 조각되어 있다. 다른 조각들은 추상적인 관념을 이상적으로 형상화한 것이지만 이들은 실재했던 사람들이므로 얼굴의 세부나 몸의 자세가 당시 인도인의 이국적인 모습을 사실적으로 표현하고 있다.

석굴암의 건물 내벽에 조각된 이들 천부상, 보살상, 십대제자상 등은 특정한 경전에 따른 것이 아니라 석가모니의 설법을 듣기 위해 모여든 광경을 나타낸 것이다. 신라인들은 여기에 나름의 종교적 해석을 가미해 독특한 도안과 구성을 창안했다. 문수 · 보현 두 보살상을 일정한 도상으로 표현하지 않고 무량한 보살을 대표하도록 한 점, 천부상인 범천과 제석을 보살 형태로 과감히 변형한 점, 감실의 여러 보살 중 유마*상을 추가한 점, 십일면관음보살상을 본존불의 바로 뒤에 정면으로 배치함으로써 일체감을 강조한 점 등은 다른 어디에서도 볼 수 없는 신라인의 독창적인 아이디어라고 할 수 있다.[3]

＊ 유마(維摩)
인도 비사리국의 장자(長者). 석가의 재가(在家) 제자로서 속가(俗家)에서 보살 행업(行業)을 닦았다. 대승 불교의 경전인 유마경의 주인공이다. 수행이 대단해 불제자도 미칠 수 없었다고 한다.

① 팔부신중

전실에 들어서서 좌우 양벽에 각각 4구의 상이 있는데, 그것을 팔부신중 혹은 천룡팔부天龍八部라고 부른다. 이들은 가상 동물로 원래는 인도의 힘 있는 신이었는데 석가의 교화를 받아 불교를 수호하는 신이 되었다.

현재의 조상에 나타난 각 상이 팔부신중의 어느 상을 나타내느냐에 대해서는 여러 가지 설이 있지만, 현재 석굴암에 배열된 팔부신중의 순서가 일반적으로 각 경전에서 열거되는 순서는 아니라는 것은 일치한다. 학자들은 대체로 부처를 향해 오른쪽으로 첫 번째부터 가루라迦樓羅, 건달바乾闥婆, 천天, 마후라가摩睺羅伽이며, 본존불을 향해 왼쪽으로 입구에서부터 아수라阿修羅, 긴나라緊那羅, 야차夜叉, 용龍이라고 추정한다.

가루라는 두터운 옷을 입고 신을 신었으며, 왼손에는 삼지창을 쥐고 있고, 두 귓가에는 새의 날개 모양이 조각되어 있다. 다른 상에 비해서 훨씬 선명하게 양각되어 있는 것이 특징이다. 건달바는 오른손에 칼을 쥐고 왼손에는 깨끗한 물을 담은 그릇을 들고 있는데, 건달바가 천상에서 지키는 소마*의 영약靈藥을 담은 것으로 보인다.

천은 머리 위에 화염을 표시하고 사방을 환하게 비추는 모습이다. 마후라가는 오른손에 칼을 쥐고 왼손은 가볍게 구부려 손바닥을 드러내 보이고 있다. 이 손의 모습이 무엇을 의미하는지는 정확하지 않지만 복행服行, 즉 배를 땅에 대고 기어 다니는 생태를 표현하는 것과 관련이 있다고 추측한다.

아수라는 머리와 발 부분이 없어진 형태이며 삼면육비三面六臂(얼굴 3개와 팔 6개)의 특징을 드러내고 있다. 배에는 악귀 얼굴을 나타내고 있는데, 악귀를 정복함을 상징하는 것이다. 긴나라는 머리를 기르고 단정하게 서 있으며, 왼손에 삼차극三叉戟을 쥐고 있다.

야차는 머리 위에 사자를 이고 가슴 밑에 밧줄을 감고 있는 것이

* 소마(蘇摩)

1. 인도에서 예로부터 제사에 쓰던 술. '소마'라는 풀의 즙에 우유와 밀가루를 섞어 발효해 만든다.
2. 소마를 신격화한 주신(酒神). 병을 고쳐주고 수명을 연장해주며 용기를 준다고 한다.

■
석굴암 팔부신중. 윗줄 왼쪽부터 가루라, 건달바, 천, 마후라가, 아수라, 긴나라, 야차, 용 순이다.

특징이다. 불교에서 매우 중요시된 신이자 호국의 선신으로도 간주되는 용은 머리 위에 용을 이고 있고 왼손에는 구슬을 쥐고 있다.

그런데 이들은 석굴암 창건 당시의 조각은 아니라고 본다. 팔부신중 신앙은 8세기 중반 이후에 나타나므로 석굴암이 조성된 연대와는 차이가 있고, 본존불이 있는 석굴암 후실의 조각에 비해 전체적으로 솜씨가 떨어지기 때문이다.[4]

■
석굴암 금강역사. 위쪽은 입을 크게 연 '아' 금강역사이고, 아래쪽은 입을 굳게 다문 채 빈틈없는 방어 자세를 갖춘 '훔' 금강역사다.

② 금강역사

본존불이 있는 굴의 입구 좌우 양쪽에는 매우 역동적이고 용맹한 모습을 한 2개의 조상이 있다. 이들을 금강역사 또는 인왕역사라고 부르며, 언제나 탑 또는 사찰의 문 양쪽을 지키는 수문신장守門神將의 역할을 맡는다. 그들의 머리 뒤에는 커다란 원형의 두광이 있는데, 단순히 힘센 자가 아니라 신성한 지혜를 고루 갖춘 존재임을 표시하는 것이다.

본존불을 향해 왼쪽은 입을 크게 연 '아阿' 금강역사이고, 오른쪽은 입을 굳게 다문 채 빈틈없는 방어 자세를 갖춘 '훔吽' 금강역사다. '아'는 산스크리트 문자의 첫째 글자이고, '훔'은 마지막 글자로 시작과 끝을 표시한다. 둘 다 밖에서 안으로 한 팔을 올리고 한 팔은 내린 채, 아무런 무기 없이 안정된 자세를 취하고 있다. 이는 신라 무인의 면목을 보여주는 것으로 중국이나 일본의 금강역사상에서는 볼 수 없는 특징이다. '아' 금강역사는 높이 2.11미터, '훔' 금강역사는 높이 2.16미터다.

③ 사천왕

석굴암에는 본존불을 맞이하는 문턱에 좌우 각각 2상씩 병렬한 사천왕 조각이 있다. 사천왕은 수미산 중턱의 동서남북 네 지역을 관장한다는 천왕으로 동방 지국천持國天, 서방 광목천廣目天, 남방 증장천增長天, 북방 다문천多聞天이라는 이름으로 불린다. 본존을 향해서 오른쪽에 있는 두 천왕상 중 처음에 있는 상이 지국천이고, 그 옆의 왼쪽에 있는 상이 다문천이다.

지국천은 갑옷을 걸쳤으며 용맹스러운 무사 같은 모습이다. 두 손으로 칼을 들고 입을 굳게 다물었으며, 악귀를 밟은 모습을 하고 있다. 일본인들의 기록에 의하면 원래 채색되어 있었으며 높이는 2미터다.

높이 1.92미터의 다문천은 얼굴을 북쪽으로 돌리고 왼쪽에는 옷자락을 쥐고 있으며, 오른손은 위로 들어 보탑을 손 위에 올려놓고 있다. 이 보탑은 일제강점기 때 수리하면서 떨어져나갔는데 1962년 대수리 공사 때 땅속에서 파편이 발견되어 현재와 같이 복원되었다. 두 천왕은 복장도 거의 비슷하고 밟고 있는 악귀의 모습도 상당히 유사한데 악귀의 모습이 이처럼 실감나게 표현된 것은 많지 않다.

본존불을 향해서 왼쪽 벽에 있는 두 천왕상 중 처음이 높이 2.03미터의 증장천이고 오른쪽이 높이 2.04미터의 광목천이다. 증장천은 다문천과 대각선으로 대칭을 이루고 있고, 광목천 역시 대각선으로 지

© 경주시

■
석굴암 사천왕. 윗줄 왼쪽부터 지국천, 광목천, 증장천, 다문천 순이다.

국천과 대칭을 이루고 있다.

증장천은 지국천과 상당히 비슷하나, 증장천이나 광목천이 밟고 있는 악귀는 이웃 벽의 악귀가 서 있는 것과는 대조적으로 둘 다 엎드려 있고, 하나는 동남쪽을 향하고 하나는 서북쪽을 향하고 있는 것이 특이하다. 광목천은 상의는 갑옷이고 하의는 평범한 옷이다. 오른손을 가슴 위에 올려서 검지와 중지를 굽히고 나머지 세 손가락은 폈으며, 오른손에는 칼을 쥐고 발밑에는 악귀를 밟고 서 있다. 얼굴 부분이 다른 돌로 새겨진 것을 볼 때 나중에 삽입된 것으로 추정하지만 언제 것인지는 알려지지 않고 있다.

④ 본존불

석굴암 본존불은 조각상 가운데 가장 중심적 존재로서 석굴 자체가 그를 봉안하기 위해 조영되었으며 예배의 주 대상이다. 광배를 갖추고 연화무늬가 새겨진 대좌 위에 결가부좌하고 있다. 손 모양은 항마인으로 왼손은 선정인을 하고 오른손은 무릎에 걸친 채 검지로 땅을 가리키고 있다.

높이 3.4미터에 이르며 대좌까지 합치면 5미터나 되는 큰 불상으로, 신체의 비례가 알맞으며 각 부분이 부드럽고 세련된 솜씨로 조각되어 있다. 둥근 연화 판석으로 되어 있는 광배는 따로 만들어져 후벽 가운데에 있는 십일면관음보살상 바로 위 천장 밑에 설치했는데, 전실의 중앙에서 바라볼 때 가장 이상적인 위치에서 광배의 역할을 하도록 계산에 따라 설치되었다. 한편 석굴 천장 중앙의 연화문 원판은 본존불상의 천개*로서의 역할을 한다.[5]

*** 천개(天蓋)**
불상을 덮는 일산(日傘)이나 법당 불전(佛殿)의 탁자를 덮는 닫집. 부처의 머리를 덮어서 비, 이슬, 먼지 따위를 막는다.

ⓒ 경주시

■

석굴암 본존불. 조각상 가운데 가장 중심적 존재로서 석굴 자체가 그를 봉안하기 위해 조영되었다.

* 소의경전(所依經典)

불교 경전으로서 신행(信行)을 비롯해 교의적(으로 의거하는 근본 경전이다.

본존의 성격에 대해서는 여러 가지 학설이 있다.

우선 불국사가 8세기 중엽에 유행한 화엄종의 사찰이므로 보리수 밑에서 깨달은 석가모니가 부처의 형상으로 여러 대중과 보살에게 깨달음을 보여주는 장면이라는 견해다. 본존의 소의경전*으로는 『방광대장엄경方廣大莊嚴經』, 본존의 원조 석불로는 인도 부다가야 대각사大覺寺의 본존을 제시한다. 『방광대장엄경』은 석가의 탄생에서 깨달음의 순간까지를 담고 있는 경전으로 석굴암의 본존은 바로 이 정각의 순간을 구현하고 있다고 한다. 그러나 일반적으로 가장 유력한 설은 본존불이 아미타여래라는 것이다. 아미타불은 경전에 의하면 무한한 목숨을 의미하는 아미타바Amitabba, 즉 무량수無量壽와 무한한 빛을 의미하는 아미타유스Amitayus 즉 무량광無量光이라는 두 가지 이름을 가지고 있다. 이는 중생을 구하는 데 시공간적으로 무한함을 의미하는 것으로, 한국에서는 주로 무량수라는 의미로 사용한다. 이는 다음의 세 가지 사실로 뒷받침되고 있다.

첫째는 1891년 석굴을 중수한 사실을 담은 현판에서 '미타굴彌陀窟'이라 불렀던 기록이 있고, 오늘날까지 무량수불無量壽佛·무량광불無量光佛을 뜻하는 '수광전壽光殿'이라는 편액*이 전해지고 있다는 사실이다. 수광은 '끝없는 빛'이라는 뜻으로 아미타불의 다른 이름이다.

둘째는 일본인들이 본존불의 명호를 추정하는 주요 근거로 삼았던 오른손의 항마인과 우견편단이 신라 때 아미타불상에 가장 많이 적용된다는 점이다.

셋째는 영주 부석사 무량수전 항마인의 본존불이 아미타불인 것처럼 석굴암 본존불도 김대성을 비롯한 신라 왕실의 정토왕생을 바라는 의미에서 조성되었으므로 아미타불이라는 설이 틀림없다는 설명이다. 정토란 고통이 없는 맑은 땅을 의미한다. 번뇌와 더러움이 가득한 고해苦海의 세계인 예토穢土의 반대 개념으로 번뇌가 소멸된 청정한 세계다. 즉 부처님이 상주하는 깨달음의 세계를 말한다. 극락정토 신앙은 고통스러운 현세를 벗어나 죽어서 극락에 태어나고자 하는 간절한 마음과 죽음에 대한 불안한 마음을 해결해주는 신앙이다.

불교에서 수승**한 공덕을 닦은 인간이 죽은 다음에 태어날 세계를 안양安養, 안락安樂, 묘락妙樂이라고 한다. 불국사 극락전으로 통하는 문이 안양문이고, 부석사 무량수전으로 통하는 문이 안양루다. 불교에서 정토는 수없이 많지만 그중 한국인에게 가장 친근한 정토가 아미타불이 있는 서방 극락정토다. 이는 석굴암의 본존불이 아미타여래

* 편액(扁額)
종이, 비단, 널빤지 따위에 그림을 그리거나 글씨를 써서 방 안이나 문 위에 걸어놓는 액자.

** 수승(殊勝)
세상에 희유하리만큼 아주 뛰어남.

여야 한다는 설명이다.[6]

본존불의 두광은 주실 뒤쪽 벽면에 연화무늬를 조각한 운형(구름 모양)을 감입해 조성했다. 이처럼 두광을 벽면에 둔 것은 주실과 본존 사이의 공간을 최대로 살리며 입체감을 주어 신비감을 살리기 위해서다. 높이 133.8센티미터의 커다란 연화 대좌는 하대석, 중대석, 상대석으로 나뉜다. 하대석은 하나의 돌에 24개의 연판을 둘러 조각한 원형이며 중대석은 6개의 기둥을 둔 육각형의 특이한 구조이고 상대석은 하대석처럼 하나의 돌에 연판을 조각한 원형이다.

신라인들이 이처럼 석가모니불을 완벽하게 조각한 것은 불교가 지향하는 정각의 의미를 강조하기 위함이다. 정각은 불교가 지향하는 최고 · 최선의 인간의 궁극적 존재 양식이다. 정각의 순간 중생은 여래가 되고 속세는 정토가 된다. 항마인상은 석굴암을 기점으로 조선시대에 이르기까지 예불의 주 대상이 되었다. 특히 동아시아에서 유독 한국에서 크게 유행했으므로 우리나라 조각사에서 매우 중요한 위치를 차지한다.[7]

석굴암에서 학자들의 주목을 끄는 것은 본존불 이마 한가운데 박힌 백호가 다면체로 깎여, 반사된 햇빛이 후면에 있는 십일면관음보살상의 이마에 비춘다는 설이다. 한국과 일본의 문화에 저명한 존 카터 코벨John Carter Covell은 매우 주목할 만한 내용을 설명했다. 첫 번째 감실 좌우 두 곳에 놓인 불상(일본인이 반출한 것)도 본존불처럼 이마에 백호 구슬을 지니고 있어 동트는 새벽의 첫 번째 빛이 석굴암 입구와 그 위에 달린 광창을 통해 본존불 이마의 백호에 와 닿고, 반사된 빛이 두 보살상의 백호를 통해 다시 한 번 굴절되어 나온 후 십일면관음보

© 경주시

■
본존불 이마 한가운데 박힌 백호는 다면체로 깎여, 반사된 햇빛이 후면에 있는 십일면관음보살상의 이마에 비춘다고 한다.

살상의 이마에 비친다는 것이다. 한마디로 새벽의 짧은 한순간에 석굴암 내부의 조명 효과를 극적으로 보여준다는 설명이다.

성낙주는 이 문제에 관한 한 단호하다. 석굴암 전면에 지붕이 있는 전각이 있었으므로 아침 햇살이 직접 본존불을 비추는 광경은 존재하지 않는다는 것이다. 그는 이런 내용이 일제강점기 때 생겨났다며 전말을 제시했다. 한국의 문화유산에 큰 영향을 미친 야나기 무네요시柳宗悅는 총독부의 보수공사가 끝나고 1년 뒤인 1916년 석굴암을 방문했는데, 그때 받은 감명을 1919년 「석불사 조각에 대하여」라는 글에 다음과 같이 적었다.

"1916년 9월 1일 오전 6시 반, 화창한 태양빛이 바다를 건너 굴원窟院의 불타 얼굴에 닿았을 때 나는 그의 곁에 섰다. 그것은 지금도 잊을 수 없는 행복한 순간의 추억이다. 불타와 그를 둘러싼 여러 불상이 놀라운 새벽 햇살로 선명한 그림자와 흐르는 듯한 선을 보인 것도 그 순간이었다."

태양빛이 석굴암 본존불 얼굴에 비친다는 그의 설명은 일본인들을 환상적인 생각으로 모아갔고 1920년 오쿠다 데이奧田悌는 더 나아가 아침 햇살이 본존불의 백호에 집중된다고 했다. 그는 『신라구도경주지』에 다음과 같이 적었다.

"석존의 백호는 지금은 탈락되어 없으나 오래도록 매몰되어 땅속에 있었던 것을 최근에 수선 때에 토사土砂에서 발견되었다고 하지만 총독부의 박물관에 있다고도 하고 혹은 전혀 행방불명이라고도 이르는데 원래는 동해의 떠오르는 햇살이 새벽의 운무를 떨치고 만경창파에서 떠올라 훤하고 또렷하게 광명이 훨훨 타오르면 곧바로 굴 내에 들어와서 석존의 이마 위 백호에 반영되어 참으로 있기 어려운 대금광명을 발사하며 수정의 이면에는 황금을 붙여놓았다고 이르는데 애써 수선하면서 예전과 같이 되지 못함이 애석하다."

성낙주는 이와 같은 이야기가 나오게 된 까닭은 일본이 석굴암의 일출 광경에서 '해 돋는 나라'라는 제국의 영광에 사로잡혔기 때문이라고 한다. 이 당시는 일제강점기였으므로 석굴암에서 바라보이는 바다는 동해가 아니라 일본해였다.[8]

석굴암에 전실이 있든 없든 설계에 따라 1년 중 해가 가장 짧은 동지 때 햇빛이 본존불의 백호에 비춘 다음 그 빛이 양옆 감실의 백호에 비져 후년의 십일변관음보살상까지 비출 수 있다는 개연성은 충분하다. 일본인들이 반출한 감실 속의 두 보살상과 본존불 이마의 백호가 다시 원 위치에 선다면 이런 효과를 재현하는 것이 불가능한 일은 아니다. 참고로 현재 사라진 감실의 보살상은 옥으로 만들어졌다는 설명도 있다. 본존불의 백호에서 반사된 태양빛이 비치면 옥보살상이 그 광선을 받아서 붉은 광채를 돔 안으로 뿜어내 내부가 온통 붉은색으로 바뀐다는 것이다.[9] 현재의 천문 기술로 석굴암이 세워질 당시 태양의 위치를 정확하게 찾아낼 수 있으므로 투과체의 각도를 정밀하게 계산한다면 이를 확인하는 것이 어려운 일은 아니다.

⑤ 십일면관음보살

본존불 바로 뒤에 있어 전면에서 잘 보이지 않지만 십일면관음보살은 중생을 교화하기 위해서 11개의 얼굴을 갖추고 있다. 본존불 바로 뒤에 관세음보살, 본존불 앞 좌우에 문수・보현 두 보살이 조화롭게 배열된 석굴암 원실은 영원한 힘의 원천과 기능의 질서를 표시하고 있다. 십일면관음보살상은 일제강점기 때 9면이라고 알려져왔지만 실제로는 11면이고 일본인이 2면을 떼어가 9면이 된 것이다.

『십일면관음신주심경』에 설명된 십일면관음의 형상은 석굴암 십일면관음보살상과 거의 완전한 일치를 보인다. 십일면은 관음보살의 정면인 본얼굴을 제외하고 두부에 부가된 면이 11면이라는 말이다. 책에는 두부 전면에 3면이 있고 좌우에 각 3면, 후면에 1면, 정상에 1면 등 11면을 가진 것으로 기록되어 있다. 그런데 석굴암의 관음은 전면에 화불 1면이 있고, 좌우에 각 3면, 위쪽에 3면, 정상에 1면이 있다.

십일면관음보살은 중생을 교화하기 위해서 11개의 얼굴을 갖추고 있다.

이렇듯 11면의 배치에 약간의 차이가 있는 것은 석굴암 보살상이 부조이기 때문에 부득이 변화가 생겼기 때문이다.

앞의 3면은 자상慈相(자비로운 얼굴)으로 선한 중생을 보고 자심慈心을 일으켜 이를 찬양함을 나타낸 것이다. 왼쪽의 3면은 진상瞋相(화난 얼굴)으로 악한 중생을 보고 비심悲心을 일으켜 그를 고통에서 구하려 함을 나타낸 것이다. 오른쪽의 3면은 백아상출상白牙上出相(이를 드러내 미소 짓는 얼굴)으로 정업淨業(올바른 수행)을 행하고 있는 자를 보고는 더욱 불도에 정진하도록 권장함을 나타낸 것이다.

뒤의 1면은 폭대소상暴大笑相으로 착한 자, 악한 자 등 모든 부류의 중생이 뒤섞여 있는 모습을 보고 이들을 모두 포섭하는 대도량을 보이는 것이다. 정상의 1면은 대승근기大乘根機(남을 위해 보살행을 닦는 사람)를 가진 자들에 대해 불도의 구경*을 설함을 나타낸 것이다. 십일면관음보살에는 중생의 근기根機에 따라 때로는 무섭고 때로는 부드럽게, 그러나 늘 자비로운 웃음을 잃지 않고 모든 것을 포용하며 크나큰 미소 속에 중생을 안주安住시키려는 대자대비의 의미가 응결되어 있다.

* 구경(究竟)
1. 마지막에 이르는 것.
2. 가장 지극한 깨달음.

8등신에 가까운 다른 천부상이나 보살상들과는 달리 6.5등신에 정면을 바라보고 돌출이 두드러져 현실감이 느껴진다. 긴 몸에 섬세하게 표현된 천의와 온몸을 덮고 흐르고 있는 구슬 목걸이는 화려함을 더해준다. 오른손을 내려서 목걸이를 잡았고 왼손은 병을 잡아 가슴 앞에 들었는데 병에 활짝 핀 한 송이의 연꽃이 꽂혀 있다. 몸 아래로는 몇 겹으로 겹쳐진 연화좌가 두 발을 받치고 있으며 구슬 목걸이와 천자락이 연화좌까지 걸쳐져 있다. 혹자는 '미스 신라'라고도 부를 만큼 뛰어난 아름다움을 지녔으며 높이는 2.2미터다.

관음보살은 자비의 화신으로 모든 보살 가운데 가장 중요하게 다루어진다. 흔히 아미타불의 협시로 자주 등장하지만, 십일면관음이라는 변화變化관음으로 성립되면서 독립적인 예배 대상이 된다. 십일면관음은 일반적으로 밀교密敎의 도상으로 알려져 있지만, 석굴암의 십일면관음보살상은 성관음聖觀音의 성격을 극대화한 것이다. 통일신라시대의 십일면관음은 현재 남아 있는 것이 3구에 불과하나, 더 많은 십일면관음상이 만들어졌을 것이라 추정된다.

⑥ 범천 및 제석

본존불을 둘러싼 4주에는 본존불 바로 뒤의 십일면관음보살을 중심으로 좌우에 각각 7구씩 입상이 새겨져 있다. 그중 입구에 있는 첫 상은 본존불을 향해 오른편이 범천, 왼편이 제석이다. 이 두 천은 『법화경』을 비롯한 모든 대승 경전에서 가장 빈번히 언급되는 신화적 존재인 불제자들이다.

범천은 욕계欲界를 벗어난 색계色界 제일의 단계에 위치하면서 사바세계를 다스리는 천왕이며, 제석은 사왕천 다음의 높이에 위치하는 33천의 천왕이다. 범천은 그와 한 쌍을 이루는 제석과 똑같은 양식의 두광, 즉 연주連珠로 엮어진 도란형倒卵形(달걀을 거꾸로 놓은 모양) 두광으로 장식되어 있고, 똑같이 흰 불자*를 오른손에 쥐어 어깨 위에 쳐들고 있다. 두 상 모두 비슷한 보관을 썼고, 각각 석벽의 굴곡에 따라 보살과 십대제자 쪽을 향해 얼굴과 몸을 돌리고 있는 것이 인상적이다.

제석은 높이가 2.11미터로 왼손에 군지軍持(깨끗한 물을 담은 병)를 들었다. 중생의 번뇌를 털고 씻어내는 도구로써 불자와 물병을 들고

*** 불자(拂子)**

짐승의 꼬리털 또는 삼 따위를 묶어서 자루에 맨 것. 원래 인도에서 벌레를 쫓을 때 사용하였는데, 중국이나 우리나라에서는 선종의 승려가 번뇌와 어리석음을 물리치는 표지로 지닌다.

범천(왼쪽)과 제석(오른쪽). 『법화경』을 비롯한 모든 대승경전에서 가장 빈번히 언급되는 신화적 존재들이다.

있는 것이다. 얼굴 표정에는 거친 욕심을 버린 정적만이 남아 있다. 배 앞에서 부채꼴로 펴져 내린 치마 주름은 두 허벅다리를 양감 있게 둘러싸고 있고, 두 팔에 걸친 옷소매와 길게 늘어선 천 자락은 양쪽에서 균형을 이루며 흘러내리고 있다. 범천은 한층 더 높은 색계의 하늘에서 아직도 욕심을 온전히 끊지 못한 천상계의 존재들을 위해 불자와 금강저를 들고 그들을 굽어보는 자세를 취하고 있다. 금강저는 불가괴不可壞(깨지지 않음)의 지혜를 상징한다.

⑦ 문수보살 및 보현보살

굴 안 주벽의 조상 중 입구에서 두 번째 상이며 범천·제석의 2천과 십대제자의 중간에 위치한 보살상이다. 두 천왕이 넓고 평평한 큰 잎사귀 위에 서 있는 것과는 달리 매우 섬세하고 사실적으로 새겨진 연화대 위에 서 있다. 문수보살은 지혜와 이론이 뛰어났으며 『반야경』을 결집했다고 알려진다. 보현보살은 불타의 이理와 정定, 행行의 덕을 맡아 보는 보살이다.

두 천왕과 마찬가지로 두 보살상도 몸과 얼굴 전체를 중앙의 본존불을 향해 돌리고 있다. 이는 석굴암의 모든 조상이 일심의 표현인 본존불을 중심으로 통일되고 조화로운 질서를 갖추고 있다는 것을 의미한다.

두 보살상은 원형의 소박한 두광을 지니고 있다. 머리에는 삼면의 보관을 썼고 귀와 가슴 등에 구슬로 된 장식이 달려 있다. 천의는 욕심으로 점철된 현세의 불행한 과보 속에 얽매어 있지 않음을 나타낸다. 왼쪽의 문수보살은 오른손에 지혜를 상징하는 경권經卷을 쥐고 있고 오른쪽의 보현보살은 이 세상에서 교화라는 원願을 계속 충실히 행함을 상징하는 둥근 보발을 들고 있다. 높이는 2.2미터다.

⑧ 십대제자

석굴암 십대제자상은 세계 불교 미술사에서도 극히 드문 대형 조상인 데다 특징 있는 표현과 예술성으로 높은 평가를 받는다. 학자들은 중국과 인도에서 보이는 십대제자상은 많지만, 석굴암처럼 박진감을 갖춘 조상은 찾기 어렵다고 말한다.

십대제자는 석굴암 안에서 유일하게 실존하는 인물들이다. 석굴암의 일반적인 구성 원칙에 비추어 본존을 둘러싼 5개의 상들이 좌우로 차례차례 교차적으로 배열되었다고 본다. 오른쪽은 전면에서부터 제1 사리불, 제2 마하가섭, 제3 부루나, 제4 아나율, 제5 라후라 순서이며 왼쪽은 제1 목건련, 제2 수보리, 제3 가전연, 제4 우바리, 제5 아난다 순서다.

좌우 첫 번째에 있는 두 제자상이 단연 다른 모든 상에 비해 가장 연로한 모습으로 표현되어 있고, 손에 특수한 지물持物을 가지고 있다. 왼쪽에서 세 번째에 있는 가전연은 왼손을 옷 속에 넣은 채 오른손을 올려 엄지와 검지로 둥근 원 모양을 하고 중지를 쭉 펴들어 설법의 상을 표시하고 있다. 두 발은 활짝 밖으로 벌렸고, 얼굴은 자신에 넘치고 굳은 의지를 나타내는 모습이다. 오른쪽에서 네 번째에 있는 아나율은 수행을 하다가 눈이 멀고 천안天眼을 얻은 자로서 조각에서도 눈에 이상이 있음을 나타냈다. 손에 무엇을 쥐고 있는 듯이 표현한 것은 천안의 능력이 주어진 것을 표시한 것이다.

왼쪽에서 네 번째에 있는 우바리는 계율 제일의 제자로서 율사다운 면모로 표현되었으며, 그가 왼손에 가지고 있는 것은 걸식 때 쓰는 바루鉢盂(그릇)다. 라후라는 십일면관음보살의 바로 오른쪽에서 오른손을 활달하게 펴고 옷자락을 잡은 채 두 발을 활짝 벌리고 있으며, 중후한 얼굴을 보여주고 있다. 제일 작은 제자상은 높이 2.08미터, 가장 큰 제자상은 높이 2.2미터다.

■
석굴암 십대제자상 중에서 사리불, 목건련, 마하가전연,
아나율, 우바리, 라후라(윗줄 왼쪽부터).

⑨ 감실

굴 안 윗단에는 좌우에 5개씩 10개의 반구형 감실이 마련되어 있으며, 그 안에는 다양한 모습의 보살상이 봉안되어 있다. 이는 석굴암을 중국이나 인도에 있는 천연의 석굴사원보다 더 조화로운 균제미를 가진 것처럼 보이게 한다. 본존불을 둘러싼 아랫단의 조각상이 모두 입상인 것과는 달리, 윗단은 좌상인 보살상이 대부분이다. 좌우 양측의 제1감실에는 현재 아무것도 남아 있지 않은데, 일제강점기 때 반출된 것으로 추정된다.

오른쪽으로부터 제2상은 다른 상과 마찬가지로 연화대 위에 앉아 있다. 몸을 약간 오른쪽으로 돌리고 있으며, 가부좌가 아니라 극히 편안하게 앉은 모습이 자연스럽다. 얼굴과 머리 부분은 마멸이 심해 잘 알아보기 힘들지만 보관을 썼고, 머리에는 영락으로 장식을 했으며, 장식물이 길게 좌대 위까지 늘어지고 있다. 오른팔은 굽혀서 위로 올리고 손에 무엇을 들었지만 정체를 알 수 없다. 왼손은 자연스럽게 무릎 위에 얹어 놓았으며 천의의 주름이 생동적이다. 높이는 93센티미터다.

제3상은 왼쪽 다리를 세워 무릎 위에 팔을 놓고 손가락을 편 손등으로 턱을 받친 채 사유하는 상이다. 머리에는 영락이 장식되어 있고 보관을 썼으며 구슬을 낀 목걸이가 있다. 아름다운 용모와 늘어진 머리카락 등을 볼 때 여인상으로 보기도 하지만 반가사유상과의 유사성을 들어 미륵보살로 보기도 한다. 높이는 86센티미터다.

제4상은 두광의 파손 정도가 제일 심하며 다른 상과는 달리 정면을 향하고 앉아 있다. 오른손은 엄지와 새끼손가락을 펴고 가운데 세

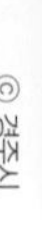

■
석굴암 감실의 보살상. 원래는 10개였으나 현재 8개만 남아 있다. 좌우 양측의 제1 감실 조각상은 일제강점기 때 반출된 것으로 추정된다.

손가락을 가볍게 굽힌 채 무릎 위에 올려놓았다. 왼손은 가슴 위까지 올려놓았으며 오른쪽 4상 중 가부좌를 틀고 있는 유일한 상이다. 높이는 95센티미터다.

제5상은 몸을 오른쪽으로 돌린 모습이며, 가부좌를 틀지 않았다. 두관, 영락, 천의 등이 모두 다른 상과 같지만 손가락의 인상이 특이하다. 두 손 모두 새끼손가락과 넷째손가락만 굽혀 있고 나머지 세 손가락은 펴고 있으며, 오른손은 무릎과 평행되게 구부렸고 살짝 손목을 쳐들었다. 왼쪽 팔은 배꼽 위에 있으며 왼손의 손바닥 안을 펴서 보이고 있다. 높이는 90센티미터다.

왼쪽으로부터 제2상은 오른쪽 제5상과 매우 흡사하지만 몸이 조금 더 앞으로 굽혀 있어 오른쪽 제5상과는 다른 분위기를 나타낸다. 또한, 손가락도 오른쪽 제5상이 가운데 두 손가락을 펴고 나머지 세 손가락을 굽힌 것과는 달리, 가운데 두 손가락을 굽히고 나머지 세 손가락을 펴고 있다. 현존하는 상들 중에서 왼쪽 제3상과 더불어 가장 선명한 선을 보여주며 높이는 94센티미터다.

제3상은 가부좌를 하고 있으며 오른손은 자연스럽게 무릎 위에 놓고 가운뎃손가락을 가볍게 굽히고 있다. 왼손은 가슴 위에 올려 보주를 들고 있고 다른 상과 크게 다르지 않으나 정상頂上에 화불*을 지닌 점으로 보아 관음보살로 추정된다. 높이는 94센티미터다.

제4상은 원정무발圓頂無髮(머리를 깎아 둥근 머리를 그냥 남긴 것)의 가부좌상이다. 오른손은 가슴 근처까지 자연스럽게 올렸고, 왼손은 배꼽 위에 늘어뜨린 채 보주를 받들고 있으며, 오른손 손가락으로는 엄지와 장지로 원을 그려 보이고 있다. 정면을 직시하고 있는데 표정이 극

* 화불(化佛)
정토종에서, 그 몸은 없으나 인연에 응해 불보살의 신통력에 의해 홀연히 환영처럼 나타나는 부처.

히 엄숙해 지장보살로 보며 높이는 89센티미터다.

제5상은 다른 조각상과는 색다르다. 얼굴은 노안이며, 머리에는 두건을 썼다. 옷은 장의長衣로 보이며 전체적으로 볼 때 미완성으로 추정된다. 좌대는 연화좌가 아니라 15센티미터의 방좌方座(네모난 좌대) 위에 앉은 자세이며, 허리를 굽히고 오른쪽 다리를 세워 왼쪽을 향해 무엇인가 말하고 있는 듯한 모습이다. 두광이나 배광도 없는 속인의 형태임을 볼 때 유마거사로 추정하며 높이는 95센티미터다. 이는 머리를 깎고 스님이 되지 않더라도 부처의 세상에 들어갈 수 있다는 희망을 심어준다.[10]

3. 축조

석굴암은 설계뿐만 아니라 시공에서도 탁월한 재능을 보여주지 않으면 건설될 수 없는 걸작이다. 김형자는 석굴암이 10분의 1 비율로 건축되었다고 설명했다. 이 비율은 기원전 25년 헬레니즘 사상가이자 건축가인 비트루비우스 폴리오Vitruvius Pollio가 주창한 '균제 비례Symmetry'와 유사하다. 그는 "건축미는 건물 각 부의 치수 관계가 올바른 균제 비례를 이룰 때 얻어진다"라고 강조했다. 균제 비례는 인체에서 비롯된 것이며 가장 아름다움과 안정감을 주는 비율이다.

석굴암 본존불도 이런 균제 비례가 적용되어 빼어난 예술성을 보여주고 있다. 얼굴과 가슴, 어깨와 무릎의 비율이 1:2:3:4로 본존불 자체를 1로 봤을 때 10분의 1인 균제 비례가 적용되었다. 신라인들이 비트루비우스가 주장한 균제 비례를 알고 있었을 리는 만무하지만 신라인들도 그가 발견한 안정감과 아름다움의 비율을 이미 터득하고 있었다는 것이다. 또한 석굴암 전체의 구조를 기하학적으로 분석해보면 모든 공간이 가로 : 세로 또는 세로 : 가로의 비율이 1:2 인 직사각형으로 이루어져 있다.[11]

석굴암은 네모난 전실과 둥근 후실로 이루어졌는데 이는 '하늘은 둥글고 땅은 네모'라는 천원지방天元地方 사상을 반영한 것으로 보인다. 특히 후실의 천정은 돔형으로 돌을 쌓아올려 만든 것으로 당시의 발달된 건축 기술을 엿볼 수 있다. 석굴암의 정수는 시각적인 효과도 고려했다는 점이다. 사각형의 예배 공간에서 당대의 일반적 신장으로 추정되는 160센티미터 정도의 사람이 본존불을 바라보면, 본존불의 머리 뒤에 있는 광배가 정중앙에 위치하게 된다.

석굴암의 천장 구조는 돔형 구조라는 기본 틀에 쐐기돌이라고 하는 특이한 무게 균형 장치를 갖고 있다.[12] 반지름 29.7센티미터의 돔형 천장은 화강석을 둥근 띠 모양으로 묶어 5개 층으로 구성하고 있다. 띠 둘레는 각각 10개의 이중 곡면 부재로 묶였는데 아래쪽에서부터 위로 올라가면서 점차 폭이 줄어들며 정점에 연꽃무늬로 된 125개의 돌을 올려놓았다. 기울기가 크지 않은 아랫부분의 2개 층을 제외하고는 띠를 묶을 때 돌들이 아래로 떨어지는 것을 막기 위해 연접부에 쐐기돌들을 수평으로 박았는데 이를 '멍에돌'이라고도 한다. 멍에돌은 길이 2미터로, 운두가 약간 높고 폭이 좁은 단면의 장대석이며 상당히 길다. 그렇기 때문에 설치하면 머리 부분만 천장 벽면 밖으로 나오고 나머지는 적심에 넣어 고정하게 된다. 멍에돌 머리 부분에는 잘록하게 판 홈이 있고 그곳에 천장 판석을 끼운다. 이는 신라의 석공들

석굴암 단면도. 돔형 구조라는 기본 틀에 쐐기돌이라고 하는 특이한 무게 균형 장치를 갖고 있다.

이 뛰어난 구조역학적 지식을 갖고 석굴암을 축조했음을 보여준다. 멍에돌 공법은 중심축 방향으로는 주로 압축력만 작용하게 하고 위로 올라갈수록 부재의 무게를 줄이게 하는 합리적인 구조로 불국사 청운교 및 백운교 좌우의 석벽 구조에서도 사용되었다.

천장 덮개돌은 손잡이 없는 찻잔을 거꾸로 엎어놓은 형상으로 지름 2.47미터, 높이 1미터, 바깥쪽 지름 3미터이며 무게가 20톤이나 된다. 기중기로 들어 올려도 만만치 않은 무게이지만 정확하게 반구형 돔을 시공했기 때문에 역학적 균형을 이루어 매우 튼튼하고 안정되게 자리 잡은 것이다.

한마디로 석굴암의 천장 구조는 아랫돌이 먼저 무너지지 않는 한 윗돌이 따로 아래로 떨어지지 않는다. 본존불이 천장 밑 주실에 위치하고 있는 이유다. 만약 천장을 구성하는 면석들이 중력에 의해 아래로 떨어진다 해도 쐐기돌 머리 부분의 홈이 위아래 돌들을 잡아줌으로써 본존불을 향해서 떨어지는 것을 막으면서 주실의 바깥쪽으로 떨어지게 한다. 쐐기돌은 돔 구조의 최하부로 전달하는 힘을 감소하면서 본존을 보호하는 장치인 것이다.

석굴암은 해발 500여 미터나 되는 토함산 중턱에 자리하고 멀리 동해를 조망하고 있으므로 건물 구조체로서는 다소 불리한 지형에 설치되었다고 볼 수 있다. 이런 곳은 해풍海風과 골바람은 물론 안개와 눈비, 그로 인한 습기, 동절기 동파의 위협에 상시 노출되기 마련이다. 토함산 일대는 강우일수가 134일, 강설일수가 40일에다 안개일수는 123일, 결빙일수는 110일에 달할 정도로 습기가 많은 지역이다.

당연히 신라의 기술자들은 이런 악조건을 해결하기 위해 주실의 지붕 처리 방식을 특이하게 했다. 우선 주실 돔 지붕은 모두 108개나 되는 석재를 이용했다. 108번뇌가 대표하듯 불교적 색채가 묻어나는 구조인 셈이다.

『삼국유사』에는 "본존불을 조각하기 직전에 석굴 천장의 돌 덮개를 만들던 중 갑자기 돌이 세 조각으로 깨져버렸다. 김대성이 분을 이기지 못하다 깜빡 잠이 들었는데 천신이 내려와서 덮개를 다 완성시켜주고 돌아갔다. 꿈을 깬 그가 나가서 석굴암을 보니 꿈에 본 대로 덮개석이 원위치에 올려져 있었다. 김대성은 감동해 남쪽 고개로 달려가서 천신께 제사를 지냈고 그곳을 향령香嶺이라고 부른다"라는 말이 있다. 실제로, 석굴 천장 중앙의 돌 덮개는 세 조각으로 깨져 있다. 이를 유홍준은 김대성이 잠든 틈을 타 석공들이 완성해놓았다고 해석하고 있다.

"나는 김대성이 잠든 틈을 타 석공들이 완성시켜놓았다고 해석하고 싶다. 그들은 20개의 쐐기돌을 박아 천장 덮개돌을 얹은 것이다. 그것은 지루한 공사를 빨리 마무리하고 싶었던 석공들의 욕망의 표현이었는지도 모른다. 이제 다시 무게 20톤이나 되는 2.5×3×1미터의 돌을 채석해서 복판 연꽃을 새긴다는 일 자체가 한심스러웠을 것이다. 일이란 마무리 단계에 오면 더욱 그런 법이다. 생각해보아라. 25세에 이 공사를 시작한 석공은 이제 50을 바라보는 나이가 되었다. 그것이 겨울날이었다면 또 어떠했을까 미루어 알 만하다. 석공들은 그들의 고집대로 또는 밑져야 본전인 셈으로 후딱 해치웠는데 김대성의 꿈에는 그들이 천신으로 현몽했던 것이리라."

그러나 유홍준의 이 같은 설명은 신라인들의 종교적 열정과 구원에 대한 믿음, 엄격한 주종 관계라는 사회적 조건을 무시한 상상력이라는 비판을 받았다. 우선 고대사회에서 20톤이라는 돌의 무게는 엄청난 것이다. 1970년대 말까지도 10톤 정도의 무게를 현장에서 움직이는 데는 상당한 노력을 들여야 했다. 그 정도의 커다란 돌이라면 김대성이 잠자고 있을 때, 즉 하룻밤 사이에 얼렁뚱땅 제자리에 올려놓을 수 있는 것이 아니다.

그렇다면 불심이 돈독한 김대성이 어떤 이유로 깨진 덮개석을 바꾸지 않고 그대로 시공했을까? 그 이유를 추론하기 전에 우선 석굴암에 사용된 석재의 산지産地가 어디인지를 따져봐야 한다.

일부 학자들은 신라가 총력을 기울여 지은 석굴암이므로 재료 역시 신라에서 최상질을 사용했을 것으로 추정했다. 현재는 고갈되어 더 이상 생산되지 않는, 당시 백제에 속했던 전라북도의 황등석이라는 것이다. 황등석 정도 되어야 석굴암의 재료로 적정하다는 것이다. 최상질의 석재가 경상도 지역에서는 생산되지 않는다는 것은 사실이다.

여하튼 황등석을 사용했다면 그 당시 거의 30톤(원형으로 다듬어야 하므로 원석은 이 정도는 되어야 했을 것이다)이나 되는 큰 돌을 어떻게 옮겨 갔을까 하는 의문점이 생긴다. 백제에서 신라까지 길고 험준한 도로로 거대한 석재들을 끌고 가는 것은 거의 불가능한 일이다. 하지만 뱃길로 옮기는 것은 가능하다는 주장이 제기되었다. 삼국이 통일되기 전에도 신라에서 불사를 일으킬 때 수많은 백제 사람이 기술자로 가곤 했다. 석굴암도 황등에서 일하던 석공들이 작업했다면 백제 땅에서 거대한 석재를 가지고 갔다는 것이 불가능한 일은 아니라는 설명이다.

그러나 이 문제에 관한 결론은 간단하게 도출되었다. 이대성은 석굴암 석재는 현장에서 채굴한 돌을 사용했다고 발표했다. 당시의 작업 여건과 석재의 운반 등을 고려할 때 현장 이외의 장소에서 석재를 공급하는 것은 불가능하다는 것이다. 석굴암 터에서 홍색 장석 화강암을 채취한 흔적도 발견되었다. 이 교수는 석굴암의 화강석 재료는 매우 거칠어 상질은 아니라고 설명한다. 재료가 다소 거칠다는 것은 석굴암이 현재의 토함산 자리에 세워지지 않으면 안 되었음을 보여준다.

재료를 현장과 가까운 곳에서 해결해야 한다는 문제는 있지만 석굴암이 현재의 위치에 선정된 이유에는 많은 설이 있다. 김대성이 수십 년에 걸쳐서 건설하다가 국가가 이어받을 정도로 중요한 공사였으므로 위치 선정에서도 여러 점을 고려했다는 것이다. 석굴암 본존불은 똑바로 동해를 향하고 있다. 그중에서도 동해 중의 한 지점인 동해구를 응시하고 있다. 인근에는 문무왕이 왜구를 물리치기 위해 세우다가 준공하지 못하고 681년에 사망하자, 아들인 신문왕이 완공한 감은사가 있다. 또한 동해구에는 문무왕의 유언에 따라 신라 역사상 처음으로 조성된 문무대왕릉이 있다. 신문왕은 망배*를 위한 이견대도 세운다. 따라서 석굴암의 위치는 신라 왕조의 중요한 유적이 집중되어 있는 동해구를 의식적으로 향하도록 선정했다는 것이다.

* 망배(望拜)
멀리 떨어져 있는 조상, 부모, 형제 따위를 그리워하며 그러한 대상이 있는 쪽을 바라보고 절을 함. 또는 그렇게 하는 절.

반면에 장충식은 석탈해왕의 전설에 등장하는 우물 요내정이 바로 지금의 석굴암 자리에 있었다며 '동악대신東岳大神' 즉 토함산의 신이 되었다는 석탈해왕과 관련된 종교적 이유가 석굴암 조성의 배경이라고 주장했다. 『삼국유사』에 적힌 요내정에 관한 내용은 다음과 같다.

"하루는 토해吐解가 동악에 올랐다가 돌아오는 길에 백의白衣로 하여금 마실 물을 떠오게 했는데, 백의가 물을 길어오며 중도에서 먼저 맛을 보고 바치려고 하니 그 각배角盃가 입에 달라붙어서 떨어지지 않았다. 그래서 꾸짖으니 백의가 '이후로 가깝고 먼 곳을 막론하고 먼저 맛보지 않겠습니다'라고 맹세하자 비로소 떨어졌다. 이로부터 백의가 두려워해 감히 속이지 못했다. 지금 동악 가운데 한 우물이 있는데 세속에서 요내정이라고 말하니, 그것이 그 샘이다."

여하튼 여러 가지 정황을 고려해 신중하게 선정된 현 석굴암 장소에서 공사하는 도중에 커다란 덮개석이 깨지는 문제가 생긴다. 석굴암을 짓고 있던 김대성으로서는 대단히 당혹스러운 일이었음이 틀림없다. 석굴암의 구조로 보아 천장을 덮는다는 것은 시공상 마무리 단계를 의미하므로 준공 날짜도 얼마 남지 않았을 것이다. 불자인 김대성으로서는 당연히 새로운 돌로 석굴암을 완성해야 하지만 그러려면 적어도 상당 기간 동안 준공 시기를 늦추어야 한다. 아무리 석굴암 현장에서 원석을 채취한다고 해도 덮개석만 한 돌을 새로 준비하는 것은 단순한 작업이 아니기 때문이다.

그러므로 새로운 돌로 시공할 수 없는 이유를 어떻게 해서든지 만들어야 했을 것이다. 김대성이 만든 변명은 간단하다. 자신의 꿈에 천신이 나타나 깨진 덮개석으로 천장을 마무리해주었으니 새로운 돌로 덮개석을 만들지 않아도 될 것이라고 석공들에게 설명하는 것이다. 김대성이 깨진 돌이지만 덮개석을 그대로 쓰자고 오히려 석공들을 다독거렸을 것이라는 뜻이다.

4. 수난

석굴암은 여러 차례에 걸쳐 수리와 보수가 이루어졌다는 기록이 있다. 『불국사고금창기』에 의하면 숙종 29년(1703)에 종열從悅, 영조 34년(1758)에 대겸大謙이 석굴암을 중수했다. 그리고 조선 말기에 울산 병사 조예상趙禮相에 의해 크게 중수되었으나 세인에게 잊혀졌다가 1909년에 우연히 발견된다. 당시의 자료에 의하면 "천장 3분의 1이 이미 추락해 구멍이 생겨 그 구멍에서 흙이 들어오고 있어 그대로 방치할 경우 모든 불상이 파손될 위험이 있다"라고 적혀 있을 정도로 보존 상태가 극히 불량했다. 특히 본존불의 코가 깨지고 연화대도 심하게 갈라지고 깨져 있었다.

일본인들은 석굴암이 발견된 이듬해인 1910년 우리나라의 국권을 빼앗자마자 석굴암의 조각상들을 일본으로 반출하려고 획책했다. 그러나 이들의 음모를 눈치 챈 현지 관리가 석굴암 반출을 거절하자 총독 데라우치 마사타케寺內正毅가 현지를 시찰하고 석굴암을 제자리에 두되 현지에서 보수한다는 결정을 내렸다. 그러나 이때부터 석굴암의 수난이 시작되었다. 우선 석굴암 보수에 동원된 인력은 모두 기차 철로를 부설하는 토목기술자였다. 당연하게 그들은 기차 철로의 터널처럼 석굴을 수리하겠다는 원칙을 세우고 1913년 10월부터 석굴 천장 부분에 목제 가구*를 설치해 해체 공사의 기초를 마련했으며, 1914년에는 본 공사에 들어가 석굴을 완전히 해체하고 1915년 9월에 공사를

*** 가구(架構)**
낱낱의 재료를 조립해 만든 구조물.

1910년대의 석굴암 모습. 그대로 방치할 경우 모든 불상이 파손될 위험이 있을 정도로 보존 상태가 불량했다.

끝냈다.[13]

총독부는 석굴암을 조립하는 과정에서 당시 세계적으로 각광을 받기 시작한 최첨단 건축 기법 중의 하나인 콘크리트를 사용했다. 석굴암 외벽에 약 1미터 정도 콘크리트를 도포했고, 정상부는 그대로 흙을 얹고 다시 잔디를 심었다. 이때 석굴암 바닥으로 흐르던 샘물이 차단되어 석굴 내부를 지나지 못하게 되었고 석굴암 둘레도 철저히 시멘트로 막혔다. 그런데 준공 후 2년 뒤 석굴 내에 결로와 누수 현상이 발생했고 1917년에 2차 중수에 들어갔다. 이때 콘크리트로 된 돔의 표면에 석회모르타르와 점토층을 마련하고, 원형 돔 외부에 방사선 모양의 암하수구暗下水溝를 설치하고, 그 위에 흙을 덮고 잔디를 깔았다. 그럼에도 석굴암 손상이 계속되자 1920년부터 1923년까지 천장의 방수를 위해 대대적으로 재보수공사를 실시했다. 하지만 결로와 함께 물기가 마른 후 생기는 하얀 부스러기 등이 계속해서 나타났다. 습기 문제가 해결되지 않자 1927년에는 푸른 이끼를 없애기 위해 증기 세척을 했다. 그러자 시멘트에서 나오는 탄산가스와 칼슘이 화강석 벽을 손상시키기 시작했다.[14]

해방 후에도 1947년, 1953년, 1957년에 고온 증기를 사용해 불상을 세척했다. 당시는 불상을 몇 년마다 닦아주는 것을 최상의 보존 방법으로 생각했다. 그러나 돌의 가는 입자가 떨어지는 등 훼손이 계속되자 중단되었다. 그 후 1961년 대대적인 공사에 착수했는데 보수 방법은 다음 네 가지로 좁혀졌다.

① 빗물이 스며들지 않도록 일본인이 시공한 콘크리트 벽 배후로 약 1미

터가량의 공간을 두고 다시 콘크리트로 된 돔을 세우고, 그 위에 두터운 봉토를 덮는다.

② 지하수가 스며들지 못하도록 석굴 밑 암반에서 나오는 샘물의 배수구를 강화한다. 이는 일본인들이 설치한 콘크리트 돔이 물기를 빨아들여 다시 석재 틈새로 뿜어내는 것을 차단하기 위한 용도다.

③ 습한 공기의 유입을 막기 위해 전실에 목조건축물을 세운다.

④ 석굴 내부의 환기를 위해 지하에 공기 통로를 만들어 이중 돔 사이 공간으로 빠지도록 한다.[15]

정부에서 이와 같은 복원 계획을 수립한 것은 문화재관리국이 발간한 「석굴암수리공사보고」(1967)를 토대로 했기 때문이다. 이 보고서에서는 복원 작업의 필요성으로 두 가지를 지적했다.

첫째, 일본이 무차별로 벌인 보수공사로 석굴암의 구조가 변화했다. 새로운 석재를 추가해 기본 틀이 변형되었고 콘크리트 사용으로 자연적으로 이루어지던 통풍이 막혀 물이 새고 습기가 끼었다. 둘째, 석굴암 앞의 전실을 복원하지 않았다. 석굴암의 전면을 그대로 방치해 토함산에서 올라오는 해풍과 굴 주변의 먼지 등에 무방비 상태로 놓였다. 따라서 습도 문제를 해결하기 위해 석굴을 감싼 콘크리트에 120센티미터 간격을 두고 새로운 돔을 만드는 것이 중요하다.[16]

이 보고서대로 석굴암을 수리하고 보수했지만 콘크리트 돔은 1996년 또다시 언론의 조명을 받는다. 유승룡이 불국사의 의뢰를 받아 실시한 「석굴암에 대한 구조물 진동 문제와 안전도 2차 조사 결과」에서 일본이 만든 콘크리트 돔에 너비 2밀리미터, 길이 5미터의 균열이 발생했다고 발표했기 때문이다. 그는 이 균열이 구조물 자체의 결함 때문이 아니라 기존에 있던 미세한 균열이 소음, 진동, 지진 등 외부 충격에 의해 확대된 것이라고 추정했다.

그러나 김동현은 곧바로 "내부 돔의 균열은 이미 1963년 석굴암 중수 당시에도 발견했으나 심각한 상태가 아니므로 지나쳤다"라고 반격했다. 또한 유네스코 세계문화유산 등록에 앞서 실시한 안전 진단에서도 석굴암의 안전성에는 아무 문제가 없는 것으로 조사되었다고 부언했다. 이 설명은 균열이 일제강점기 때 설치한 내부 돔이 흙으로 덮여 있을 때 수분 침투와 급격한 온도 변화로 인해 모르타르층이 분리된 결과라는 것이다. 또한 균열 지점의 양쪽 부위가 부등不等 침하 현상을 보이지 않으므로 내부까지 이어졌다고 볼 수 없다는 결론을 내렸다. 그러므로 문화재관리국의 석굴암 보수 공사는 큰 틀에서 콘크리트 내·외부 돔의 누수 부분과 목조 전실을 설치했다는 설명이다. 원인은 어떠하든 문제는 습기를 전혀 제어하지 못한 공사였다는 점이다.

결론을 이야기하자면 기계적인 제습 장치를 가동해 탈수 처리하면 7~8월에는 물이 하루 1드럼에 이른다. 기계가 고장 난다면 반대로 하루 1드럼의 물이 굴 안에서 결로 현상을 진행한다는 것이나 마찬가지다. 학자들의 예상과는 달리 습기 문제가 좀처럼 해결되지 않자 1966년 정부에서는 공기 냉각장치를 설치해 기계적인 방법으로 습기와 온도를 조절하기 시작했다.[17]

5. 보존

학자들은 석굴암의 훼손은 보수할 당시부터 예고된 일이라고 말한다. 오늘날의 석굴암은 당초에 건설되었던 석굴암과 구조가 크게 달라졌기 때문에, 즉 석굴암의 본래 모습대로 만들지 않았기 때문에 생긴 필연적인 결과라는 뜻이다.

석굴암은 원래 일반 건물같이 주벽은 이중 돌로 축조되어 있었으며, 두께는 1.2~1.5미터 정도였다. 지붕에는 판석을 덮어 빗물을 처리했고 출입구는 개방된 구조였다. 남천우에 의하면 출입구 상부에는 아치형의 광창이 있었고, 주벽인 10개의 소감실 배후에도 창구가 있어 광선과 공기가 그곳으로 들어왔다고 한다. 그러나 여러 차례의 수리 과정에서 이러한 원형이 모두 변형되었다는 것이다.[18]

이태영은 앞에서 설명한 것처럼 석굴암은 본래 지하에서 용출되는 물이 굴의 바닥에 있는 암석 기초층을 관통해 흐르도록 만들어져 있었는데, 일제강점기 보수공사 때 이 지하수가 다른 곳으로 방출되도록 구조를 변경한 것도 석굴암 훼손에 한몫했다고 지적했다. 원래의 배수 방법은 굴 안의 온도를 조절하는 역할을 해서 벽면에 결로 현상이 생기는 것을 막는 것이었는데, 이를 변경했기 때문에 습기 문제가 생겼다는 것이다.

일본이 1910년대 처음으로 석굴을 보수하기 이전에 했던 기초조사의 평면도를 보면, 원형 주실의 뒤쪽과 2시 방향의 바로 옆면에 샘이 있었음을 알 수 있다. 이 샘물의 양은 10초에 1리터나 되며 1년 내내 쏟아져나왔다. 결로 현상이 집중적으로 일어나는 여름, 차가운

샘물이 석굴 밑의 석재 아래로 흐르면 바닥의 온도가 낮아진다. 벽이나 석불의 외면에 비해 바닥의 온도가 낮으면 이슬은 거기에만 생긴다. 석굴암을 만든 신라 석공들이 이러한 원리를 터득했기 때문에 1년 내내 샘물이 콸콸 쏟아지는 샘물 바로 옆에 석굴을 짓고 밑바닥으로 샘물을 흘려보냈던 것이다.[19]

그러므로 석굴암에서 습기가 생기는 가장 근본적인 요인은 석굴 내부가 숨을 쉬지 못하기 때문이라는 지적이다. 자연의 모든 존재는 숨을 쉰다. 건축물도 지하 건축이든 지상 건축이든 숨을 쉬어야 한다. 특히 석굴암 같은 석조물은 내부 온도와 외부 온도 차이가 조금만 나도 곧 석상 표면에 결로 현상이 나타난다. 때문에 내외의 온도차를 최대한 줄여 온도차로 생기는 석상 표면의 결로 현상을 막아야 하며, 석굴암은 자연 통풍과 온·습도 조절 장치를 통해 이를 지키고 있었다는 것이다.[20]

석굴암을 1,000년이 넘는 시간 동안 살아 숨 쉬게 만든 비밀은 원활한 통풍이다. 석굴암에는 수많은 통풍 장치가 있다. 우선 석굴암 주실에 위치한 10개의 감실과 감실을 받치고 있는 돌 사이에는 작은 틈이 존재해 공기를 순환시킨다. 또 출입구의 아치형 천장 위에 위치한 광창은 채광은 물론 원활한 통풍을 위해 만들어졌다.

이 밖에도 본실 지붕 외벽에는 직경이 10센티미터가 넘는 돌들이 1미터가량 쌓여 있는데 이 자갈층을 통해서도 공기가 안팎을 넘나든다. 자갈층은 제습 기능도 겸비하고 있다. 외부의 습하고 더운 공기는 자갈층을 지나며 자갈층에 수증기를 남기고 차가워져 내부로 유입된다. 때문에 석굴암은 차고 건조한 공기만 받아들일 수 있다. 이 자갈층은 낮에는 물을 머금고 있다가 밤이 되면 바깥으로 수분을 방출하고 다음 날을 준비했다.[21] 그런데 현재의 감실은 일제강점기 때의 보수공사로 석재가 모두 교체되었고 통풍할 수 있게 만들었던 환기창도 모두 사라졌다.

현대 과학을 동원해 조치했지만 결로 현상이 생긴 원인은 한마디로 밀폐 구조를 강요했기 때문이다. 원형대로라면 완전히 개방된 구조이기 때문에 대기 온도가 상승하면 내부의 표면 온도도 통풍에 의해 함께 상승하므로 결로가 생기지 않는데, 광창과 창구를 모두 막고 전면을 목조 암자로 만들었기 때문에 상황을 악화한 것이다. 이 문제는 석굴암 전면에 건물이 있느냐 없느냐로 귀착된다.

현재 석굴암 전면에 목조건물이 있는데 이것이 건설된 이유는 나름대로 근거가 있다. 1960년대 석굴암 보수공사 때 현재 목조 전실이 세워진 곳 주변에서 건물 초석과 신라시대 것으로 추정되는 다양한 기와조각이 출토된 것으로 보아 목조 전실이 틀림없이 존재했다는 것이다. 석굴암에 영향을 주었을 것으로 판단되는 중국 둔황의 여러 석굴에도 목조 전실이 있으며, 영조 9년(1733)에 정선이 그린 『교남명승첩嶠南名勝帖』에 나오는 경주군 양북면 안동의 〈골굴석굴도〉에도 석실 입구에 전실이 보인다.

그러자 곧바로 반론이 제기되었다. 우선 18세기 중엽의 경주부 지도에 목조 건물로 씌워지지 않은 석굴이 있으며, 그 옆에 별도로 목조 암자가 있다는 것이었다. 문중양도 1961년 보수공사를 담당한 사람들이 정선의 그림을 보고 석굴이 목조 암자로 되어 있다고 이해하고 현재같이 전실을 목조 건물로 덮어버렸지만 이는 자료를 정확히

■
석굴암 전면에 있는 목조건물에 대해서는 여러 가지 의견이 있다.

확인하지 않은 데서 온 착오라고 지적했다.[22]

석굴암의 전면에 전실이 있느냐 없느냐는 이곳에서 더 이상 거론하지 않고 학자들의 연구에 맡긴다. 하지만 석굴 바닥의 샘물을 통한 습도 조절 문제는 계속 논쟁거리다. 내부 바닥 밑으로 찬 샘물이 흐르게 함으로써 온도 차이로 인한 벽과 천장의 결로 현상을 막았다면 바닥의 돌을 마치 구들을 놓듯 질서정연하게 시공해야 했을 텐데, 1960년대의 보수공사 때 이러한 효과를 고려한 바닥 구조가 확인되지 않았으므로 샘물로 인한 습도 조절 문제는 단언할 수 없다.

수많은 학자로부터 대안이 제시되었으나 가장 근본적이고 항구적인 방법은 석굴을 원형대로 재축하는 것뿐이라는 주장이 대부분이다. 지금과 같은 인공적인 조절은 어디까지나 임시방편이므로 석굴암을 완전히 해체하고 다시 옛 모습 그대로 조립하는 방법이 최선이라는 뜻이다. 남천우는 석굴암 보존 방안에 대해 다음과 같이 제안했다.

"석굴암 보존의 위기는 개악 수리공사 때문에 생긴 결과다. 그래서 연구 보고를 핑계로 관람객의 출입을 금지하고 말썽의 소지를 없애려는 편법까지 동원했다. 그러나 구조를 그대로 두고서도 습기 문제는 해결할 수 있다. 즉 배후에 만든 이중 돔 사이 공간의 온도를 밤중 대기 온도보다 4~5도 높게 유지해주고 출입문을 개방하면 결로 현상은 생기지 않는다. 이렇게 하면 관람객의 출입도 가능해지며 공기 건조 장치도 필요없고 진동과 소음도 저절로 사라진다. 굳이 수억 원을 새로 들여서 기계실을 밖으로 옮겨야 할 이유가 없다."

총론적으로 이성규는 석굴암의 문제점을 원천적으로 해결하기 위해 다음과 같은 조처가 필요하다고 했다.

① 석굴암 외벽의 콘크리트를 제거하고 다시 그 위의 콘크리트 돔을 철거한다.
② 원래의 자갈층을 재구축한다.
③ 석굴암 입구 상부의 광창과 10개 감실에 있었던 환기창을 복원한다.
④ 따돌려진 샘물줄기가 다시 석굴암 내부 바닥을 관통하도록 한다.
⑤ 전실의 목조건물을 철거하고 동시에 들머리의 두 신중상의 각도를 다시 원형대로 90도로 꺾는다.
⑥ 천개석의 바람구멍을 복원한다.[23]

2005년에는 성낙주가 지금까지 알려지지 않은 1912년 석굴암 주실 지붕 형태를 보여주는 매우 중요한 사진을 공개했다. 이 사진은 석굴암이 원형이 어떤 것인지 질문을 제기한다. 사진에 의하면 주실 지붕은 맨 위층에 기와지붕이 고깔처럼 덮여 있는 모습을 하고 있다. 이를 통해 아마도 주실로 빗물 등이 침투하는 것을 1차로 차단했을 것으로 추정된다. 기와층 아래로 짙은 토석층이 두터운 층을 형성하다가 중간쯤에 또 다른 기와층이 드러나고 있다. 이는 빗물 등에 대한 2차 방어선이라고 볼 수 있다. 기와층 아래로는 다시 두터운 토석층이 이어지며 석재 돔과 연결되고 있다.

성낙주는 2차 토석층과 석재 돔이 맞닿은 부분에도 3차 기와층을 부설한 흔적이 보인다고 주장했다. 석재 돔 위로 적어도 2~3미터에 이르는 토석층과 기와층이 적어도 각각 2단 이상 번갈아 덮여 있었던 것이다.

또한 석굴암 홍예석이 1913년 보수공사 이전에도 존재했으며 일제강점기 때 고의로 만든 것이 아니라는 주장이 제기되었다. 석굴암 본존불이 안치된 방으로 들어가는 입구 양측에는 팔각기둥이 각각 설치되어 있고, 이 두 기둥은 홍예석이라는 아치형 돌로 연결되어 있다. 지금까지 연구자들 사이에서는 홍예석이 원래 석굴암에는 없었으나 일제강점기 때 마구잡이로 보수하는 과정에서 억지로 만들어넣은 것이므로 철거해야 한다는 주장이 끊이지 않았다.

그런데 근래 발견된 사진 자료에는 홍예석이 있었던 흔적이 뚜렷이 나타나고 있다. 정면 기준 오른쪽 돌기둥 위에서 안으로 돌출한 부분인 이른바 첨차석이 뚜렷이 드러난 것이다. 첨차석 단면은 양끝이 귀처럼 뾰족하게 솟아 있는 데 비해 중앙 부분은 홈이 나 있는데 이것이야말로 홍예석을 얹었던 흔적이라는 주장이다.[24]

석굴암에 석굴만 있는 것은 아니다. 높이 3.03미터인 팔각원당형八角圓堂型 기단 위에 방형의 삼층 탑신이 놓여 있는 특이한 형태의 석굴암 삼층석탑(보물 제911호)이 있다. 지대석은 높고 큼직한 원형이며 입면을 사선으로 처리해 원통 형식을 이루고 있는데 형태가 독특해 어디에서 유래된 것인지는 불분명하다. 각 모서리에는 기둥이 표시되었으나 각 면에는 아무런 장식이 없다. 이 위는 바로 갑석으로 부연과 함께 2단의 둥근 판석을 이루고 있으며, 하층 기단 위에 조금 더 작은 상층 기단이 있는데 형태나 수법은 동일하다. 상층 갑석 위에는 사각형의 각형 굄이 2단으로 표현되었고, 이 위에 1층 탑신이 놓여 있다. 2~3층 탑신에 비해 훨씬 크고 높직하다.

석굴암 삼층석탑. 원과 사각, 팔각이 조화를 이루어 아름다운 신라 석탑의 정점을 보여주고 있다.

■

ⓒ 경주시

1층 옥개석은 평평하고 얇은 형태인데 옥개 받침도 3단이어서 시대적인 양식을 반영하고 있다. 이러한 특징은 2 · 3층 옥개와 옥신석에도 그대로 반영되고 있으며, 크고 높직한 1층 탑신을 중심으로 둥근 대좌와 잘 대비되고 있다. 특히 직선적인 처마, 얇은 낙수면이 단아하게 느껴지며 전체적으로 원과 사각, 팔각이 조화를 이루고 기단부와 탑신부 상하가 균형을 이루어 아름다운 신라 석탑의 정점을 보여주고 있다. 9세기 석탑에서 볼 수 있는 보편적인 특징과 조화미도 있어서 9세기 전기에 조성된 것으로 추정된다. ❖

불탑의 나라, 신라

❁ 탑 같은 형태를 갖고 있다고 모두 탑이라고 부르는 것은 아니다. 탑은 다음 두 가지 조건을 충족해야 하기 때문이다. 첫째는 석가의 사리를 봉안해야 하고 둘째는 상륜을 갖고 있어야 한다. 사리의 봉안이 석가의 무덤임을 알리는 실질적인 내용이라면, 상륜은 인도 스투파를 축소한 상징적인 형식이다. 그러므로 우리나라의 모든 탑에는 상륜이 있다. 목탑이나 전탑에서는 주로 금속으로 만들었고, 석탑에서는 돌로 저마다의 형태를 조각해 올려놓았다. 물론 불교가 널리 전파되면서 건립되는 모든 탑에 석가의 진신 사리를 모실 수 없으므로 후대에는 다른 승려들의 사리나 불경, 작은 금동불 등 공경물이 될 수 있는 것을 탑 안에 모셨다. 그래서 사찰에 들어가면 부처를 모신 법당 안에 있는 탑에 예배하거나 탑돌이를 하는 것이다.

상륜을 세우기 위해서는 찰주가 필요하다. 석탑은 주로 쇠로 만든 찰주에 돌로 된 부재들을 끼우도록 되어 있다. 엄밀한 의미에서 상륜은 탑 위에 또 다른 탑이 서 있는 것이다. 세계 각국이 현지 상황에 맞는 여러 가지 형태의 상륜을 만들었으며 우리나라 역시 독특한 형태의 상륜을 만들었다. 이러한 상륜부의 모습은 통일신라시대 탑에서만 찾아볼 수 있다.

탑의 장엄莊嚴, 즉 탑을 아름답게 꾸미는 것도 인도와는 크게 다르다. 우리나라 석탑의 기본 형식은 평면 4면에 이중 기단을 가진 형태다. 그러므로 기둥과 기둥 사이의 면석이 8~12면에 나타난다. 이 공간에 종류와 형태를 달리하는 조각이 화려하게 설치된다.

1층 탑신에 목탑의 형식을 모방한 문이 조각되어 있으면 문을 지키는 금강역사상이 등장한다. 문이 조각되어 있지 않으면 사천왕상이 등장하는데 불국토를 지키는 신장상神將像들이다. 또한 상층 기단과 하층 기단에는 팔부중상이나 십이지신상이 조각된다. 특히 팔부중상은 상층 기단이 8면의 공간으로 구획되어 있어 조각이 가능했다. 이는 우리나라 탑에만 보이는 특징이다.

지붕돌 처마 모서리 양쪽에는 소형 구멍을 만들어 금속으로 제작한 풍탁을 매달았다. 처마에 달린 풍경과 상륜을 잇는 사슬에 달린 풍탁은 작은 바람에도 살랑살랑 흔들려 제각각의 빛과 소리를 냈다. 말하자면 시각적인 장엄뿐 아니라 청각적인 장엄도 고려한 것이다.

탑이 없는 사찰도 있는데 탑보다 불상을 우선시하기 때문이다.

당초 불교에는 불상이 존재하지 않았으므로 탑이 경배의 대상이었지만, 불상이 예배 대상으로 등장하기 시작하자 불상과 탑의 위상이 바뀌었다. 금당이 주主가 되고 탑은 종從이 된 것이다. 이후 탑이 세워지지 않은 가람이 등장하기 시작했다. 신라 말부터 특히 산지 가람에서는 탑이 없는 배치가 나타나다가 고려 이후 조선시대에는 탑이 사원에서 자취를 감추거나 외곽으로 밀려나는 경우가 많았다.[1]

신라에 탑이 전래된 것은 불교가 공인된 6세기경의 일이다. 불상이 중국과 고구려, 백제를 거쳐 전래된 것처럼 탑 역시 같은 경로를 통해 전해졌다. 중국에서 탑이 만들어지기 시작한 것은 대략 2세기경이었는데 중국의 탑은 봉분 형태로 만들어진 인도의 탑과는 달리 여러 층의 누각으로 조성되었다. 중국인들은 탑을 부처와 보살이 사는 집으로 생각했기 때문이며, 그들은 사람이 사는 집처럼 목재나 벽돌을 사용해 탑을 만들었다.

누각식 중국탑, 그중에서도 목탑은 4세기경에서 6세기 후반까지 약 200년 동안 주를 이룬다. 이의 예는 황룡사 구층목탑으로 잘 알려져 있지만 현재 사라진 상태이며, 실물로는 충청북도 보은군 법주사에 있는 팔상전(국보 제55호)이 있다. 18세기에 건설된 쌍봉사 대웅전에도 복원된 삼층목탑이 있다. 건물처럼 생겨 법당으로 오해하기 쉽지만 엄연히 목탑이다. 탑과 법당이 다른 것은 탑에는 붓다의 사리를 모시고 법당에는 불상을 모신다는 점이다.[2]

불교의 신앙심을 따르더라도 목탑을 계속 건립한다는 것은 간단한 일이 아니다. 목탑은 목재로 만든 일반 건물과는 매우 다르기 때문이다. 목재로 고층 건물 형식의 탑을 만드는 것은 간단한 일이 아니었다. 우리나라는 산이 많아 목조 건축에 쓰이는 나무의 공급이 원활했을 것 같지만 실상은 그렇지 않다. 나무가 많아도 연중 기온의 변화가 심해 커다란 목탑을 세울 만큼 질 좋은 목재는 많지 않았다.

법주사 팔상전은 누각식 중국탑, 그중에서도 목탑을 대표하는 탑이다.

목탑의 문제점을 해결하는 방안으로 나타난 것이 전탑이다. 흙으로 만들어 구운 벽돌을 쌓아올린 탑으로 중국에서는 상당히 넓은 지역에서 건축되었지만 우리나라에서는 발해와 신라의 안동 지역 등 특정한 장소에서 특정한 시기에 제작되었다. 안동의 법흥사지 칠층전탑(국보 제16호)은 높이 17미터로 현존하는 한국 최고·최대의 탑이다. 현재 우리나라에 남아 있는 전탑 중에서 상륜부를 제외하면 거의 완

안동 법흥사지 칠층전탑. 높이 17미터로 현존하는 한국 최고 · 최대의 탑이다.

벽하게 보존되어 있다.

전체적으로 일정한 크기의 민무늬 벽돌을 이용해 쌓았는데, 탑신 부분과 지붕 부분의 쌓기 기법이 다르다. 2층 탑신의 높이는 1층 탑신에 비해 4분의 1로 급격히 줄었으나 3층 탑신부터는 매우 근소한 차이로 줄어든다. 이러한 체감률은 중국 당나라 때 만들어진 전탑의 체감률과 일치하며 형태나 구조에서 중국의 전탑을 차용했다고 추측된다. 전탑으로는 안동의 운흥동 오층전탑(보물 제56호)과 조탑리 오층전탑(보물 제57호) 등도 대표적이다.

하지만 구운 벽돌로 만드는 전탑도 문제점이 있기는 마찬가지였다. 벽돌을 만들 수 있는 진흙이 많아야 하는데 이 역시 중국에 비할 수는 없었다. 재료 공급에 문제가 생기자 돌을 벽돌처럼 깎아 만든 모전석탑이 등장한다. 분황사 모전석탑이 대표적인 예이며, 구미 낙산리 삼층석탑(보물 제469호), 서악동 삼층석탑, 남산동 동 · 서 삼층석탑 등이 있다.

그러나 바위를 일일이 작은 벽돌로 쪼개서 다듬는 것도 만만한 작업이 아니었다. 곧바로 목탑계 석탑 아이디어가 도출되었으며, 이야말로 한국의 석탑이 세계에서 유래를 찾아볼 수 없는 독창성을 지니게 된 요인이다. 돌의 크기를 조금 더 크게 해서 부재의 수효를 줄이고 모양을 단순하게 한 것은 의성 탑리 오층석탑(국보 제77호)이 대표적인 예다. 몸돌에서 한 단계씩 점점 넓혀가며 쌓다가 가장 넓은 면에서 다시 한 단계씩 좁혀가며 쌓는 식으로 옆에서 보면 한 층의 모양이 마름모꼴을 이룬다.

석탑의 기술을 획기적으로 발전시킨 나라는 백제다. 백제는 돌 자체의 성질을 살려 목탑의 부재를 돌로 대체하는 방법을 고안했는데 익산 미륵사지 석탑(국보 제11호)이 그 예다. 현재 남아 있는 서탑의 경우 1층에 기둥을 세우고 통로를 여는 방안이 구사되어 목조탑의 기미를 엿볼 수 있다.[3] 또한 1층 기둥 모양의 틀에 목재를 다듬듯이 배흘림을 주고, 기둥 위에 목조 건축의 가구 수법을 그대로 적용했다. 또한 넓은 판석을 다듬은 지붕돌 처마도 기와집 지붕처럼 처마선이 약간 들리게 했다.

문제는 석재로 이렇게 만들려면 보통 어려운 일이 아니라는 것이다. 그러므로 돌의 성질에 맞게 세부를 단순하게 다듬었는데 이렇게 만든 탑이 부여 정림사지 오층석탑(국보 제9호)이다. 익산 미륵사지 석탑보다는 훨씬 간결해졌지만 그래도 미륵사지 석탑에서 본 것 같은 목조 건축의 느낌이 있다.[4] 이들 탑이 한국에서 현재 가장 오래된 석탑이다. 뒤를 이어 몇 개의 큰 돌만 깎아 세우는 방식을 쓴 감은사지 동·서 삼층석탑과 덕동호 댐 건설로 수몰되어 국립경주박물관으로 이전된 고선사지 삼층석탑(국보 제38호) 등이 등장한다. 이들 탑은 백제와 신라에서 각기 계통을 달리해 발전한 석탑 양식이 삼국 통일과 함께 하나로 융합되어 새로운 양식을 형성한 것이다.

곧 신라 석탑은 백제와 고구려, 중국의 영향에서 벗어나 독창적인 양식으로 정립되기 시작한다. 이후 석재 수를 극히 간소화하면서 구조도 함께 변화되어갔는데 대표적인 탑이 나원리 오층석탑(국보 제39호)과 황복사지 삼층석탑(국보 제37호)이다. 이들 탑은 감은사지·고선사지 석탑 양식에서 기단부와 탑신부의 구조가 상당히 변화한 것으로 신라 석탑 양식이 확립된 8세기 초반을 대표한다.

신라 중기인 8세기가 되면 석탑 표면에 여러 가지 불교상을 조각해 장엄하기 시작했으며 이는 9세기 이후 크게 유행한다. 장엄 위치는 상하 기단이 중심이었고 초층 탑신에 조각한 예도 있다. 부처와 보살 같은 예배 대상은 대체로 탑신에, 수호신은 기단부에 조각했는데 탑에는 부처의 사리가 봉안되었다는 탑 건립 본래의 정신이 남아 있었기 때문이다. 탑에 여러 가지 조각이 있으면 탑 자체의 존엄성보다는 표면에 시선이 더 쏠려서 예배 대상이라기보다 장식물로서의 성격이 돋보이게 된다. 원원사지 동 · 서 삼층석탑(보물 제1429호), 남산동 동 · 서 삼층석탑을 비롯한 많은 석탑이 이러한 예다.

전형 양식에서 벗어난 석탑도 있다. 이러한 탑들을 이형異形 양식이라고 부른다. 형식이 매우 다양해 일정하지 않으나 모두 불교적 · 신앙적 배경을 가지고 있다. 경주에서 가장 뛰어난 이형 석탑은 불국사 다보탑이라 평가된다. ❖

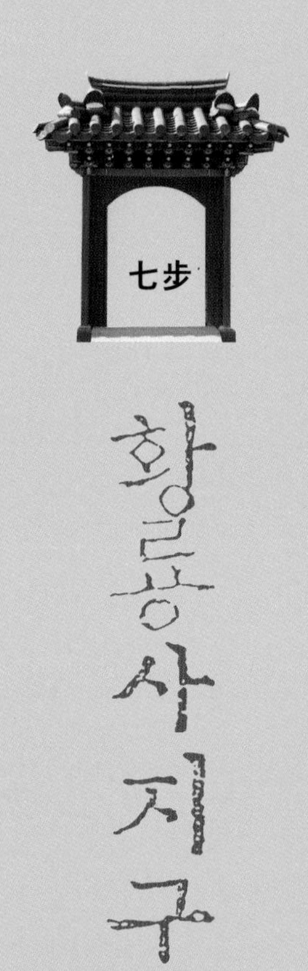
七步
황룡사 지구

황룡사지구

1. 들어가기

황복사지를 나서면 곧바로 경주 시내인 황룡사지구로 연결되지만 인근에 진평왕릉(사적 제180호), 전홍유후설총묘(이하 설총묘, 경상북도 시도기념물 제130호), 보문동 사지(사적 제390호), 효공왕릉(사적 제183호)이 있으므로 이들을 답사한 후 황룡사지구로 향한다. 이들을 먼저 답사한 후 낭산을 답사하는 것도 한 방법이므로 각자의 선택에 따르기 바란다.

진흥왕에게는 동륜과 사륜이라는 아들이 있었다. 그러나 태자 동륜이 일찍 죽는 바람에 동생인 사륜이 왕위를 이어 진지왕이 되었다. 그런데 진지왕(재위 576~579)은 즉위 4년 만에 '정치가 어지럽고 음탕하다'는 이유로 화백회의에 의해 폐위당했다. 뒤를 이은 사람이 동륜의 아들인 진평왕이다. 『삼국유사』에는 진평왕이 즉위하자 하늘로부터 '천사옥대天賜玉帶'를 받았다고 기록되어 있는데 이 옥대는 황룡사의 장륙존상 및 구층목탑과 더불어 신라의 3대 보물로 꼽히는 것이다. 왕은 국가적인 제사를 지낼 때 항상 옥대를 사용했다고 한다.

그는 신라 초대왕인 박혁거세 다음으로 가장 긴 53년간 왕위에 있었는데 이때 많은 중앙 관청이 새로 설치되어 지배 체제가 크게 정비되었다. 또한 원광圓光과 담육曇育 등의 승려를 중국으로 유학 보내는 등 불교를 진흥시키고 왕실을 튼튼히 하는 데도 힘썼다.

진평왕 6년(584)에는 건복建福이라는 연호를 사용하고, 백제와 고구려가 잇달아 국경을 침범해오자 남산산성, 명활산성, 서형산성 등을 쌓으며 국방을 강화했다. 김유신이 활약하기 시작한 것도 이때다. 또한 중국에 사신을 보내 외교 관계를 강화하려는 노력을 기울였으며, 608년에는 원광으로 하여금 수나라에 군사 지원을 요청하는 글을 보내 양제煬帝의 허락을 받기도 하는 등 후일 신라가 삼국을 통일하는 기틀을 마련했다.

진평왕릉은 높이 7.6미터 지름 38미터의 원형 봉토분으로 봉분 하부를 자연석을 이용해 둘레석을 둘렀으나 현재는 몇 개만 드러나 있다. 아무런 시설 없이 평야 가운데 있는 것이 특징이며 석양이 아름답기로 유명하다. 이 같이 자연석을 사용해 보호석을 마련한 예는 아달라왕릉 등 신라 왕릉에서 자주 나타난다.

진평왕릉은 자연석을 이용해 둘레석을 둘렀고 평야 가운데 있는 것이 특징이다.

진평왕의 뒤를 이은 사람이 선덕여왕이다. 진평왕이 세상을 떠나기 1년 전인 631년 이찬 칠숙과 아찬 석품이 반역을 일으키자 진평왕은 반역자들을 참형에 처한 후 그의 가족 9족을 멸했다. 이 사건은 우리나라 역사에서 문헌상에 남아 있는 최초의 9족멸九族滅 사건이다. 진평왕이 철저하게 숙청을 단행한 것은 자신이 죽은 뒤 여왕이 될 선덕여왕이 업신여김을 당하지 않도록 조처한 것으로 추정된다.[1]

진평왕릉 동쪽에 원효와 요석궁 공주 사이에서 태어난 대학자이며, 신라10현 중 하나인 설총의 능으로 전해지는 묘가 있다. 지름 15미

보문사지 당간지주(위)와 보문 사지 연희문 당간지주(아래).

© 경주시

터, 높이 7미터로 비문과 비석은 없으나 의자가 있는 상석이 하나 있고 상석을 받치고 있는 고석의 모양이 특이하다. 아무런 장식이 없고 단순하나 보존은 잘되어 있는 편이다. 경주 설씨의 시조로 추앙되고 있는 설총은 이두*를 집대성한 인물로 왕의 자문 역할을 담당했고, 저술로 『화왕계』가 있다. 현종 13년(1022) 홍유후弘儒侯에 추봉되고 문묘에 배향되었고 경주의 서악서원에 제향되었다.

낭산과 명활산성 사이에 광활한 농지가 있는데 황룡사 사리탑과 함께 경문왕 대인 '중화 3년(883)'이 적힌 금동 사리함에 "보문사의 현여대덕이 『무구정광경』에 의해 작은 탑 77개를 만들었다"라는 구절이 나오는 것을 볼 때 보문사가 이곳에 있었던 것으로 짐작된다. 다만 사리함의 "김유신을 위해 석탑을 만들었고 883년에 다시 수리했다"라는 기록을 볼 때 사리함 자체는 보문사와 관계없다고 추정된다. 학자들은 김유신의 명복을 빌던 사찰은 취선사이므로 이곳에 있던 석탑에서 나온 것으로 본다.

이들 구역에서 금당지, 동서 목탑지 등의 건물 터와 석조, 당간지주, 초석, 석등 부재 등이 보인다. 분포지가 매우 넓고 보문사라고 새겨진 기와가 발견된 점을 통해 보문사가 매우 큰 사찰이었음을 알 수 있다. 금당지의 높이는 경작지 표토에서 약 1미터 정도이며 흙으로 쌓은 축대 위에 건물의 기단석과 초석이 배치되어 있다. 목탑지는 금당지 앞의 높은 단 위에 남아 있으며 서탑지의 중앙에 남아 있는 대형 초석에는 연꽃무늬가 조각되어 있다.

남서쪽으로 조금 떨어진 곳에 보문사지 당간지주(보물 제123호)가 있다. 안쪽은 평면이며 나머지 세 면의 아래쪽은 잘록하고 그 위는 점

* 이두(吏讀/吏頭)
한자의 음과 뜻을 빌려 우리말을 적은 표기법. 신라 때에 발달한 것으로, 넓은 의미로는 향찰, 구결 및 삼국시대의 고유 명사 표기 따위의 한자 차용 표기법들을 통틀어 이르는 말로 쓰나, 일반적으로는 한자를 국어의 문장 구성법에 따라 고치고 이에 토를 붙인 것을 이른다.

차 가늘어진다. 상중하 세 곳에 당간을 고정하는 구멍이 남아 있다. 남쪽 기둥은 구멍이 완전히 뚫렸고 북쪽 기둥은 반쯤 뚫려 있는데 이런 형태는 매우 드문 예다. 높이는 3.8미터이며 두 기둥 사이에 놓였던 당간 받침은 사라졌다.

동남쪽으로 조금 떨어진 곳에는 보문사지 연화문 당간지주(보물 제910호)가 있다. 하부는 땅 속에 묻혀 있으며 드러난 높이는 약 1.46미터다. 동서로 약 62센티미터 정도의 간격을 두고 2개의 기둥이 마주보고 있으며 바깥쪽으로 지름 47센티미터의 연꽃을 새겼는데 다른 곳에서 찾아볼 수 없는 형태다. 제작 연대는 8세기 중엽으로 생각되며 통일신라시대에 제작된 것 중에서 가장 특수한 형태를 갖고 있어 보물로 지정되었다. 현재까지 원래의 자리를 지키고 있는 것으로 추정되지만 이 당간지주가 동남쪽에 남아 있는 보문사의 것인지 또는 별개 사찰의 것인지는 확실하지 않다.

화강암으로 만들어진 보문사지 석조(보물 제64호)도 보이는데 정확한 용도는 알 수 없으나 사찰에서 물을 담아 연꽃을 기르던 것으로 추정해 '석연지'라고도 부른다. 보문사지에 온전히 남아 있는 몇 안 되는 유물 중 하나로 물통 뒤편 북쪽 가운데 아랫단에 물을 빼기 위한 구멍이 남아 있어 실제로 사용되었던 것으로 본다. 가로로 놓인 직육면체의 돌 안쪽을 파낸 깊이 0.61미터, 길이 2.43미터, 너비 1.85미터이며 내외부에 아무런 장식도 없는 소박한 모습이다. 불국사 안에 있는 4개의 물통 모두 장식되어 있는 것과 대조적이며 통일신라시대에 만들어진 것으로 보인다.

보문사지에서 남쪽으로 농토를 따라 신문왕릉을 향하다 보면 소

■
보문사지 석조. 보문사지에 온전히 남아 있는 몇 안 되는 유물이며, 실제로 사용되었던 것으로 본다.

나무 숲 사이로 제법 큰 무덤이 나오는데 효공왕의 능이다. 진성여왕이 죽자 즉위해 16년간 왕위에 있었는데, 남서쪽의 땅을 견훤에게 빼앗겼으며 궁예의 부하 왕건은 903년 병선을 이끌고 금성 등 10여 군현을 차지했다. 그 뒤 서해의 해상권은 대체로 왕건의 수중으로 들어가게 되었다. 909년에 왕건은 진도군과 고이도성을 차지했으며, 견훤이 중국 오월吳越에 보낸 사자를 나포하기도 했다. 뿐만 아니라 910년에 왕건은 나주를 다시 뺏기 위해 포위 공격해온 견훤군을 대파해 다가올 시대의 주인공이 될 발판을 만들었다. 이같이 신라의 영토는 날로 축소되어갔고 효공왕은 환락의 세월을 보내 후삼국을 탄생하게 한 장본인으로 후세인들의 평가가 좋지 못하다. 그래서 그런지 봉분 높이 5.3미터, 지름 22미터 크기로 타원형이지만 별다른 석물이 보이지 않는다. 그러나 봉분 바닥에 자연석이 노출되어 있는 것으로 보아 둘레석이 있었던 것으로 추정된다. 『삼국사기』에는 "사자사師子寺 북쪽에 장례 지냈다"라고 했고, 『삼국유사』에는 "사자사 북쪽에서 화장하고 유골을 구지제仇知堤의 동산東山 옆에 묻었다"라고 해 약간의 차이가 있으나, 현재의 위치가 사자사지로 전하는 지점의 북쪽에 해당하므로 크게 어긋나지 않는다.[2]

2. 황룡사지구

황룡사지구는 국립경주박물관, 안압지와 지척에 있으며 공터만 남아 있는 황룡사지(사적 제6호)와 분황사 모전석탑(국보 제30호)이 포함된다. 황룡사와 분황사는 흥륜사와 함께 신라 초기 사찰 가운데 대표적인 것으로 꼽힌다. 특히 황룡사는 신라의 사찰 가운데 가장 큰 절로 대지가 약 6만 6,000여 제곱미터에 달한다. 황룡사는 진흥왕 14년(553) 원래 사찰이 아니라 궁궐을 지으려고 했던 곳이다. 그런데 우물 속에서 황룡이 나오는 바람에 신라 변방 9개 나라의 항복을 받아낼 수 있다는 믿음으로 궁궐 짓기를 포기하고 황룡사를 지었다는 설화가 『삼국유사』에 전해진다.

황룡사는 자비왕 12년(469)에 신라 왕경의 도시계획인 방리제坊里制가 실시된 이후에 만들어진 것이다. 신라 왕경에서 하나의 방坊 크기는 대략 동서 160미터, 남북 140미터 정도로 추정되고 있다.

황룡사지는 1976년부터 1983년까지 8년에 걸쳐 발굴되었는데 원래 늪지였던 땅을 매립해 대지로 만든 것이다. 발굴 결과 가람 규모

■ 황룡사지는 1976년 시작하여 1983년까지 8년에 걸쳐 발굴되었으며 원래 늪지였던 땅을 매립해 대지로 만들었다.

와 배치가 3번 변했음이 밝혀졌다. 창건 당시 1차 가람은 중문과 남회랑, 동서 회랑을 놓아 백제의 1탑 1금당 형식이었다.

황룡사 하면 645년에 완성된 구층목탑을 빼놓을 수 없는데 높이가 80미터에 이르며 『삼국유사』에 이 탑을 세우게 된 이야기가 나온다.

"자장법사가 중국으로 유학해 대화지太和池라는 연못을 지나는데 갑자기 신인神人이 나와서 신라가 처한 어려움을 물었고 자장은 신라는 북으로 말갈에 연하고 남으로는 왜국에 이어졌으며, 고구려와 백제 두 나라가 번갈아 국경을 침범해 큰 우환이라고 대답했다. 그러자 신인은 신라가 여자를 왕으로 삼아 덕은 있어도 위엄이 없기 때문에 이웃 나라에서 침략을 도모하는 것이니 빨리 본국으로 돌아가라고 했다. 자장이 귀국한다고 해서 무슨 유익한 일이 있느냐고 묻자 신인은 황룡사의 호법룡護法龍이 바로 자신의 큰아들이므로 황룡사에 구층탑을 세우면 주변 아홉 나라가 복종하며 왕실이 영원히 편안할 것이라고 말했다.

이 말을 들은 자장이 귀국해 선덕여왕에게 구층탑을 세울 것을 건의하자 신하들이 백제에서 기술자를 데려와야 가능하다고 말했다. 이에 따라 백제의 아비지阿非知가 초청되었는데 처음 목탑의 기둥을 세우던 날 꿈에 본국인 백제가 멸망하는 모양을 보았다. 아비지가 불안해 일을 멈추었더니, 갑자기 천지가 진동하며 어두워지는 가운데 노승 한 사람과 장사 한 사람이 나타나 기둥을 세우고 사라졌다. 아비지는 그제야 뉘우치고 탑을 완성시켰다."

『삼국유사』의 글만 보더라도 구층목탑을 만드는 것이 어렵다는 것을 알 수 있다. 사실 80미터나 되는 목조탑은 결구가 매우 복잡하고 어렵기 때문에 고도의 기술이 없으면 건설하기 어렵다. 그러므로 신라보다 앞선 기술을 갖고 있던 백제의 탑 기술자 아비지를 초청해 탑을 완성했다는 데는 논쟁의 여지가 없다. 소위 외국에서 기술자를 초청해 완성한 것으로 백제는 640년에 이미 익산 미륵사에 구층목탑을 건설할 정도로 충분한 기술을 축적하고 있었다.[3]

흥미로운 것은 『삼국유사』에 구층목탑을 세우면 아홉 나라가 복종한다고 했다는 것이다. 아홉 나라는 일본, 중화, 오월, 탁라, 응유, 말갈, 단국, 여적, 예맥으로 백제와 고구려가 빠져 있다. 이것은 신라가 백제와 고구려를 이질적인 국가가 아니라 당연히 합쳐야 할 대상으로 여기고 있었음을 드러낸다는 추정도 있다.

특히 황룡사는 호국 사찰로 만들어졌기 때문에 국가적인 법회가 자주 열렸고 자장이나 원광 같은 스님이 이곳에서 강의를 했다. 실제로 신라가 거국적으로 황룡사 구층목탑을 지은 공을 인정받아 고구려와 백제를 통일했다는 추측도 있다. 황룡사에는 솔거가 그린 벽화도 있었다. 벽화 속의 노송이 실물과 똑같이 그려져 자주 새들이 앉으려다 미끄러졌으나 황룡사의 스님이 새로 색칠을 한 이후로 새들이 다시는 오지 않았다고 한다.

황룡사에는 금동장륙상이라 불리는 불상을 모신 대좌가 있는데 높이가 4.5미터에서 5미터에 달하는 거대한 크기였다고 알려진다. 『삼국유사』에 의하면 인도의 아소카왕이 쇠와 금으로 불상을 만들려다 실패한 뒤 최후로 배에 구리와 황금, 삼존상의 모양을 그린 그림을 실어 바다에 띄워 보냈다고 한다. 인연 있는 곳에서 조성되기를 빌었더니 이 배가 신라에 닿았고 이 재료로 진흥왕 35년(574) 불상을 만들었다는 것이다. 이는 이 불상의 기원을 불교의 고향인 인도와 연결하려는 의도로 추측된다.

현재 금당 주위에 남아 있는 3개의 대석이 불상을 안치했던 대좌다. 이 대좌만 보아도 불상의 크기를 짐작할 수 있다. 대좌는 자연 그대로 생긴 바위의 윗면을 일단 평평하게 고른 뒤 불상의 발이 들어가게 홈을 파 넘어지지 않도록 고정했다. 앞부분이 넓고 뒤로 갈수록 좁은 형태인데 이런 모양은 좌우 협시불의 대좌도 마찬가지다. 황룡사의 자랑거리는 이뿐이 아니다. 황룡사에는 754년에 주조된 대종이 있었는데 성덕대왕신종의 4배나 된다고 알려진다.

발굴 결과 발견된 유물이 4만여 점에 이르렀는데 목탑지 심초석 밑에 있는 넓은 판석 중앙에는 사리를 봉안했던 네모난 사리공이 패어 있었고, 위에는 석재 덮개가 있었다고 한다. 이 심초석 아래의 거대한 판석 밑에서는 금동태환이식金銅太環耳飾, 동경銅鏡, 백자호白磁壺, 수정옥 등 200여 점의 유물이 나왔는데 사리를 봉안하고 심주를 세우기 전 의식을 행할 때 사용된 장엄구였음이 밝혀졌다.

학자들을 놀라게 한 것은 황룡사 강당 자리 북동쪽에서 출토된

황룡사 구층목탑 복원도. 한 변의 길이가 사방 22.2미터로 바닥 면적만 해도 약 495제곱미터이며 건물 20층 높이다.

높이 18.2센티미터, 최대 폭 105센티미터의 대형 망새다. 이 같은 크기의 망새는 한국은 물론 일본이나 중국에서도 유례가 없다. 망새는 길상과 벽사의 의미로 궁궐이나 사찰의 용마루 끝에 사용되던 장식 기와인데 이렇듯 거대한 망새가 사용된 건물이 얼마나 웅장했는지 짐작할 수 있다. 워낙 크기 때문에 한 번에 굽지 못하고 아래위 둘로 나누어 만들었으며, 양쪽 옆면과 뒷면에 교대로 연꽃무늬와 웃는 모습의 남녀를 엇갈리게 배치했다. 현재 국립경주박물관에 소장되어 있다.[4]

황룡사 구층목탑은 워낙 높은 관계로 몇 번이나 벼락을 맞고 보수를 거듭했는데 1238년 몽골이 침입했을 때 완전히 소실되어 현재는 기둥을 세웠던 초석만 남아 있다. 구층목탑 자리는 한 변의 길이가 사방 22.2미터로 바닥 면적만 해도 약 495제곱미터이며 요즈음 건물로 치면 약 20층 높이이다.

그동안 한국 고고학자들의 염원은 1,300년 전에 건설된 황룡사 구층목탑을 복원해 그 위용을 보여주는 것이었다. 목탑을 복원한다면 세계의 건축가들은 물론 관광객도 수없이 순례를 올 것은 틀림없는 일이다. 그런데 문제는 황룡사 구층목탑이 어떻게 생겼는지 설명할 수 있는 자료가 없다는 점이다.

고유섭은 「조선탑파의 연구」에서 목탑은 중국식 누각을 받아들여 조영되기 시작했다고 보았다. 그러나 중국 것을 참조한다는 것이 간단한 일은 아니다. 중국에서는 엄격한 의미의 목탑이 존재하기 어렵기 때문이다. 거대한 목탑을 건설할 만한 목재를 구하기 어려워 명나라나 청나라는 자금성을 축조할 때 수양제가 판 운하를 이용해 남방의 목재를 운송해 조달했다. 그러나 통나무로 운반하기 어려우므로 나무를 각재로 켜서 차곡차곡 포장해 운반한 후 그것을 다시 복원해 둥근 기둥으로 만들어 사용했다. 중국이 자랑하는 세계유산인 천단天壇도 이런 방식으로 기둥을 만든 것이다.

그러므로 학자들은 백제 건축 양식이 일본의 법륭사法隆寺, 약사사藥師寺, 중국의 구층목탑인 육화탑六和塔, 뇌봉탑雷峰塔 등 해외 건축물을 참고해 현재 중국에 남아 있는 목탑 중 가장 크고 오래된 67미터의 포궁사 석가탑과 유사했을 것으로 추정했다. 그러나 포궁사 석가탑이 목조이기는 하지만 건립 연대가 1056년이므로 그보다 약 400년 전에 건립된 황룡사 구층목탑의 원형일 수는 없다는 문제가 제기되었다.

학자들의 고민은 황룡사 옛터가 보이는 남산 탑골 마애불상군에서 구층목탑의 암각화가 나타나면서 해결되었다. 정부는 이를 근거로 학자들과 힘을 모아 2011년 8월 복원안을 확정했고 2016년부터 2025년까지 79.2미터 높이로 황룡사 구층목탑을 복원하기로 결정했다.

한국전통문화대학교에서 10분의 1 축소 모형, 즉 8미터 높이의 탑을 완성했는데 작은 비율이지만 엄청나다. 가로세로 3.4미터 길이의 바닥면 가운데 심주를 포함해 65개의 기둥을 세웠고, 4면 7칸 구조로 내부를 꾸몄다. 층마다 마루를 깔고, 층과 층 사이에는 암층暗層(텅 비어 있는 공간)을 만들어 구조를 튼튼하게 했다.

다음 코스는 분황사다. 신라인들이 '석가모니 이전 세상 서라벌에 있던 7군데 사찰터의 하나'로 꼽던 중요한 사찰이며 황룡사와 담장을 같이하고 있다. '향기로운 왕'이라는 뜻으로 선덕여왕 대인 634년에 세워졌는데 이때 신라는 백제의 침공으로 어려움을 겪고 있었다. 분황사는 부처의 힘을 빌려 국가의 어려움과 여왕 통치의 허약성을 극복하려는 호국적 염원을 담고 지은 것이다.

분황사에는 신라의 유명한 승려들이 머물렀다. 643년 당나라에서 공부한 자장이 귀국하자 선덕여왕은 그를 대국통大國統으로 모시고 분황사에 머물게 했다. 자장은 황룡사 구층목탑을 세울 것을 건의했고 신라 불교의 교단 조직과 승려들에 대한 일체의 규정을 정비했다. 분황사는 신라의 명필 혜강과 원효가 머물렀던 곳이기도 하다. 원효는 분황사에서 『화엄경소』를 편찬하다가 마치지 못하고 입적했다. 그의 '십문화쟁사상十門和諍思想'은 여러 교파의 차이를 통합하려는 것이다. 이러한 그의 사상은 삼국통일을 이룬 무열왕 · 문무왕의 정치 성향과 부합되는 측면도 있어 크게 받들어졌다. 아들 설총이 그의 유골을 부수어 소상*을 만든 뒤 분황사에 모시자 예를 올릴 때면 소상도 고개를 돌려 돌아보았다고 한다.

* 소상(塑像)
찰흙으로 만든 형상. 중국 당나라 때는 불상이 찰흙으로 많이 만들어졌으며, 지금은 주로 조각, 주물의 원형으로 사용된다.

분황사에는 경덕왕 14년(755)에 구리 약 219.6톤으로 주조한 약사상과 솔거가 그린 관음보살상 벽화가 있었다고 전해진다. 황룡사에 모셔진 불상이 약 28.2톤이었다니 얼마나 컸는지 짐작할 수 있다. 또한 사찰의 전각 벽에 있었던 천수대비 벽화는 매우 영험이 있어 눈 먼 여자아이가 노래를 지어 빌었더니 눈을 뜨게 되었다는 이야기도 전한다. 현재는 분황사 모전석탑, 분황사화쟁국사비부(경상북도 시도유형문화재 제97호), 석정 등이 남아 있다.

분황사 모전석탑은 전탑 양식을 채택했으나 재료는 벽돌이 아니고 석재다. 장대석으로 구축한 단층 기단을 갖추고 있으며, 중앙에는 탑신부를 받기 위한 널찍한 1단의 화강암 판석 굄대가 마련되어 있다. 탑의 재료는 흑갈색의 안산암이다. 즉, 안산암을 소형의 장방형 벽돌

■
분황사 모전석탑. 결이 일정한 안산암을 벽돌 모양으로 다듬어 쌓았다.

같이 절단해 쌓아 올린 것이다. 신라는 벽돌로 불탑을 축조한 백제와는 달리 모전석탑으로 불탑을 축조했다. 강우방은 그 이유를 당대에 신라에서는 벽돌을 구울 만한 기술이 없었기 때문이라고 했다. 그래서 결이 일정한 안산암을 벽돌 모양으로 다듬어 쌓았다는 것이다.

모전석탑은 일반형 석탑과는 다른 특징을 갖고 있다. 첫째는 벽돌을 쌓아올리듯 지붕의 아랫부분은 내어쌓기를, 윗부분은 들여쌓기를 했다는 점이다. 이러한 계단식 지붕은 목조 건축에서는 볼 수 없다. 둘째는 1층 탑신의 문이 4면에 보이는 감실이 있다는 점이다. 감실 안에 인왕상을 조각했는데 이러한 사방불 제도는 인도의 산치Sānchī 대탑에서 시원된 것으로 추정된다. 사방불 제도는 후대에도 지속되었지만 현재는 감실 안에 사방불이 없다.

현재 분황사 모전석탑은 사방불에 공양하려면 노천에서 의식을 거행해야 하는 것은 물론 우로를 가려줄 시설이 없다. 그러나 과거의 많은 탑은 사방으로 퇴를 덧달아 참예하는 이들이 비 맞지 않고 예불할 수 있도록 배려했다. 중국 산시성에 현존하는 유일한 목탑인 포궁사 석가탑 1층에도 퇴를 덧달았고 쑤저우蘇州의 북사탑, 인도 히마찰프라데시의 목탑 1층도 퇴를 달아 예불할 수 있는 공간을 마련했다. 분황사 모전석탑에도 그런 퇴를 사방에 설치했을 거라 추정되며 그 유형을 추정할 수 있는 탑이 있다. 정혜사지십삼층석탑(국보 제40호)으로 1층은 넓고 큰 규모인데 2층부터는 갑자기 줄어든다. 이 탑을 보면 1층에 퇴를 둔 탑의 전형적인 모습을 추론할 수 있다.[5]

현재 감실로 들어가는 문 좌우에는 불국토를 수호하는 수문장인 금강역사상이 새겨져 있다. 이후 감실을 생략하고 1층 사방 벽면에 약간 부조하는 구조로 바뀌었다. 이러한 변화를 알려주는 것이 양양 진전사지 삼층석탑(국보 제122호)이며 이후 문이 사라진 일반형 석탑에서는 금강역사상이 사천왕상으로 바뀐다.

1989년 문화재관리국이 조사한 결과에 의하면 분황사 모전석탑은 비례를 볼 때 7층, 경내에 남아 있는 모전석의 양을 볼 때 9층이다. 7층일 경우 높이는 41.6미터, 9층일 경우 48.5미터에 이르며 과거에 '백탑'이라고 불렀던 것으로 보아 탑을 하얗게 회칠했다는 추정도 있다. 기단은 한 변 약 13미터, 높이 약 1.06미터이며 제각기 다른 막돌로 쌓았다. 밑에는 상당히 큰 돌을 쌓았고 탑신 쪽으로 갈수록 경사가 급해진다. 기단 위에는 화강암으로 조각한 동물을 한 네 모퉁이에 배치했는데 동해를 바라보는 곳에는 물개, 내륙을 바라보는 곳에는 사자다.[6]

임진왜란 당시 왜구들이 이 탑을 반쯤 부수었는데 그 뒤 승려들이 탑을 다시 쌓기 위해 헐었더니 바둑알만 한 구슬이 출토되었다. 구슬은 수정처럼 빛나고 투명했으며 태양을 쪼여 솜을 가까이 대면 불길이 일어났다고 한다. 당시 이것을 백률사栢栗寺에 보관했다고 한다.[7]

1965년 분황사 뒤쪽 30미터쯤 떨어진 우물에서 많은 석불이 발견되었다. 이 불상들은 현재 국립경주박물관 뜰에 진열되어 있으며 모두 머리가 떨어진 것들이다. 조선시대에 척불斥佛이 한창일 때 지방의 유생들이 분황사를 비롯해 근처에 있던 석불들을 부수어 우물에 던져 넣은 것으로 추정된다.[8]

분황사화쟁국사비부는 원효를 기리는 비로 고려 숙종(1101) 때 세운 것이다. 숙종은 원효와 의상이 동방의 성인인데도 비석이나 시호가 없다는 것을 애석하게 여겨 원효에게 대성화쟁국사라는 시호를 내리고 비석을 세우게 했다. 그 후 방치되어 있다가 비대가 사찰 근처에서 발견되자 김정희가 이를 확인하고 비대좌 위쪽에 '차신라화쟁국사지비석此新羅和諍國師之碑蹟'이라고 써놓았다.

탑 옆에 있는 석정은 삼룡변어정三龍變魚井이라고 불리는 신라시대의 우물로 틀의 외부는 팔각이며 내부는 원형이다. 이는 불교의 팔정도와 원융*한 진리를 뜻한다. 이 우물은 매우 흥미로운 전설을 갖고 있다. 이곳에 호국룡 3마리가 살고 있었는데 원성왕 11년(795) 당나라

* 원융(圓融)하다

1. 한데 통해 구별이 없다.
2. 원만해 막힘이 없다.
3. 모든 법의 이치가 완전히 하나가 되어 융합해 구별이 없다.

■
분황사석정은 1,000여 년 전 만들어진 우물이지만 지금도 그대로 사용할 수 있다.

사신이 용들을 물고기로 변신시킨 뒤 잡아서 길을 떠났다. 그러자 하루 뒤에 두 여인이 원성왕 앞에 나타나서 사실을 아뢴 뒤 남편을 찾아줄 것을 호소했다. 원성왕은 사람을 시켜 당나라 사신을 쫓아가 물고기들을 빼앗아 우물에 놓아주고 다시 살게 했으며, 그 뒤부터 '삼룡변어정'이라 부르게 되었다는 것이다. 1,000여 년 전에 만들어졌던 신라시대의 우물이지만 지금도 그대로 사용할 수 있다. 우물(샘)로서 문화재로 지정된 것은 석정과 전라북도 고창군 신림면 외화리에 있는 조선시대의 효감천孝感泉(전라북도 시도기념물 제43호)뿐이다. ❖

八步
월성지구

월성지구

1. 첨성대

황룡사지구 인근의 월성지구에는 월성(사적 제16호)을 중심으로 첨성대, 계림(사적 제19호), 동궁과 월지(사적 제18호) 등이 세계유산으로 등재되어 있다. 우선 첨성대부터 살펴본다.

첨성대가 남다른 것은 접착제를 사용하지 않고 무거운 돌(1개의 무게는 평균 357킬로그램)을 쌓은 중력식 구조물로 만들었다는 점이다. 높이 9.108미터, 밑지름 4.93미터, 윗지름 2.85미터이며 전체 무게는 264톤이다. 특히 첨성대가 하늘과 연계될 수 있는 부분은 첨성대 중

■
첨성대는 유연하고 아름다운 병 모양이며 구조적 안정감을 준다.

앙에 위치한 창문이 정남향이라 춘분과 추분에 태양이 남중할 때 광선이 첨성대 밑바닥까지 완전히 비친다는 점이다. 하지와 동지에는 아랫부분에서 완전히 광선이 사라지므로 춘하추동의 분점分点과 지점至点 측정에 중요한 역할을 한다.

첨성대를 건축학적으로 보면 유연하고 아름다운 병 모양을 하고 있는데 세계의 많은 석조 구조물 중에서 이러한 형태를 지닌 것은 유례가 없으며, 이것이 심미적으로 균형 잡힌 형태를 갖고 있다는 것은 누구도 부정하지 않는다. 구조적으로도 안정감을 줄 수 있는 원통부의 완만한 반 곡선 형태를 채택했고, 기능에 알맞은 공간이 되도록 했다. 기단에서부터 둘레 약 15.5미터인 원(제1단)을 만들면서 거의 같은 두께의 돌을 12단까지 쌓아 완만한 곡선을 만들고, 13단에서 15단 사이에 네모난 구멍(약 95×95센티미터)을 만들었다. 이 구멍은 정남쪽이 아니라 약간 서쪽을 향하는데 관측자들이 첨성대 꼭대기에 올라가기 위한 출입문이라고 생각된다. 다시 3단을 더 쌓아올린 다음 19단에는 네 방향으로 밖을 향해 튀어나온 돌이 있다. 건축 구조상 안전을 위한 조치인지 관측 기기를 설치하는 데 사용되는 부분인지는 알려지지 않았다. 이와 같이 돌출된 돌은 25단과 26단에도 있다. 이것은 마지막 단인 27단의 높이에 맞는 바닥 돌을 얹어놓기 위한 지지대인 동시에 몸통의 돌들이 이완하지 않도록 한다.

몸통은 기단에서 위로 올라갈수록 약간씩 가늘어지다가 19단에 이르면 거의 같은 둘레를 지킨다. 21단에서 23단까지는 직선과 직선을 연결하는 이변移邊 곡선, 24단에서 27단까지는 수직 직선을 사용했다. 이와 같은 내물림 구조는 아치 구조법이 사용되기 전에 통용된 수법이다. 마지막 27단의 둘레는 약 8.95미터이며 몸통 위에 눕혀놓은 2단으로 된 긴 돌기둥이 정井자 모양으로 상부를 구성하고 있다. 이 돌기둥은 서로 벌어지지 않을 뿐 아니라 밑에 있는 몸통의 돌들이 흩어지지 않도록 무겁게 누르는 역할도 한다.[1]

첨성대의 설계자는 내부 정자석의 배치, 원주부 하부에 채운 흙, 창구의 위치 등을 주도면밀하게 고려해 안정성과 기능성을 세심하게 배려했다. 특히 11단 아래에 채워져 있는 흙은 원형으로 인한 변형에 저항할 수 있는 내력을 만들어 축조 시 무너질 위험을 감소했고, 완공 후에는 외력과 기초부 등 침하 및 지진으로 인한 진동 등에 대비해 원형을 보존하는 데 기여했다.[2] 이는 경주에서 일어난 지진 기록으로도 알 수 있다.

『삼국사기』에는 첨성대가 세워진 후 경주에서 100여 명의 사망자를 낸 지진이 일어났다고 적혀 있는데, 접착재도 사용하지 않은 첨성대에서 지진 피해를 입은 흔적은 찾아보기 어렵다. 지하 투과 레이더 탐사법으로 첨성대의 지층 구조를 조사해본 결과 첨성대의 지하와 주변에 인공적으로 기반을 다진 것이 확인되었다. 즉 건축 당시 땅을 깊게 파서 큰 돌을 채웠고 특히 첨성대 바로 아랫부분에는 더 많은 돌을 채웠다. 1,300여 년간 비바람과 지진을 견딘 첨성대야말로 신라 건축 기술과 예술의 개가인 셈이다.

1970~1980년대 첨성대에 대해 국내 학자들 사이에 열띤 토론이 벌어진 적이 있다. 당시 언론은 「첨성대: 천문대인가, 제단인가?」라는 표제까지 달았다. 해방 이후 첨성대는 줄곧 천문대로 알려졌다. 『삼국유사』에 간단하기는 하지만 "선덕여왕 때 돌을 다듬어 첨성대를 쌓았다"라는 기록이 있다. 즉 첨성대란 별을 바라보는 시설물이라는 설명이다. 더불어 첨성대에서 별을 보았다는 증거가 두 가지 있다. 첫 번째는 대지보다 높고 두 번째는 꼭대기에 사람이 서서 별을 바라볼 수 있는 공간이 존재한다는 것이다. 특히 두 번째는 신라시대에 세워진 다른 시설과는 성격을 달리하므로 별을 보는 용도 외에는 달리 설명할 방법이 없다.

흔히 천문대라 하면 높은 산에 위치하고 있고, 각종 기구가 있어 보기 힘든 별도 관찰하는 곳이라고 추정한다. 그러나 첨성대의 높이가 10여 미터에 지나지 않는데다가 상부로 올라가는 계단도 설치하지 않아 첨성대가 천문대 역할을 했다고 볼 수 없다는 주장이 제기되었다. 첨성대의 내부가 자연석인 상태로 있으며, 한밤중에 하늘을 보고 재빨리 상부에 보고하기에는 내부가 너무 어둡고 좁으며, 발 디디는 곳도 불안하며 위험해 과연 이곳에서 굳이 하늘을 보아야 하는지라는 의문도 꾸준히 제기되었다.

김용운은 백제, 고구려, 중국, 일본에 같은 모양의 천문대가 없고 『삼국사기』에 선덕여왕대의 천문 관측 기록이 없는 것을 감안할 때 첨성대를 천문대로 볼 수 없다고 했다. 물론 이에 대한 반론으로 비록 선덕여왕 때의 천문 기록은 없지만 신라시대에 천문 기록이 크게 늘었다는 것이 있다. 구한말부터 첨성대를 연구한 와다 유지和田雄治는 첨성대 위에 목조물을 구축하고 혼천의를 설치해 천문을 관측했으리라고 추정했다.[3] 이러한 견해에도 첨성대가 정말 하늘만 살피는 천문대였는가에 의문이 계속 제기된 것은 사실이다.

첨성대가 천문을 관측하는 소위 관상대가 아니라면 어떤 용도로 사용되었을까? 이에 대한 설명은 여러 가지다.

우선 김용운은 첨성대가 신라 과학의 기념비적 상징물로서 돌의 수는 1년 365일, 28단은 28수宿를 나타내는 등 기하학적 지식을 반영한다는 가설을 내놓았다. 중국의 대표적 수학서 『주비산경』을 토대로 신라 학자들이 이 책에 나타나는 수학적인 비례 등을 적용해 만들어낸 상징적인 건축물이라는 주장이다.

이용범은 첨성대를 과학보다 신앙 면에서 다루는 것이 오히려 합리적이라고 주장했다. 그는 첨성대의 형태가 불교의 우주관을 따른다는 '수미산설'을 내놓아 일대 파란을 일으켰다. 수미산須彌山은 불교에서 말하는 상상의 영산으로 석가여래의 이상향인 사바세계의 표상이다. 학자들은 수미산을 지구상에서 가장 높은 에베레스트 산으로 설정했을 것으로 추정한다. 부처가 보궁寶宮을 짓고 상주한다고 알려진 수미산은 첨성대와 비슷한 모양을 지니고 있다.

김기흥은 첨성대가 선덕여왕의 불교적인 도리천 신앙을 담은 것이라고 제기했다. 그의 도리천설은 첨성대가 수미산의 형상을 그대로 모형화한 것이 아니라, 수미산 정상에 위치한 도리천의 세계를 형상화했다는 것이다. 불교에서 말하는 삼계 중에 가장 낮은 단계인 욕계의 하늘은 육욕천으로 이루어져 있으며, 온 우주의 중심에 우뚝 솟아 수미산은 부처가 상주한다고 알려진 산으로, 첨성대가 이 모양을 따른다는 주장이 제기되었다. 그림은 불교의 〈수미산도〉.

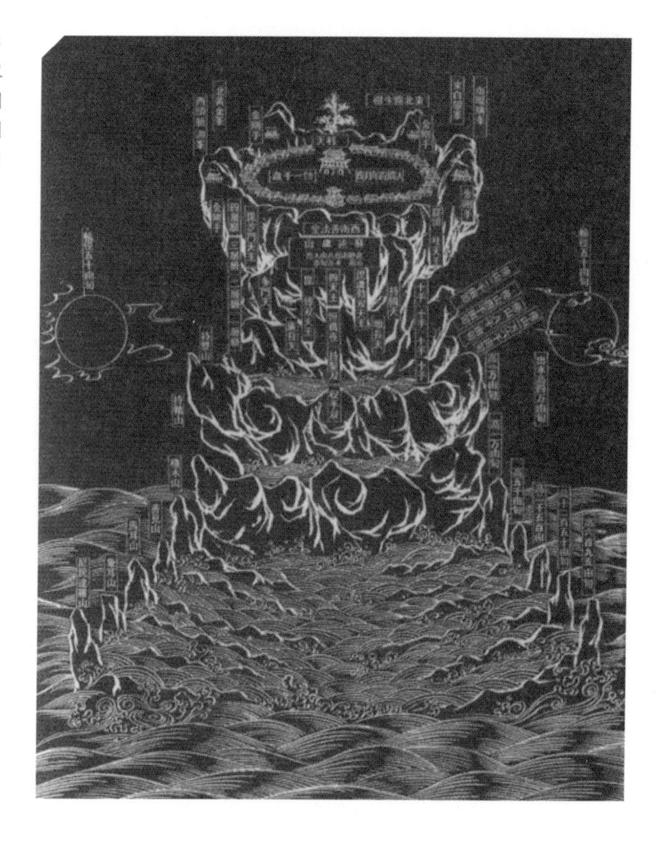

있는 수미산에 위치해 있다. 즉 사천왕과 그 중생들이 살고 있는 사왕천이 수미산 중턱에 걸쳐 있고, 그 위의 수미산 정상에는 중심에 있는 제석천을 비롯해 네 귀퉁이에 각각 8천이 있어 도합 33천이며 이를 도리천이라 부른다. 첨성대의 구조는 모두 31단이며 여기에 첨성대를 받치고 있는 땅과 그 위의 하늘을 포함하면 모두 33단이 된다. 따라서 첨성대는 33천 즉 도리천을 상징화한 것으로 선덕여왕이 다스리는 인간 세상과 제석천왕이 다스리는 하늘나라를 연결해주는 '우주

목이자 현세와 우주를 연결하는 우물' 구실을 한다는 것이다.[4]

이와 더불어 강력하게 제시된 것은 첨성대가 특별한 용도로 사용된 제단이라는 설명이다. 이 주장은 일견 이해하기 쉬운 면이 있지만 곧바로 반론에 부딪혔다. 『삼국사기』에 의하면 신라는 일월제 즉 해와 달에 대한 제사를 본피유촌本彼遊村에서 지냈고 별에 대한 제사인 영성제를 영조사 남쪽에서 지냈다고 했다. 말하자면 첨성대가 아닌 곳에서 하늘에 대한 제사를 지냈으므로 당연히 첨성대는 제단이 아니라는 것이다.

첨성대가 태양빛에 의해 생기는 물체의 그림자 길이를 재서 태양의 고도를 알아내는 규표* 역할을 했다는 주장도 제기되었다. 규표설은 조위曺偉(1454~1503)의 칠언율시에 나온다. 그는 첨성대의 기능을 다음과 같이 설명했다.

*** 규표(圭表)**
예전에 쓰던, 천문 관측 기계의 하나. 곱자처럼 생겼으며 그림자의 길이로 태양의 시차를 관측했다.

"규圭를 세워 그늘을 재고 해와 달을 관찰한다. 대 위에 올라가 구름을 보며 별을 가지고 점을 친다."

그러나 만약 첨성대가 규표 역할을 한다면 그런 외형으로 굳이 만들 리는 없다는 반론도 즉각 나왔다. 세종대왕 영릉에 규표가 복원되어 있는데 그것을 보면 첨성대가 규표 용도로 만들었다는 주장에 한계가 있음을 알 수 있다.

첨성대의 효용은 과학적인 분석에 의해 일대 전환기를 맞는다. 만약 첨성대가 천문대였다면 첨성대의 꼭대기에서 천문 관리가 바라본 신라의 밤하늘은 어떠했을까가 의문점이다.

경주에 위치한 신라역사과학관에 신라의 밤하늘을 재현한 천문도와 천구의가 전시되어 있다. 천구의란 하늘의 별들을 보이는 위치에 따라 천구면에 표시한 것으로, 별의 제작 방법은 천문도와 동일하지만 천장에 평면적으로 그린 천문도와는 달리 일주운동에 따라 회전하면서 별들이 지평선에 뜨고 지는 것을 볼 수 있다.

이 천문도와 천구의가 첨성대를 둘러싼 중요한 의문 두 가지를 해결해주는 뜻밖의 결과를 보였다. 첫째는 첨성대가 왜 지금의 바로 그 장소에 세워졌는가다. 혼상이 놓여 있는 나무판자의 가장자리에 첨성대를 중심으로 첨성대에서 보이는 산들을 배치했는데, 그 결과 북쪽 부분에 산 없이 뚫린 부분이 생겼다. 이것은 첨성대가 북극성을 중심으로 한 북두칠성의 움직임을 관측하기에 적합한 자리라는 것을 말해준다. 북두칠성은 첨성대에서 바라볼 때 북쪽 지평면에서 가까운 곳의 밤하늘에 떠올랐다. 북두칠성을 잘 관측할 수 있는 첨성대는 북쪽 부분이 산에 가리지 않고 보이는 지금의 자리에 세워질 수밖에 없었다는 뜻이다. 북한의 개성 외곽 지대에 있는 고려의 첨성대, 창경궁에 있는 관천대의 높이는 첨성대에 못 미치지만 하늘을 관측하는 데 문제가 되었다는 기록은 없다.

두 번째는 고대 천문도에 표시되어 있는 5등성의 희미한 별에 북극이라고 적혀 있는 이유가 밝혀진 것이다. 이 별은 현재의 하늘에서는 북극에서 약 6도 이상이나 떨어진 기린자리에 속해 있지만, 지금부터 약 2,000년 전 중국에서 별자리를 정하던 당시에는 북극에 가까이 위치해 있었다. 선덕여왕 시대에는 이 별이 북극에서 불과 1도 떨어져 있었으므로 신라시대 사람들이 그 별을 북극이라고 부른 것이 결코 오류가 아니었음이 증명되었다.

이런 내용을 보면, 먼 별까지의 거리를 감안했을 때 높은 산에서 보는 것이나 평지에서 보는 것이나 차이가 없고, 오히려 높은 산으로 올라 다니는 불편함을 감안할 때, 평지에서 자주 관찰하는 것이 더 효율적일 수도 있다. 더구나 평지일지라도 굳이 높은 대를 만들어놓고 관측할 필요도 없다. 사실 첨성대의 높이는 큰 문제가 되지 않는다.

김봉규는 천문대라는 특정 건물이 필요한 이유를 다음과 같이 설명했다. 매우 춥거나 더운 날, 혹은 개인적 사정이 있을 때 첨성대 같은 건물이 없으면 천문관이 관측을 소홀히 할 수 있다는 것이다. 그러다 보면 왕은 직속의 천문관이 아닌 지방의 관료로부터 천문 현상이 있었다는 보고를 받게 되는데, 그들의 보고는 전문가들의 관측 결과가 아님이 분명하다. 실제 『고려사』에 그런 기록이 확인되는 것을 볼 때 천문관이 매일 빠지지 않고 하늘을 관측할 수 있도록 첨성대를 건설했다는 것이다.

첨성대에 문이 없는 이유도 설명했다. 문이 없기 때문에 사다리로 꼭대기까지 올라가야 한다. 거기에는 좁지만 앉을 만한 자리가 있다. 다음 날 아침, 누군가가 다시 사다리를 가져올 때까지 천문관은 꼬박 밤을 새워 별을 볼 수밖에 없었을 것이다.

현대인의 관점에서 보면 썩 좋은 방법이 아닌 것 같지만, 이렇게 만든 첨성대는 대단한 효과를 거두었다는 것을 증거로 제시했다. 첨성대가 만들어진 이후의 천문 기록이 이전의 같은 기간보다 무려 5배나 많아졌으며 천문 현상의 기록도 구체적이라는 것이다.[5]

나일성은 첨성대의 효용도에 대해 매우 포괄적으로 다음과 같이

신라역사과학관에서 복원해놓은 첨성대 올라가는 법. 문이 없기 때문에 사다리를 이용했을 것이라 추측된다.

설명했다.

"『삼국사기』에 첨성대가 완성된 후 물시계를 만들었다는 기록을 볼 때 첨성대 아래에서 물시계로 정확한 시각 측정을 하는 동안 첨성대 꼭대기에서 조위가 서술한 대로 규표로 태양으로 생기는 그림자의 길이를 재서 1년의 길이를 정하고 해와 달을 관찰해 절기를 구별한다. 또한 구름의 모양과 움직임을 보고 날씨를 살피고 별을 관찰해 국운을 점치는 일들이 이루어졌을 것이라는 뜻이다. 물론 그런 관측은 맨눈으로 보는 것이었지만 그것 자체가 첨단 과학이었다는 것은 빠뜨리지 않았다."[6]

2. 계림

첨성대의 과학성을 맛본 후 계림으로 향한다. 글로만 보면 먼 곳에 있는 곳 같지만 지척지간이다. 계림은 나정과 더불어 신라인들이 매우 중요시하던 장소로 면적은 7,300제곱미터다. 물푸레나무, 회화나무, 단풍나무 등의 고목이 울창하며, 신라 왕성王姓인 김씨의 시조 김알지의 탄강誕降 전설이 있는 숲이다. 김알지는 신라 미추왕과 내물왕의 선조로 『삼국사기』에는 알지가 세한을, 세한이 아도를, 아도가 수류를, 수류가 욱보를, 욱보가 구도를, 구도는 미추를 낳았다는 경주 김씨의 세보*를 소개하고 있다.

* 세보(世譜)
조상 대대로 내려오는 혈통과 집안의 역사에 대한 기록을 모아 엮은 책.

"탈해 이사금 때 시림始林에서 닭 우는 소리가 들려 호공瓠公을 보냈다. 호공이 가보니 보라색 구름이 하늘에서 드리웠고 작은 궤가 걸려 있는 나무

■
계림은 김알지의 탄강 전설이 내려오는 장소이며, 고목이 울창하기로 유명한 숲이다.

아래서 흰 닭이 울고 있었다. 궤를 열자 외모가 준수한 아이가 나왔는데 이 아이가 바로 김씨 시조인 알지다. 그 뒤로 시림이라는 이름을 계림으로 고쳐 불렀다."

『삼국사기』에 따르면 김알지의 탄생과 함께 신라는 국호를 서라벌에서 계림으로 고쳤다고 한다. 계림이라는 국호는 다시 사로斯盧로 바뀌었다가 지증왕 4년(505)에 신라로 고정된다. 그러나 계림은 후대에도 신라를 가리키는 말로 흔히 사용되었다. 일연은 『삼국유사』에 "천축국天竺國(인도) 사람들이 신라를 '구구타예설라矩矩吒▩說羅'라고 불렀는데 '구구타'는 닭을 말하고 '예설라'는 귀하다는 뜻이다"라고 적었다. 또한 인도 사람들은 "신라 사람들이 닭신을 받들기 때문에 날개깃을 꽂아서 장식한다"라고 적었다.

최고 지배자의 시조가 하늘에서 내려왔다는 이야기는 고구려나 가야의 건국신화에서도 보이는데 이는 고대 사회의 최고 지배층은 자신이 하늘의 자손임을 내세워 혈통을 신성시하고 지배를 정당화했기 때문이다.

신라 17대 내물왕의 무덤인 내물왕릉(사적 제188호)은 계림 안에 무명의 무덤과 함께 있다. 내물왕은 김씨로는 미추왕에 이어 두 번째로 왕이 되며 비로소 김씨 성에 의한 독점적 왕위 계승이 이루어진다. 마립간이라는 왕 명칭을 처음 사용했고, 중국 전진前秦과 외교를 맺고 선진 문물을 수입했다. 백제와 왜의 연합 세력이 침입하자 고구려 광개토대왕에게 도움을 요청해 위기를 모면했으며, 이를 계기로 국력이 비약적으로 발전한다.

내물왕은 눌지왕과 박제상의 일화로 유명하다. 내물왕 재위 시절 신라는 고구려의 소수림왕과 광개토대왕에게 밀려 소국에 불과했다. 이에 내물왕은 이찬 대서지의 아들 실성을 고구려에 볼모로 보냈다. 내물왕이 서거한 뒤 왕자가 아직 어리자 고구려에서 귀국한 실성이 제18대 왕으로 즉위한다.

실성왕 즉위 원년(402) 왜국과 조약을 맺자 왜국은 내물왕의 세 번째 아들인 미사흔을 인질로 요구했다. 자신을 볼모로 보낸 내물왕에게 감정이 있던 실성왕은 조건 없이 미사흔을 왜국으로 보냈다. 실성왕 11년, 이번에는 고구려에서 인질을 원하자 실성왕은 전혀 싫어하는 기색 없이 내물왕의 두 번째 아들 복호를 볼모로 고구려에 보냈다. 실성왕 16년에 왕은 내물왕의 큰아들인 눌지도 고구려에 인질로 보냈다. 그러나 생명의 위험을 느낀 눌지가 경주로 돌아와 실성왕을 제거하고 왕위에 오르니 그가 제19대 왕인 눌지왕이다. 왕에 오른 눌지는 왜국과 고구려에 볼모로 잡혀간 두 동생을 빼내오려 했다. 이때 추천된 인물이 박제상이다.

고구려에 들어간 박제상은 눌지왕의 동생 복호를 무사히 데려오는 데 성공했다. 박제상은 집도 들르지 않고 왜국으로 떠나 미사흔을 탈출시키는 데는 성공하지만 자신은 탈출하지 못하고 발각되어 화형당했다. 박제상이 왜국으로 떠나는 날 그의 부인은 남편을 따라가다가 주저앉아 통곡했는데 그곳이 지금의 망덕사지 남쪽 장사長沙라는 곳이다. 사람들이 부인을 일으켜 세우려 했으나 두 다리가 굳은 채 뻗지 못해 그때 부인이 앉아 있던 장소를 벌지지伐知旨라 불렀다. 훗날 부인은 죽은 남편을 그리며 남쪽의 치술령에 올라 망부석으로 변했다고 한다. 이때 영혼이 새가 되어 날아가 은을암에 숨었는데, 울주군 두동면 만화리에 있는 길이 260센티미터, 너비 185센티미터의 고인돌 위에서 쉬었다고 한다. 이 고인돌을 만화리지석묘(울산광역시 시도기념물 제29호)라고 한다.[7] 사람들은 박제상 부인을 '치술신모鵄述神母'라 하고 사당을 세워 제사를 지냈으며 이후 조선시대에 치산서원이 세워졌다. 근래 이곳에는 박제상과 그의 부인을 기리기 위한 유적을 복원했다.

내물왕릉은 높이 5.3미터, 지름 22미터로 둥글게 흙을 쌓은 원형 봉토분이다. 밑 둘레에는 자연석을 이용해 둘레석을 돌렸다. 무덤 주변을 사각형으로 둘러싸고 있는 담장 흔적이 있어 일찍부터 특별히 보호된 것으로 보인다. 당시 신라 무덤의 내부 형태는 거대한 규모의 적석목곽분이나, 이 무덤은 규모가 작고 둘레석이 있는 것으로 보아 내부 조사가 아직 이루어지지 않았지만 횡혈식 석실분일 가능성이 제기되고 있다. 한편 황남대총을 내물왕릉으로 보는 견해도 있다.

3. 월성

월성은 파사왕 2년(101)에 축조된 왕궁이다. 그동안 신라 왕들은 혁거세왕이 창림사지에 쌓은 엉성한 궁궐에서 살았지만 나라 형편이 좋아지자 번듯한 왕궁을 건설한 것이다. 월성은 계속해서 5세기 후반 명활산성에서 왕족들이 거처한 것을 제외하고는 계속 왕성으로 남아 있었다. 전체 길이는 약 1.8킬로미터에 지나지 않는 작은 토성이며 높이는 남쪽이 다른 쪽보다 조금 낮다. 성벽과 바로 접해 있는 남천이 자연적인 해자* 구실을 했기 때문이다. 동쪽과 서쪽, 북쪽에 인공으로 해자를 만들었으며 1979~1980년에 북쪽 해자를 발굴한 뒤 일부 구간을 복원했다. 이때 뻘 속에서 많은 목간이 나왔다.

* 해자(垓子/垓字)
1. 능(陵), 원(園), 묘(墓) 따위의 경계.
2. 성 주위에 둘러 판 못.

월성은 위에서 바라본 모습이 반달 모양 같다고 해서 반월성이라고도 부르며 국왕이 거처하는 곳이라는 뜻으로 '재성在城'이라고도 불렀다. 『삼국유사』에 탈해왕과 관련해 매우 흥미로운 이야기가 있다.

"산봉우리 하나가 마치 초사흘달 모양으로 보이는데 오래 살 만한 곳 같았다. 이내 그곳을 찾아가니 바로 호공瓠公의 집이었다. 아이는 이에 속임수를 썼다. 몰래 숫돌과 숯을 그 집 곁에 묻어놓고 이튿날 아침에 문 앞에 가서 말했다. '이 집은 우리 조상들이 살던 집이오.' 호공은 그렇지 않다고 하며 서

■
월성은 전체 길이가 약 1.8킬로미터이며, 남쪽이 다른 쪽보다 조금 낮다.

로 다투었다. 시비가 판결되지 않으므로 이들은 관청에 고발했다. 관청에서 묻기를 '무엇으로 네 집이라는 것을 증명할 수 있느냐' 하자 아이가 말했다. '우리 조상은 본래 대장장이였소. 잠시 이웃 고을에 간 동안에 다른 사람이 빼앗아 살고 있소. 그러니 그 집 땅을 파서 조사해보면 알 수가 있을 것이오.' 이 말에 따라 땅을 파니 과연 숫돌과 숯이 나왔다. 이리해 그 집을 빼앗아 살게 되었다."

탈해가 속임수로 호공의 집을 빼앗은 곳이 바로 월성이다. 남해왕은 탈해를 지혜 있는 사람으로 생각하고 자신의 딸을 주어 사위로 삼았다. 오늘날 같으면 탈해는 남의 집을 빼앗은 파렴치범이 분명하지만 당대에는 거짓말도 기지로 보았음이 틀림없다. 이는 그의 이름을 석씨로 한 것으로도 알 수 있다. 남의 집을 옛날에 자기가 살았던 곳이라며 빼앗았다 해서 옛날을 의미하는 석昔씨라 했다는 것이다.

위 이야기는 석씨 집단이 외부로부터 이주해와서 토착 세력을 누르고 권력을 잡았다는 사실을 암시한다. 특히 탈해의 조상이 숫돌과 숯을 기본으로 하는 대장장이라는 것에서 이들이 북방에서 내려왔으며 철기를 다룰 줄 알았던 외래 이주민임을 알 수 있다. 당대에는 철기를 아는 탈해가 왕이 될 정도로 대장장이의 위상이 높았다. 북방 기마 민족에게 필요한 말갖춤과 무기를 만들기 때문이었다. 여기서 재미있는 것은 탈해에게 집을 빼앗긴 호공이 왜국에서 이주해왔으며, 탈해가 왕위에 올랐을 때 그를 보좌했다는 것이다.

여하튼 거짓말로 왕까지 된 석탈해는 이곳을 왕성으로 정했으며 제5대 파사왕 때 왕성으로 면모를 갖추기 시작했다. 파사왕은 석벽을 쌓아 성 구실을 하도록 한 후 파사왕 22년(101) 금성에서 월성으로 이거했다. 최초의 궁궐터로 알려진 창림사지는 풀로 지붕을 덮고 나무 울타리를 두른 간단한 시설로 알려져 있으므로 반월성이야말로 궁궐다운 면모를 갖춘 최초의 왕성으로 본다.[8]

월성은 궁성이 되면서 점차 궁궐 영역을 확장해 전성기에는 귀정문, 인화문, 현덕문, 무평문을 비롯해 월상루, 명학루, 망덕루 등의 누각이 있었고 성 안에는 건물들이 조밀하게 들어서 있었다고 한다. 둘레에는 인공 해자를 설치했으며 남쪽은 절벽 밑을 흐르는 남천을 해자 삼아 석벽을 쌓았다고 한다.[9]

현재 반월성터에는 아무런 건물도 남아 있지 않고 숲이 우거진 데다 잔디만 깔려 있다. 세계유산이라고 지정된 곳인데도 아무것도 없으므로 황당하다고 생각하는 사람들이 있겠지만 이를 역으로 생각하는 사람도 있다. 소설가 강석경은 "비어 있기에 상상력을 주는 장소다"라며 산책길로 추천한다.[10]

사실 월성은 경주의 시민공원 노릇을 톡톡히 하고 있지만 마냥 허허벌판만은 아니다. 조선조 영조 때 옮겨놓은 석빙고가 유일하게 남아 있기 때문이다. 『삼국유사』에 유리왕 즉위 후(24) 얼음창고(장빙고)와 수레를 만들었다는 기록이 있으며, 『삼국사기』에 "지증왕 6년(505)에 처음으로 얼음을 저장하게 했다"라는 기록이 있다. 이들 기록을 보면 월성 어딘가에 석빙고가 존재했으며 조선시대에 축조한 경주 석빙고는 신라 때 만든 것을 재건축한 것으로 추정되기도 한다.

한국의 수많은 유산 중에서 가장 한국적이면서도 과학적인 것을 골라보라면 석빙고를 들고 싶다. 현대인들의 기본 가전제품인 냉장고는 얼음이나 냉기를 인공적으로 만드는 기계장치이지만 석빙고는 자연의 순리에 따라 겨울에 채빙해두었던 얼음을 봄, 여름, 가을까지 녹지 않게 효과적으로 보관하는 냉동 창고다.

석빙고는 외견상 고분 같은 형태를 하고 있다. 빙실이라는 공간이 주변 지반과 비교해 절반은 지하에 있고 절반은 지상에 있는 구조가 대부분이기 때문이다. 이러한 단순한 형태의 빙고를 보고 단지 얼음을 저장하기만 하는 시설인데 여기 무슨 대단한 과학이 있느냐고 반문할지 모른다. 더구나 사막 지대인 이집트나 일부 중동 지역에서 한여름에 기계 시설 없이도 얼음을 만들어 먹었다는 사실을 알게 되

■
석빙고는 한국의 수많은 유산 중에서 가장 한국적이면서도 과학적인 성격을 갖고 있다.

면 석빙고를 더욱 평가 절하하게 마련이다.

고대 이집트인들이 사막에서 어떻게 얼음을 만들었는지 알아보자. 이집트인들은 추운 날 밤(기온은 그래도 영상) 흙으로 빚은 용기 안에 물을 넣어두고 바깥 표면을 계속 적셔준다. 그러면 물의 기화 작용으로 용기가 냉각되어 안에 있는 물은 얼음이 된다. 사막은 밤낮의 온도 차가 크기 때문이다. 사막 지역에서는 하루에 제곱미터당 최소한 5~6킬로그램의 얼음을 만들 수 있다.

그러나 얼음을 필요에 따라 사용하는 것은 한국의 기술이 더욱 효율적이다. 사막 지대에서도 항상 얼음을 만들어 먹을 수 있는 것은 아니다. 얼음을 만들 수 있을 만큼 일사량이 높다 하더라도 열을 순식간에 증발시킬 수 있을 만한 기후여야 하기 때문이다. 그러므로 사막 지방에서는 그날그날의 기후 조건에 따라 피동적으로 얼음을 만드는 것이 고작이었다.

석빙고의 우수성은 가정의 필수품이라는 냉장고를 보면 알 수 있다. 부모가 아이들에게 항상 하는 말은 냉장고 문을 꼭 닫으라는 것이다. 아무리 아이스크림이나 얼음을 채워놓더라도 냉장고 문이 조금만 열려 있다면 몇 시간 내에 모두 녹아버리기 때문이다. 그런데 석빙고는 겨울에 얼음을 캐면 기계적인 장치 없이 다음 해 가을까지 저장할 수 있다. 상식적으로 생각해도 얼마나 우수한 작품인지 알 수 있다.

얼음의 용도가 반드시 음식 저장처럼 실용적 측면만을 위한 것은 아니다. 얼음을 보관했다가 여름에 사용해, 여름철에 극성을 부리는 양기陽氣를 억제해 자연의 조화를 회복해보겠다는 동양철학적인 발상도 큰 몫을 했다. 그러므로 겨울에 춥지 않아 얼음이 얼지 않으면 동빙고의 북쪽에 있었던 사한단司寒壇에서 얼음의 신에게 제사 지내는 기한제祈寒祭를 지냈다. 기한제를 지냈더니 날씨가 추워져 얼음을 채빙할 수 있었다며 제관이 상을 받기도 했다.

얼음은 매우 진귀한 물품이었다. 문종 3년(1049) 매년 6월부터 8월 초까지 벼슬에서 물러난 공신에게는 3일에 두 차례씩, 육부* 등의 고급 관리에게는 일주일에 한 차례씩 얼음을 나누어주도록 제도화했다. 그러나 18세기 영·정조 시대 이후 물동량이 많아지자 한강변을 비롯해 전국 각지에 생선 보관용 얼음을 공급하는 사설 빙고가 생겨났다.

빙고는 고을의 규모에 따라 크기가 정해지나 대부분 100제곱미터에 이르렀고 규모가 작은 경우에도 30제곱미터가 넘었다. 현존하

* 육부(六部)
고려시대에, 행정을 나누어 맡아보던 여섯 관아. 성종 14년(995)에 육관(六官)을 고친 것으로 이부, 호부, 병부, 예부, 형부, 공부를 이른다.

는 빙고의 빙실 폭은 대개 4~6미터, 길이는 폭의 2~4배 정도다. 빙고에 저장하는 얼음은 두께가 12센티미터 이상 되어야 했다.

월성지구의 석빙고는 빙실의 규모가 120제곱미터 정도로 남한에서 가장 크다. 길이 19미터, 너비 6미터, 높이 5.4미터로 입구가 월성 안쪽으로 나 있고 계단이 있다. 여름철까지 냉기를 잘 보관할 수 있도록 자연 환기구를 적절하게 배치하고, 유선형의 외부 형태를 띠고, 배수구를 이용하고, 흙과 돌의 열전도율의 차이를 이용한 축열 구조를 채택해 더운 외기의 영향을 최소로 줄일 수 있는 내·외부 구조를 유지하고 있다. 물론 외부 기온에 영향을 받지 않는 절묘한 천연 지형에 설치했음은 물론이다.

바닥은 흙다짐이나 위에 넓은 돌을 깔고 경사지게 만들어 얼음이 녹아서 생긴 물이 자연적으로 배수되게 했다. 구조에서 가장 특징적인 요소는 빙실 천장을 아치형으로 만든 것이다. 5개의 기둥에 장대석이 걸쳐져 있고, 환기용 구멍 3개가 장대석을 걸친 곳에 있다. 석재는 화강석으로 규격은 대체로 0.5톤 정도다. 또한 천장에는 냉기에 의한 전열 면적과 공기 체적을 가능한 한 많이 확보하기 위해 요철이 있었다. 아치형 구조로 빙실을 만들면 기둥이 없으므로 얼음을 취급하는데 편리하다.

천장에는 빙실 규모에 따라 환기 구멍을 만들었다. 구멍은 봉토 밖으로 나오게 한 뒤 위에 구멍보다 큰 개석을 얹어 빗물이나 직사광선이 들어가지 않도록 했다. 구멍은 대체로 30×30센티미터로 2~3개가 일반적이다. 출입문은 특정한 규칙이 없지만 바깥 지반보다 낮은 위치에 설치했다. 출입문 크기도 얼음의 출납에 지장이 없을 정도로

석빙고 천장의 아치형 구조. 기둥이 없으므로 얼음을 취급하는 데 편리하다.

만들어 열 손실이 최소화되도록 했다. 기록에 의하면 빙고 건축 때 철물과 회를 많이 사용했는데, 철물은 석재가 분리되지 않도록 하고 회는 봉토 조성 때 진흙과 함께 혼합해 외부에서 물이나 습기가 침입할 수 없도록 했다.

그렇다면 석빙고에 저장된 겨울철의 얼음이 한여름에도 사용될 수 있을 만큼 효율적이었을까? 장동순은 반지하 냉동 창고의 역할을 할 수 있었던 석빙고의 메커니즘을 분석했다. 컴퓨터 시뮬레이션은 정말로 석빙고가 겨울에 얼음을 캐내 여름까지 저장할 수 있느냐에 초점이 맞추어졌다. 우선 얼음이 50퍼센트와 100퍼센트 석빙고에 채워져 있을 때와 단열재로 볏짚이나 갈대를 사용했을 때 계산 결과를 분석했다.

결과는 매우 놀라웠다. 얼음이 50퍼센트인 경우 짚이 없을 때는 3개월 후 얼음량 감소가 6.4퍼센트, 6개월 후 38.4퍼센트인 반면에 짚이 있을 때는 3개월 후 얼음량 감소가 0.04퍼센트, 6개월 후 0.4퍼센트에 불과했다. 반면 얼음이 100퍼센트인 경우 짚이 없을 때는 3개월 후 얼음량 감소가 9.2퍼센트, 6개월 후 51.8퍼센트였다. 짚이 있을 경우 3개월 후 얼음량 감소는 2.8퍼센트, 6개월 후 18.4퍼센트나 되었다. 얼음량과 볏짚의 유무에 따라 얼음의 저장 능력을 조절하는 것이 현실적으로 가능한 것이다.

여기에서 볏짚은 열을 전달하지 않는 재료로 쓰였으며 그 원리는 재료가 비어 있는 공간을 많이 갖도록 한 것이다. 현대 건축에서 많이 사용하고 있는 스티로폼이나 우레탄은 미세한 공기구멍을 포함해 열을 차단하고 있다. 볏짚도 속이 비어 있는 데다 재료 자체가 열을 잘 통과하지 않으므로 외기 온도에 의해 얼음이 녹지 않는 단열재 역할을 한 것이다. 단순히 얼음을 짚으로 덮은 것처럼 보이는 석빙고가 기계적인 장치에 비해도 결코 떨어지는 과학기술이 아님을 이해할 필요가 있다. 더구나 석빙고 같은 시설을 만들어 여름에 항상 얼음을 먹을 수 있도록 한 것은 세계적으로 거의 유례가 없다.

4. 동궁과 월지

도로 건너편에 있는 안압지는 임해전臨海殿으로도 불린다. 임해전은 신라 왕실의 별궁인 동궁 안에 세워진 전궁殿宮을 의미하기도 한다. 안압지는 문무왕 14년(674)에 만들어졌으며 기러기와 오리가 노니는

■
안압지는 문무왕 14년(674)에 만들어졌으며 기러기와 오리가 노니는 연못이라는 뜻이다.

연못이라는 뜻이다. 『삼국사기』에는 "왕 14년 2월에 대궐 안에 못을 파고 산을 만들어 무산십이봉을 본떴으며 화초를 심고 진기한 짐승들을 길렀다"라는 기록이 나온다.

무산십이봉은 중국 쓰촨성의 비산산맥에 있는데 초나라 회왕이 그곳에서 선녀를 만나 놀았다는 전설 때문에 신선이 노니는 정원을 뜻하게 되었다. 둥근 못을 만든 뒤 돌을 쌓아 섬을 만드는 석가산 방식의 정원은 도교가 활발했던 당나라 무렵 크게 유행했으며, 국내에서는 백제의 궁남지와 신라의 안압지가 무산십이봉의 영향을 받은 연못이다.[11]

안압지는 통일 과정에서 영토를 넓혀 부를 축적한 통일신라가 위용을 과시하기 위해 축조한 것으로 추정된다. 김봉렬은 안압지의 형태가 한국 정원의 전형이라고 설명했다. 『삼국사기』에는 국왕이 임해전에서 연회를 베푼 기록이 여러 번 나온다. 후백제 견훤에게 살해당한 뒤에 즉위한 경순왕이 고려의 도움을 청하기 위해 왕건을 초청해 연회를 베푼 장소도 이곳이다. 그러므로 경순왕이 연회를 베풀고 2~3년 뒤 왕건에게 나라를 바치는 것도 이곳에서의 연회와 무관하지 않다.

못은 동서 길이 약 190미터, 남북 길이 약 190미터의 장방형 평면이며 세 섬을 포함한 기슭 석축의 길이는 1,285미터다. 석축에서 불국사의 석축과 천장, 남산신성의 석축 등에서 보이는 동틀돌이 나타나 안압지의 비중을 알 수 있다. 깊이는 약 1.8미터이며 바닥에 강회(산화칼슘)와 조약돌을 깔았다. 가운데에는 우물 모양의 목조물을 만들어 그 속에 심은 연뿌리가 연못 전체로 퍼져나가지 못하게 했다. 못가 기슭은 다듬은 돌로 쌓았는데 동쪽과 북쪽은 굴곡으로 만들고 서쪽과 남쪽은 건물을 배치했다. 서쪽은 몇 번 직각으로 꺾기도 하고 못 속으로 돌출시키기도 했다. 따라서 어느 곳에서 바라보더라도 못 전체가 한 눈에 들어오지 않으며 연못이 한없이 이어진 듯 보인다. 못 속에 섬이 세 곳 있는데 크기가 서로 다르다. 발해만 동쪽에 있다는 삼신도(방장산, 봉래도, 영주도)를 의미한다는 주장도 있다.

1970년대 발굴 때 동남쪽에서는 물을 끌어들이는 입수구가 발견되었고 북쪽에서는 배수 시설이 발견되었다. 입수구를 통과한 물은 1미터 정도 되는 높이에서 떨어지며 폭포 같은 소리를 내도록 설계되었다. 조선시대에 이곳을 방문한 김시습이 "용의 목구멍에서 토해내는 물소리가 급하다"라는 시를 남긴 것을 볼 때 입수구에 용머리가 있었으리라 추정되지만 현재에는 보이지 않는다.

또한 발굴 조사로 3만여 점의 유물이 출토되었다. 가장 많이 출토된 것은 24,000점에 달하는 기와다. 용도별로 보면 수막새, 암막새*, 수키와**, 암키와***, 특수기와, 장식기와, 바닥에 깔거나 벽이나 불단 등에 장식되었던 전塼 등이다. 그중 옆면에 당의 연호를 사용한 보상화문이 있는 것과 벽사의 의미로 사용된 귀면와가 돋보인다.[12]

안압지에서 발견된 와전류는 대부분 삼국통일 직후부터 신라 멸망 시까지 사용되었던 것으로 통일신라 와전의 집합체라 할 수 있다. 신라에서 언제부터 기와가 제작되었는지는 정확하게 알려지지 않았으나 4~5세기경부터 궁성에 암키와와 숫키와가 사용되었으리라 짐

*** 암막새**
암키와가 쭉 이어져 형성된 기왓골의 끝에 드림새를 붙여 만든 기와.

**** 수키와**
두 암키와 사이를 엎어 잇는 기와. 속이 빈 원기둥을 세로로 반을 쪼갠 모양이다.

***** 암키와**
지붕의 고랑이 되도록 젖혀놓는 기와. 바닥에 깔 수 있게 크고 넓게 만든다.

안압지에서는 수만 개의 기와가 발견되었는데, 그중 벽사의 의미로 사용된 귀면와가 돋보인다.

작된다. 불교가 공인되고 흥륜사와 황룡사 등 큰 사찰이 건설된 6세기 중엽에는 연꽃무늬 수막새가 만들어지면서 본격적으로 기와를 사용했다고 추정된다. 또한 '월지月池'라는 글자가 새겨진 기와가 출토되어 안압지의 원래 이름이라 추정하기도 하는데, 이는 '달빛이 곱게 비치는 연못'이라는 뜻으로 안압지를 보면 적절한 이름이라는 것을 알 수 있다.

안압지의 동쪽 언덕에서 10점의 불상이 발견되었는데 통일신라 조각의 최절정기인 8세기경 불상의 특징을 나타낸다. 신체의 볼륨을 강조하는 옷 주름에 선각이 없고 입체적으로 이루어져 파도가 밀려오는 모습을 연상시킨다. 하지만 이런 입체적인 옷 주름은 8세기 후반부터 서서히 양감을 잃고 단순화되거나 가느다란 선각으로 변한다. 이러한 변화의 첫 단계를 보여주는 예가 안압지 출토 금동판 불상 일괄(보물 제1475호)이다.

안압지에서 발견된 불상 중 금동판삼존불은 탄력감 넘치는 육체미를 통해 생명력을 표현하고자 했던 통일신라의 조형 사상을 보여주는 대표적인 불상이다. 결가부좌한 본존불은 민머리에 풍만한 얼굴을 하고 있으며, 눈, 코, 입을 아주 세밀하게 조각했다. 손 갖춤은 엄지와 검지, 엄지와 장지를 각각 맞대 얽힌 실타래를 푸는 듯한 설법인을 맺었는데, 인도 간다라 불상의 초전법륜인初轉法輪印과 흡사하다. 얇은 가사는 양쪽 어깨를 덮은 통견이지만, 몸에 밀착되어 풍만한 신체가 그대로 드러난다.

유물 중에서 큰 주목을 받은 것은 초심지를 자르는 데 사용했던 길이 25.5센티미터 크기의 월지 금동초심지가위(보물 제1844호)다. 잘

린 심지가 떨어지는 것을 막기 위해 날 바깥에 반원형의 테두리를 세웠으며, 손잡이 쪽에 어자문魚字文과 당초무늬를 화려하게 장식해 당시의 금속 제조 수준을 알려준다.

흥미로운 것은 토기류 중 건물에 단청할 때 물감을 담아 쓰던 단

안압지에서 출토된 금동판삼존불. 통일신라의 대표적인 불상이며 눈, 코, 입을 세밀하게 조각했다.

© 경주시

청용 그릇이 있다는 것이다. 그릇 안팎에 붉은 석간주가 묻어 있는 것이 많고, 주황색을 내는 데 쓰는 물감인 장단長丹 칠이 묻어 있는 손잡이 달린 항아리도 있다.

신라 귀족들의 생활을 알 수 있는 유물들도 발견되었다. 가장 크게 주목받은 것은 목제 주사위다. 높이 4.8센티미터에 14면으로 이루어졌으며 이 주사위에 써 있는 대로 따라하게 되어 있다. '술 다 마시고 크게 웃기', '술 3잔 한꺼번에 마시기', '다른 사람이 귀찮게 해도 가만히 있기' 등이 새겨져 있어 신라인들의 남다른 해학을 알 수 있다. ❖

월지 금동초심지가위. 손잡이 쪽에 어자문과 당초무늬를 화려하게 장식해 당시의 금속 제조 수준을 알려준다.

국립경주박물관의 진수

※ 경주에 있는 유네스코 세계유산의 마무리는 시내에 있는 경주국립박물관 방문이다. 이곳을 포함해야 하는 이유는 한국이 세계적으로 자랑하는 선덕대왕신종, 계림로보검(보물 제635호)을 비롯해 수많은 역사적 유물이 보관되어 있는데도 세계유산에 지정되지 않았기 때문이다. 박물관에 있기 때문에 지정되지 못했지만 신라의 진수를 맛보기 위해서 꼭 보아야 할 것이 산재해 있다.

어느 박물관에 가더라도 어느 작품부터 보아야 하는지 헷갈린다. 수많은 유물을 일일이 꼼꼼하게 살펴본다는 것은 시간이 많지 않는 현대인들에게 난감한 일이기 때문이다. 그러나 예술에 감각이 있는 답사객이라면 경주의 자랑인 '신라의 미소' 수막새에 먼저 눈길을 줄 것이다.

수막새는 지붕의 기왓골 끝에 얹는 것이며 대체로 나쁜 기운을

■
'신라의 미소'로 유명한 얼굴무늬 수막새. 우아한 미소에서 나오는 세련미가 돋보인다.

물리치는 벽사의 의미와 앞날의 평안을 소망하는 기원이 담겨 있다. 연꽃무늬가 대부분인데 여기에는 사람 얼굴을 새겼다. 이 같은 경우는 매우 드문 일이다.

수막새 자체는 절반 정도 깨어졌지만 둥근 테두리 안에 수려한 코와 입꼬리를 살짝 위로 올린 우아한 미소에서 나오는 세련미가 돋보인다. 한마디로 와공의 재주가 흘러넘친다. 이배용은 1,000년이 넘도록 변하지 않는 미소를 간직한 수막새만 보면 비록 한쪽이 깨져 떨어져나갔어도 우리에게 영원한 설렘과 평온을 준다고 극찬했다.[1]

실내 전시물 중 간판스타는 남산 불상 중 가장 앳된 모습을 보여 주고 있는 장창골 석조미륵삼존불상이다. 신라 불상 중에서 최고라 극찬한 윤경렬의 설명을 발췌한다.

"원형으로 소박하게 핀 연꽃 위의 작은 의자에 걸터앉아 오른손은 엄지와 검지를 맞대어 손바닥을 앞으로 해서 들었고, 왼손은 가사 자락을 잡은 채 손바닥을 위로 향해 왼쪽 무릎 위에 놓고 있다. 얼굴은 정면으로 들어 밝은 표정이다. 머리에는 나지막하게 육계가 솟아 있고 이마와 두 눈두덩 사이 곡선으로 파인 홈에는 단정하고 굵은 눈썹이 암시되어 있다. 부풀어 오른 풍성한 눈시울 아래로는 부드럽게 그늘을 지우면서 아래 세계를 내려다보는 고요한 눈을 형성했다.

아기들처럼 둥근 얼굴이지만 짧은 인중, 작은 입, 작은 턱이 얼굴의 길이를 줄여서 둥글게 나타냈으므로 얼굴은 아기들처럼 천진스럽다. 입가에는 부드러운 웃음이 숨겨져 있으며 두 귀는 어깨 위에 드리워져 있고 머리 뒤에는 연꽃을 새긴 두광이 빛난다. 상의 다리는 짧게 보이는데 입체상이면서 허벅다리가 생략되어 있기 때문이다. 이 불상이 아기처럼 어리게 보이는 것은 오히려 그 때문이 아닐까?

아기 부처라 불리는 두 협시보살은 다 같이 머리와 키의 비례가 4등신으로 되어 있다. 4등신은 갓난아기들이 지닌 신체의 비례다. 이마와 두 눈시울 사이를 깊이 파서 눈썹을 암시하고 있는 것이나 두 눈시울 아래 그림자를

■
장창골 석조미륵삼존불상은 남산 불상 중 가장 앳된 모습을 보여준다.

드리워 눈을 나타낸 솜씨나, 갸름한 코며 작은 입술 등은 본존과 같은 솜씨인데 입술 양가에 패어진 홈은 더욱 깊어서 피어나는 미소가 화사하다. 머리에는 넓은 관대를 두르고 양옆과 앞에 꽃 장식을 붙여 삼면두식으로 꾸며졌다. 오른쪽 협시보살의 보관 앞면은 연꽃 위를 1개의 보주로 장식했고 오른손에 연꽃 봉우리를 들어 가슴에 올렸고, 왼손은 엄지와 검지를 맞댄 채 배 앞에 들고 있다. 왼쪽 협시보살의 보관 앞면은 연꽃 위에 앉힌 삼과보주三果寶珠로 장식했으며 왼손에 경문을 들어 어깨 앞에 올리고 오른손은 엄지와 검지를 대 배 앞에 들고 있는데 약지와 새끼손가락을 무리하게 펴고 있는 것이 더욱 귀엽게 느껴진다.

우협시보살은 둥근 꽃송이가 달린 세 겹으로 된 목걸이를 걸었고 좌협시보살도 꽃송이가 달린 두 줄로 된 목걸이를 걸고 있다. 우협시의 목걸이는 목 앞에 짧게 걸렸는데 좌협시의 것은 가슴에 넓게 드리워져 있다. 어깨에 걸친 천의가 왼쪽 어깨에서 흘러내려 가슴을 가리면서 오른팔에 걸쳐 아래로 드리워졌고, 오른쪽 어깨에서 흐러내린 자락은 두 무릎 앞에서 반원을 그리며 왼팔에 걸쳐서 아래로 드리워졌다. 두 보살의 천의는 다 같은 모습이다."[2]

아기 부처라 불리는 협시보살은 1925년 남산 장창골 고개마루에서 발견되었다. 본존상이 옮겨질 때 남간마을 민가에 있었는데 본존과 함께 박물관으로 옮겨졌다. 삼국시대의 불상으로 의자에 앉아 있는 본존불은 우리나라에서 유일하다.

백률사 금동약사여래입상(국보 제28호)도 국립경주박물관의 대표작이나 마찬가지다. 높이 약 179센티미터의 입상으로 현존하는 통일신라시대 최대의 금동불상이다. 불국사 금동아미타여래좌상 및 금동비로좌나불좌상 등 동시대에 만들어진 3대 금동불 중 가장 크며 1930년 백률사에서 옮겼다. 『삼국유사』에 "백률사에 대비상大悲像이 모셔져 있다"라고 되어 있는데, 이 금동불인지는 확실하지 않다.

머리는 신체에 견주어 크지 않은 편으로 인체 비례에 가까우며, 얼굴은 사각형에 가까운 원형이다. 긴 눈썹, 가는 눈, 오목한 코, 작은 입에 온화한 미소가 감돌아 많은 사람이 좋아하는 불상이다. 아랫배가 나오고 상체가 뒤로 젖혀지면서 우람한 체구를 과시하고 있지만 어깨는 다소 빈약하게 처리되었다. 두 손의 모습이 잘라져 알 수 없으나 손목의 위치와 방향으로 보아 오른손은 시무외인을 취하고 왼손은 약단지와 보주를 받친 듯하다. 발과 발톱이 세세하게 표현되어 있으며 두 팔에서 늘어진 옷자락은 자연스럽게 처리했고 옷 무늬는 하나 건너씩 중앙에서 절단된 반원형이다. 현재 도금은 거의 사라졌지만 주홍과 녹색으로 채색했던 흔적이 남아 있다. 약사여래에게 기원하면 모든 병이 치유된다 해서 신라 때부터 왕족은 물론 일반인에게도 사랑받았다. 내부가 완전히 비어 있는 중공식 주조 기법을 사용했으며, 내부에는 많은 틀 고정쇠를 사용해 생긴 흔적과 주물 뒤 결함 부분을 보수한 땜질 자국을 육안으로 확인할

■
백률사 금동약사여래입상. 이 앞에서 기원하면 모든 병이 치유된다 해서 일반인에게 널리 사랑받았다.

수 있다.

금동약사여래입상과 함께 백률사에서 이전된 이차돈순교비는 불교 전파를 위해 순교한 이차돈을 추모하는 공양비로 헌덕왕 9년(817)에 만들어졌다. 육면의 특이한 기둥 형식으로 5면에는 명문이 있고 나머지 1면에 이차돈의 순교 장면이 양각되어 있다. 약간 허리를 굽혀 공수하고 있는 인물상의 머리는 땅에 떨어졌고 머리 없는 목에서는 흰 피가 솟아오르고 있으며, 꽃비가 내리고 천지가 진동하는 것을 추상적인 수법으로 표현하고 있다. 비문은 창림사 비문 글씨로 유명한 김생이 썼다고 전해진다. 비의 밑 부분에는 별석의 대석이 있었고, 위에는 지붕이 있었던 흔적이 있다.[3]

또한 국립경주박물관에서 주목해서 보아야 할 유물은 경주인들의 삶이 엿보이는 질그릇 즉 토기다. 박물관에 전시된 유물이 대부분 중앙 권력의 지배 이데올로기나 권위를 보여주는 데 비해 토기는 당시 신라인들의 생활상을 반영하기 때문이다.

낙동강을 경계로 구분되는 신라와 가야 토기는 가야와 물레를 사용하는 회흑색 경질 토기가 대부분이다. 대부분 무덤의 부장품으로 신라 토기는 굽이 높고 접시 모양이 둥글며 목과 어깨가 구별된다. 전체적으로 화려하면서도 허세를 느끼게 하는 과장이 보인다. 이에 반해 가야의 토기는 굽이 낮고 접시가 납작하며 목에서 어깨로 둥글게 돌아가 전체적으로 공예적인 세련미를 갖추고 있다.

■
신라인들의 생활상이 담긴 토기. 조형 감각이 섬세하고 샤머니즘의 분위기가 느껴진다.

실생활과 관계없는 이형 토기들로 말, 오리, 집, 배, 기마 인물 도상 등이다. 동물형은 등에 구멍이 있고 속이 비었으며 술잔 같은 목이 있다. 조형 감각이 매우 섬세하고 샤머니즘의 분위기가 느껴진다. 신라 토기 중에 항아리 목에 그리거나 붙인 인물과 동물의 조각들이 있는데 인물 모양의 경우 성적性的인 면이 과장되어 당시 사람들의 풍요와 다산에 대한 염원을 보여준다.

흥미로운 것은 손으로 마구 빚은 것으로 보일 정도로 조잡한 인상을 주는 흙 인형들이다. 학자들은 이 인형들이야말로 민중들의 현실감과 소박한 감정을 생생하게 느낄 수 있다고 한다. 웃는 얼굴, 우는 얼굴, 성기가 엄청나게 과장된 모양 등에서 당시 민중들의 삶의 애환을 느낄 수 있다. 인간이 살아가는 동안 느끼는 일거수일투족을 볼 수 있다는 것은 박물관이 아니면 알 수 없는 또 다른 기쁨이다.[4]

필자에게 신라의 유물 중에서 가장 중요한 출토품 두 가지를 꼽으라면 금관과 계림로보검을 든다. 그중에서도 한 가지를 꼽으라면 국보도 아닌 계림로보검을 이야기하곤 한다. 이 검은 현존하는 보검 중에서 세계 최고의 디자인과 제작 기술을 갖고 만들어졌다. 전체 길이 36센티미터, 최대 폭 9.3센티미터이다. 전체 모양은 칼자루 끝장식이 반타원형이고, 칼자루의 폭은 반타원형 장식의 지름보다 좁다. 칼집 입구는 역사다리꼴이며, 그 옆은 허리띠에 차도록 만든 고리를 붙였기 때문에 산 모양이다. 칼집은 끝이 넓으며, 칼집 위에 반원형 장식 금구로 구성된 단검으로 표면에 석류석 등의 귀금속과 누금세공 투각으로 전체가 장식되었다. 칼 몸은 철제이지만 의례용 패도로 만들어진 것으로 뒤쪽에는 장식이 없다. 계림로보검의 표면에 보이는 나선무늬를 이루는 각 부분의 전체 바깥둘레에 금 알갱이를 장식하고 메달의 틀과 공백 부분에 금 알갱이를 장식했는데 이들은 모두 그리스 로마 기법이다.

계림로보검을 둘러싼 연구는 계속되고 있는데 매우 중요한 자료가 근래 발표되었다. 우선 이 보검에 사용된 붉은색의 보석은 마노가 아니라 석류석이라는 것이다. 그런데 프랑스 루브르 박물관의 연구에 의하면 계림로보검이 생산되던 시기의 트라키아에서 발견되는 장식류에 장식된 석류석의 생산지는 놀랍게도 스리랑카와 인도였다. 로마에서 스리랑카 또는 인도에서만 발견되는 석류석을 사용했다는 것은 이 당시에 로마와 이들 국가 간에 어떠한 경로로든 무역로가 개통되어 있었다는 것을 의미한다. 계림로보검이 트라키아에서 신라까지 전달되는 과정은 북방 초원지대만이 아니라 트라키아, 스리랑카(인도), 신라를 연결하는 해상로를 거쳤을 수도 있다는 것이다. 당대에 세계의 패자라고 자부하던 아틸라에 대한 기록이 중국에서 발견되지 않는 것도 이 때문으로 추정한다. 이 문제는 이곳에서 더 이상 설명하지 않지만 삼국 통일 전의 신라가 한반도의 동쪽 끝에 자리한 궁벽

© 경주시

■
계림로보검은 신라가 당대 세계 최고의 제국과 교류하던 세계성을 지닌 나라임을 알려준다.

한 나라가 아니라 당대 세계 최고의 제국과 교류하던 세계성을 지닌 나라라는 사실과, 우리 민족 형성 과정의 다채로운 기원에 대해서 알 수 있을 것이다.

경주를 찾을 때는 시간을 넉넉하게 잡고 한 번에 너무 많은 곳을 돌아보려는 욕심을 부리지 말 것을 권한다. 더불어 가까운 거리는 되도록 걸어 다닐 것을 권한다. 신라 1,000년 고도를 '빨리빨리'라는 한국 특유의 습성으로 지나치기보다 경주 전체의 면면을 일일이 음미할 시간이 필요하기 때문이다. 이것으로 경주 답사의 대장정을 마친다. ◈

주

형산강, 소금강산

1 국립경주박물관, 『경주 이야기』(국립경주박물관, 1991)
2 정창훈, 「나비는 향기로 꽃을 찾지 않는다? 선덕여왕의 화접도」, 『사이언스타임즈』, 2004년 3월 24일.
3 한국문화유산답사회, 『경주』(돌베개, 1997)
4 진성규, 『신라의 불교사원』(백산자료원, 2003)
5 강우방 · 곽동석 · 민병찬, 『한국 미의 재발견 – 불교 조각 1, 2』(솔출판사, 2003)
6 국민대학교 국사학과, 『경주문화권』(역사공간, 2004)
7 한국문화유산답사회, 『경주』(돌베개, 1997)
8 정만진, 「김춘추 일가의 선산은 어디였을까」, 『오마이뉴스』, 2012년 10월 15일.
9 정만진, 「진흥태왕의 무덤, 간소하다 못해 초라하네」, 『오마이뉴스』, 2012년 10월 16일.
10 한국문화유산답사회, 『경주』(돌베개, 1997)
11 정선중, 『살아서 꼭 가봐야 할 경주 여행 109선』(혜지원, 2007)
12 하일식, 『경주역사기행』(아이북닷스토어, 2000)
13 정선중, 『살아서 꼭 가봐야 할 경주 여행 109선』(혜지원, 2007)

대릉원지구

1 한병삼, 『고분미술』(중앙일보사, 1985)
2 김태식, 「적석목곽묘 59기 군집 발굴」, 『연합뉴스』, 2004년 1월 19일.
3 정만진, 「천마총, 이건 무덤이라기 보다 산이구만!」, 『오마이뉴스』, 2012년 12월 5일.
4 이한상, 『황금의 나라 신라』(김영사, 2004)
5 국립경주박물관, 『경주 이야기』(국립경주박물관, 1991)
6 국민대학교 국사학과, 『경주문화권』(역사공간, 2004)
7 하일식, 『경주역사기행』(아이북닷스토어, 2000)
8 정선중, 『살아서 꼭 가봐야 할 경주 여행 109선』(혜지원, 2007)
9 국민대학교 국사학과, 『경주문화권』(역사공간, 2004)
10 요시미즈 쓰네오, 오근영 옮김, 『로마문화 왕국, 신라』(씨앗을뿌리는사람, 2002)
11 권삼윤, 『고대사의 블랙박스』(랜덤하우스코리아, 2005)
12 이종호, 『로마제국의 정복자 아틸라는 한민족』(백산자료원, 2005)
13 김인희, 『소호씨 이야기』(물레, 2009)
14 송기호, 『발해를 다시 본다』(주류성, 2008)
15 국립경주박물관, 『경주 이야기』(국립경주박물관, 1991)
16 김태식, 「외뿔박이 유니콘 기린과 천마도장니」, 『연합뉴스』, 2004년 12월 8일.
17 이광표, 『국보 이야기』(작은박물관, 2005)
18 요시미즈 쓰네오, 오근영 옮김, 『로마문화 왕국, 신라』(씨앗을뿌리는사람, 2002)
19 이광표, 『국보 이야기』(작은박물관, 2005)
20 이윤희, 「잠자던 금동 天馬圖…1500년 만에 모습 드러내다」, 『조선일보』, 2014년 3월 4일.
21 국립경주박물관, 『경주 이야기』(국립경주박물관, 1991)

〈불상의 나라, 신라〉

1 국민대학교 국사학과, 『경주문화권』(역사공간, 2004)
2 강우방 · 곽동석 · 민병찬, 『한국 미의 재발견 – 불교 조각 1, 2』(솔출판사, 2003)
3 국민대학교 국사학과, 『경주문화권』(역사공간, 2004)
4 박태진, 「나이테 이용해 국내 最古 나한상 찾았다」, 『더사이언스』, 2013년 3월 29일.

남산지구

1 한국문화유산답사회, 『경주』(돌베개, 1997)

2 최병준, 「마음속 부처를 만나러 갑니다…경주 남산」, 『경향신문』 2005년 5월 10일.

3 이형석, 『문화유산답사기』(홍익재, 1997)

4 하일식, 『경주역사기행』(아이북닷스토어, 2000)

5 정선중, 『살아서 꼭 가봐야 할 경주 여행 109선』(혜지원, 2007)

6 장선환, 「이차돈」, 『네이버캐스트』, 2010년 2월 1일.

7 김영태, 「신라 대왕흥륜사 창건의 역사성」, 『신라문화』(제20집, 2002)

8 정선중, 『살아서 꼭 가봐야 할 경주 여행 109선』(혜지원, 2007)

9 국민대학교 국사학과, 『경주문화권』(역사공간, 2004)

10 하일식, 『경주역사기행』(아이북닷스토어, 2000)

11 국민대학교 국사학과, 『경주문화권』(역사공간, 2004)

12 신영훈, 『사원건축』(대원사, 1989)

13 정만진, 「신라 천년의 역사가 태동한 세 곳」, 『오마이뉴스』, 2012년 10월 22일.

14 윤경렬, 『경주 남산』(대원사, 1989)

15 · 16 한국문화유산답사회, 『경주』(돌베개, 1997)

17 이덕일 · 이희근, 『우리 역사의 수수께끼 1』, (김영사, 1999)

18 함인영, 『신라 과학기술의 비밀』(삶과꿈, 1998)

19 이종호, 「첨단 과학 기법이 적용된 포석정」, 『정책브리핑』, 2004년 10월 25일.

20 윤경렬, 『경주 남산』(대원사, 1989)

21 한국문화유산답사회, 『경주』(돌베개, 1997)

22 정선중, 『살아서 꼭 가봐야 할 경주 여행 109선』(혜지원, 2007)

23 · 24 한국문화유산답사회, 『경주』(돌베개, 1997)

25 김성웅, 「경주 남산 열암곡 마애석불 원형복원 불가능」, 『한국일보』, 2012년 2월 9일.

26 윤경렬, 『경주 남산』(대원사, 1989)

27 국민대학교 국사학과, 『경주문화권』(역사공간, 2004)

28 윤경렬, 『경주 남산』(대원사, 1989)

29 정만진, 「오금이 저려 포기하려고요? 후회할 겁니다」, 『오마이뉴스』, 2012년 10월 25일.

30 정만진, 「불탄 황룡사 9층 목탑, 여기서 볼 수 있구나」, 『오마이뉴스』, 2012년 10월 23일.

31 윤경렬, 『경주 남산』(대원사, 1989)

32 하일식, 『경주역사기행』(아이북닷스토어, 2000); 한국문화유산답사회, 『경주』(돌베개, 1997)

33 국민대학교 국사학과, 『경주문화권』(역사공간, 2004)

명활산성지구

1 국립경주박물관, 『경주 이야기』(국립경주박물관, 1991)

2 하일식, 『경주역사기행』(아이북닷스토어, 2000); 송석상, 『그림으로 배우는 우리의 문화유산』(학연문화사, 1996)

3 국립경주박물관, 『경주 이야기』(국립경주박물관, 1991)

4 한국문화유산답사회, 『경주』(돌베개, 1997)

5 정선중, 『살아서 꼭 가봐야 할 경주 여행 109선』(혜지원, 2007)

6 정만진, 「일제가 두려워한 우물, 이유 있었다」, 『오마이뉴스』, 2012년 11월 7일.

7·8 한국문화유산답사회, 『경주』(돌베개, 1997)

9 정선중, 『살아서 꼭 가봐야 할 경주 여행 109선』(혜지원, 2007)

10 하일식, 『경주역사기행』(아이북닷스토어, 2000)

11 한국문화유산답사회, 『경주』(돌베개, 1997)

12 황규호, 「용을 불러들인 감은사」, 『내셔널 지오그래픽』, 2003년 12월.

13 한국문화유산답사회, 『경주』(돌베개, 1997)

14 김기빈, 『국토와 지명』(한국토지공사토지박물관, 2004)

15 하일식, 『경주역사기행』(아이북닷스토어, 2000)

16 정만진, 「'빵터진' 돌사자, 무덤 앞에서 뭐가 그리 신날까」, 『오마이뉴스』, 2012년 10월 29일.

불국사

1 진성규, 『신라의 불교사원』(백산자료원, 2003)

2 김상현, 『불국사』(대원사, 1992)

3 전국역사교사모임, 『미술로 보는 우리 역사』(푸른나무, 1994)

4 정선중, 『살아서 꼭 가봐야 할 경주 여행 109선』(혜지원, 2007)

5 강우방, 「불국사와 석불사」, 『한국사 시민강좌』(제23집), 1998년.

6 한국문화유산답사회, 『경주』(돌베개, 1997)

7 최준식, 『한국 문화 교과서』(소나무, 2011)

8 신영훈, 『석불사 불국사』(조선일보사, 1998)

9 이경미, 「건축과 조형물에 담긴 수학」, 『사이언스타임즈』, 2005년 1월 27일.

10 신영훈, 『석불사 불국사』(조선일보사, 1998)

11 장콩, 『외우지 않아도 저절로 이해되는 우리역사 이야기 1』(살림, 2004)

12 한국문화유산답사회, 『경주』(돌베개, 1997)

13 신영훈, 『진천 보탑사와 목탑』(조선일보사, 1999)

14 편집부, 『상식속의 놀라운 세계』(두산동아, 1996); 남문현, 『전통 속의 첨단 공학기술』(김영사, 2002)

15 신영훈, 『진천 보탑사와 목탑』(조선일보사, 1999)

16 전국역사교사모임, 『미술로 보는 우리 역사』(푸른나무, 1994)

17 김상현, 『불국사』(대원사, 1992)

18 유석재, 「석가탑 만들어진 742년, 탑 속에 넣은 듯」, 『조선일보』, 2013년 7월 20일.

19 김기철, 「상륜부, 벼락 맞아 400년간 사라졌다 1970년 복원」, 『조선일보』, 2012년 9월 28일; 송지혜, 「1000년 만의 대수술 불국사 석가탑 2년 뒤 다시 만나요」, 『중앙일보』, 2012년 9월 28일.

20 한국문화유산답사회, 『경주』(돌베개, 1997)

석굴암

1 최완수, 「불국사가 김대성의 개인사찰로 둔갑한 까닭」, 『신동아』, 2001년 1월.

2 정수일, 『한국 속의 세계 – 하』(창비, 2005)

3 97문화유산의해조직위원회 · 삼성문화재단, 『한국의 세계문화유산』(97문화유산의해조직위원회, 1997)

4 한국문화유산답사회, 『경주』(돌베개, 1997)

5 국립문화재연구소, 『문화유산에 숨겨진 과학의 비밀』(고래실, 2007)

6 심주완, 「정토신앙과 미술」, 『직장불교』, 2009년 여름.

7 97문화유산의해조직위원회 · 삼성문화재단, 『한국의 세계문화유산』(97문화유산의해조

직위원회, 1997)

8 성낙주, 「동해 일출과 석굴암 부처님」, 성낙주의 석굴암 미학연구소, 2011년 1월 2일.

9 전국역사교사모임, 『미술로 보는 우리 역사』(푸른나무, 1994)

10 한국문화유산답사회, 『경주』(돌베개, 1997)

11 김형자, 「비트루비우스의 균제비례를 가진 석굴암」, KISTI의 과학향기, 2004년 10월 20일.

12 국립문화재연구소, 『문화유산에 숨겨진 과학의 비밀』(고래실, 2007)

13 신영훈, 『석불사 불국사』(조선일보사, 1998)

14 국립문화재연구소, 『문화유산에 숨겨진 과학의 비밀』(고래실, 2007)

15 성낙주, 「석굴암을 위한 변명」, 『인물과사상 7』(개마고원, 1998), 1998년 제7권.

16 국립문화재연구소, 『문화유산에 숨겨진 과학의 비밀』(고래실, 2007)

17 성낙주, 「석굴암을 위한 변명」, 『인물과사상 7』(개마고원, 1998), 1998년 제7권.

18 김봉렬 외, 『유네스코가 보호하는 우리 문화유산 열두 가지』(시공사, 2002)

19 이재원, 「석굴암 1천년 신비 수리 · 과학의 산물 」, 『파이낸셜뉴스』, 2007년 12월 23일.

20 국립문화재연구소, 『문화유산에 숨겨진 과학의 비밀』(고래실, 2007)

21 · 22 문중양, 「신라 석불사의 석굴」, 『뉴턴』, 2004년 8월.

23 국립문화재연구소, 『문화유산에 숨겨진 과학의 비밀』(고래실, 2007)

24 김태식, 『석굴암 홍예석은 원래 있었다』, 『연합뉴스』, 2006년 1월 4일.

〈불탑의 나라, 신라〉

1 문명대, 『한국불교미술의 형식』(한언, 2000)

2 최준식, 『한국 문화 교과서』(소나무, 2011)

3 신영훈, 『한옥의 조형의식』(대원사, 2001)

4 한국문화유산답사회, 『경주』(돌베개, 1997)

황룡사지구

1 정선중, 『살아서 꼭 가봐야 할 경주 여행 109선』(혜지원, 2007)

2 한국문화유산답사회, 『경주』(돌베개, 1997)

3 함인영, 『신라 과학기술의 비밀』(삶과꿈, 1998)

4 한국문화유산답사회, 『경주』(돌베개, 1997)

5 신영훈, 『한옥의 조형의식』(대원사, 2001)

6 한국문화유산답사회, 『경주』(돌베개, 1997)

7 박홍국, 『한국의 전탑연구』(학연문화사, 1998)

8 하일식, 『경주역사기행』(아이북닷스토어, 2000)

월성지구

1 나일성, 「신라첨성대」, 『한국사 시민강좌』(제23집), 1998년 8월.

2 김봉규, 「첨성대, 천문대냐 제단이냐」, 『중앙일보』, 2004년 9월 28일.

3 함인영, 『신라 과학기술의 비밀』(삶과꿈, 1998)

4 문중양, 「첨성대, 1500년 전에 세워진 신라 천문대의 실체」, 『뉴턴』, 2004년 6월.

5 김봉규, 「첨성대, 천문대냐 제단이냐」, 『중앙일보』, 2004년 9월 28일.

6 나일성, 「신라첨성대」, 『한국사 시민강좌』(제23집), 1998년 8월.

7 정선중, 『살아서 꼭 가봐야 할 경주 여행 109선』(혜지원, 2007)

8 한국문화유산답사회, 『경주』(돌베개, 1997)

9 정선중, 『살아서 꼭 가봐야 할 경주 여행 109선』(혜지원, 2007)

10 강석경, 「우주의 질서 보여주는 풍광, 생과 사 공존하는 고도」, 『월간중앙』, 2013년 5월.

11 정선중, 『살아서 꼭 가봐야 할 경주 여행 109선』(혜지원, 2007)

12 한국문화유산답사회, 『경주』(돌베개, 1997)

〈국립경주박물관의 진수〉

1 이배용, 「천년의 설레임, 영원의 미소」, 『중앙일보』, 2013년 3월 18일.

2 윤경렬, 『경주 남산』(대원사, 1989)

3 한국문화유산답사회, 『경주』(돌베개, 1997)

4 전국역사교사모임, 『미술로 보는 우리 역사』(푸른나무, 1994)

역사로 여는
과학문화유산 답사기 3
경주 편

초판 1쇄 2015년 7월 20일 펴냄
초판 2쇄 2021년 10월 28일 펴냄

지은이 | 이종호
펴낸이 | 이태준
기획 · 편집 | 박상문, 고여림
디자인 | 최진영
관리 | 최수향
인쇄 · 제본 | (주)삼신문화

펴낸곳 | 북카라반
출판등록 | 제17-332호 2002년 10월 18일

주소 | (04037) 서울시 마포구 양화로7길 6-16 서교제일빌딩 3층
전화 | 02-325-6364
팩스 | 02-474-1413
www.inmul.co.kr | cntbooks@gmail.com

ISBN 978-89-91945-78-4 04910
978-89-91945-66-1 (세트)
값 18,000원

북카라반은 도서출판 문화유람의 브랜드입니다.

이 책은 (재)수림문화재단 지원으로 출판되었습니다.

이 도서의 국립중앙도서관 출판시도서목록(CIP)은 서지정보유통지원시스템 홈페이지
(http://seoji.nl.go.kr)와 국가자료공동목록시스템(http://www.nl.go.kr/kolisnet)에서
이용하실 수 있습니다. (CIP제어번호 : CIP2015017848)